# 技术进步偏向对中国产业结构变迁与优化的影响研究

李爱◎著

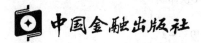

中国金融出版社

责任编辑：马海敏
责任校对：李俊英
责任印制：陈晓川

**图书在版编目（CIP）数据**

技术进步偏向对中国产业结构变迁与优化的影响研究/李爱著．—北京：
中国金融出版社，2023.5
ISBN 978 - 7 - 5220 - 1935 - 2

Ⅰ.①技…  Ⅱ.①李…  Ⅲ.①技术进步—影响—产业结构调整—研究
—中国  Ⅳ.①F269.24

中国国家版本馆 CIP 数据核字（2023）第 047996 号

技术进步偏向对中国产业结构变迁与优化的影响研究
JISHU JINBU PIANXIANG DUI ZHONGGUO CHANYE JIEGOU BIANQIAN YU YOU-
HUA DE YINGXIANG YANJIU

出版
发行    中国金融出版社

社址    北京市丰台区益泽路 2 号
市场开发部    (010)66024766，63805472，63439533（传真）
网 上 书 店    www.cfph.cn
              (010)66024766，63372837（传真）
读者服务部    (010)66070833，62568380
邮编    100071
经销    新华书店
印刷    北京七彩京通数码快印有限公司
尺寸    169 毫米 × 239 毫米
印张    15.25
字数    245 千
版次    2023 年 5 月第 1 版
印次    2023 年 5 月第 1 次印刷
定价    46.00 元
ISBN 978 - 7 - 5220 - 1935 - 2
如出现印装错误本社负责调换  联系电话 (010)63263947

# 摘　　要

党的十九大报告中指出，我国经济已由高速增长阶段转向高质量发展阶段，正处在转变发展方式、优化经济结构、转换增长动力的攻关期，建设现代化经济体系是跨越关口的迫切要求和我国发展的战略目标。自 2013 年以来，中国已连续多年实现"三二一"产业结构，但距离部分国家"一产稳、二产强、三产大"的产业结构仍有较大差距，中国需加快产业结构的变迁与优化。在中国经济"转方式、调结构"的关键阶段，技术进步必然发挥重要作用。技术进步提高了部门的要素生产率，加快我国产业结构变迁，这符合"库兹涅茨事实"。随着理论和实践的发展，人们意识到技术进步对要素的作用存在偏向性，学者对技术进步偏向的原因、测算和影响进行了诸多研究，少数研究关注到技术进步偏向对产业结构变迁与优化的影响。已有文献对技术进步偏向的测度多数依照技术进步研究思路采用全要素生产率进行衡量，没有深入研究技术进步偏向对要素的不同作用。而且在技术进步偏向与产业结构的相关研究中存在重实证、轻理论的现象。按照 Acemoglu 等的研究，技术进步偏向作用的直接体现就是要素（资本与劳动）技术效率的不同。因此本书的主体内容包括，一是技术进步偏向的指标构建及测算分析，二是技术进步偏向通过改变资本与劳动技术效率影响产业结构变迁与优化的理论研究和实证检验。

本书基于不变替代弹性的生产函数（Constant Elasticity of Substitution Production Function，CES 生产函数）进行数理推导形成技术进步偏向指标体系。一是技术进步偏向指数，用以判定技术进步的要素偏向性；二是资本技术效率、劳动技术效率、要素技术效率比、要素边际产出比，用以测度技术进步的偏向作用，并为后面的理论研究和实证研究提供关键指标。通过标准化供给面系统方程和非线性似不相关估计法（Nonlinear Seemingly Unrelated Regression Estimation，NLSUR）得到要素替代弹性，测算技术进步偏向指标。通过对技术进步偏向指标的分析发现，中国多数地区、三次产业和工业行业的技术进步偏向指数大于 0，资本与劳动的替代弹性小于 1，表现为资本偏向性技术进步，要素间存在互补关系，劳动技术效率大于资本技术效率。资本深化是我国呈现资本偏向性技术进步的主要原因，同时资本深化也使我国资本技术效率下降。

在理论研究中通过建立双层 CES 生产函数的多部门产业结构变迁模型发现，技术进步偏向对资本技术效率与劳动技术效率的不同作用，改变部门内资本劳动比和产出水平，改变部门间要素流动方向和产出比，最终带来产业结构变迁。对理论分析得出的作用路径进行实证检验后发现：①技术进步偏向通过要素技术效率的资源再配置效应、产出效应、资本深化效应和恩格尔效应推动我国产业结构向着"三二一"模式变迁。一是我国资本偏向性技术进步降低资本与劳动的技术效率比，通过资源再配置效应使资本劳动比沿着第一、第二、第三产业方向逐步提高，推动产业结构变迁。二是资本偏向性技术进步作用下劳动技术效率与资本技术效率对第三产业产出的增强作用最大，第二产业次之，第一产业最小，通过产出效应推动产业结构变迁。三是资本偏向性技术进步使第一、第二、第三产业的产出比沿着第一、第二、第三产业方向依序提高，通过资本深化效应推动产业结构变迁。四是通过恩格尔效应，技术进步偏向同样有利于产业结构变迁。②技术进步偏向通过要素技术效率的资本深化效应、生产率效应和恩格尔效应促进我国产业结构合理化与高度化。实证研究基于我国地区、三次产业和工业行业三个层面的面板数据，通过静态面板模型、动态面板模型、空间杜宾模型和中介效应模型等多种计量模型，运用双向固定效应估计、广义矩估计、可行的广义最小二乘法和空间计量等多种方法证实了回归结果与理论假说的一致性，即技术进步偏向推动了我国产业结构变迁，也促进了我国产业结构优化。因此加快产业结构变迁与优化，除了要加快技术进步与创新外，还要通过技术进步偏向与技能劳动、人力资本的匹配，提高劳动技术效率和资本技术效率。引导资本向中西部地区流动，既有利于提高欠发达地区的要素技术效率，又有利于我国区域协调发展。

本书的创新性主要体现在：一是首次提出从技术进步偏向对资本技术效率与劳动技术效率的不同作用视角研究技术进步偏向对产业结构变迁的影响。二是建立了双层 CES 生产函数的产业结构变迁模型，而非文献常用的柯布—道格拉斯生产函数（C-D 生产函数）模型，研究技术进步偏向通过改变资本技术效率与劳动技术效率对产业结构变迁的影响机制和作用路径，这是现有文献没有涉及的研究范畴。三是构建了技术进步偏向指标体系，既能够判定技术进步的要素偏向性，又可以衡量技术进步的偏向作用。四是综合运用静态面板模型、动态面板模型、空间杜宾模型和中介效应模型等计量模型及方法实证检验技术进步偏向对产业结构变迁与优化的影响路径和作用方向。

# 目　　录

# 第一章 绪 论

## 第一节 研究背景与研究意义

### 一、研究背景

改革开放 40 多年来，中国依靠投资拉动和对外贸易等极大地促进了综合国力的增强，2019 年经济总量跃居世界第二，但是经济增长的速度放缓。2020 年，中国 GDP 总量超过 100 万亿元，GDP 增长速度降到 2.3%。党的十九大报告中指出："我国经济已由高速增长阶段转向高质量发展阶段，正处在转变发展方式、优化经济结构、转换增长动力的攻关期。"2021 年《中华人民共和国国民经济和社会发展第十四个五年规划和 2035 年远景目标纲要》进一步提出"优化提升供给结构，促进农业、制造业、服务业、能源资源等产业协调发展。"中国经济增长方式正在从粗放型转向集约型，从国际大循环到以国内大循环为主（余永定，2020），体现了中国对经济结构转型的迫切需要和对国际形势的深刻认识。中国依靠投资、出口驱动经济增长的模式不适用了。

（一）供需结构失衡，高投资与低效率并存

依靠投资驱动经济增长，短期内可以起到增加就业、提高 GDP 之显著效应。但从长期来看，投资的"双刃剑"效应显现。高投资带来资本深化，使资本产出效率与劳动收入份额下降（Acemoglu 和 Guerrieri，2008；Alvarez - Cuadrado 等，2017；陈勇和柏喆，2020），过度投资也使部分行业出现产能过剩（余东华和张维国，2018）。随着投资的增加，中国整体消费率也会下降。分产业看，消费的服务业增加值比重上升，工业增加值比重下降。

（二）国际需求下滑，工业制造业竞争激烈

中国出口规模下降，如图 1 - 1 所示，除了中国对澳大利亚的货物出口占

1

比保持上升趋势外，其他四个国家（美国、德国、英国、加拿大）占比均存在不同程度的下降，2019 年中国对美国货物出口额减少了近 600 亿美元。从出口商品结构看，中国制造业中低端产品逐渐失去价格优势，高端产品技术创新不足，面临全球价值链"低端锁定"风险（支宇鹏等，2021）。近年来，美国等国家重新认识到工业制造业在现代经济体系中的地位和作用，纷纷制订制造业重构计划，如《美国先进制造业领导战略》《德国工业 4.0 战略》《英国工业 2050》《新工业法国计划》《印度制造》《未来增长动力计划》等。《中国制造 2025》的提出为中国实现由制造大国向制造强国转变提出了行动纲领。2020 年中国高技术制造业和装备制造业增长较快，工业增加值分别较 2019 年增长 7.1%、6.6%，为中国高质量发展提供新的动力和信心。中国工业的转型与发展，一要依靠国内市场，真正实现以国内大循环为主；二要开拓新的国际市场，如"一带一路"市场。通过技术进步提升产品品质，加快工业结构优化，增加要素收入，促进消费升级，这是中国实施制造强国战略的正确打开方式。

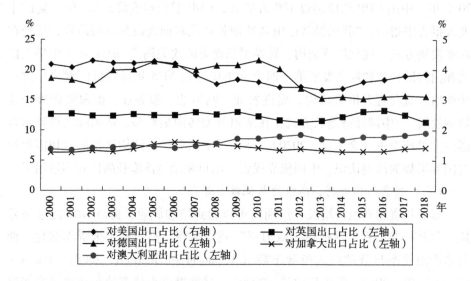

**图 1-1 中国对美国等五个国家的货物出口占比变化**

（资料来源：中国统计年鉴）

随着经济高质量发展，产业结构的变迁与优化成为必然（于斌斌，2015；余泳泽等，2019）。中国自 2013 年第三产业比重首次超过第二产业以来，已经连续多年实现"三二一"产业结构模式。但与发达国家产业结构相比，中国的工业和服务业无论是人均量还是比重，均存在很大上升空间。以 2018 年为例，中国三产比重分别为 7.2%、40.6%、52.2%，美国三产比重分别为 0.8%、18.6%、80.6%，英国三产比重分别为 0.6%、18.0%、70.5%，日本三产比重分别为 1.2%、29.1%、69.7%。配第—克拉克定理描述了三次产业间规模与就业的变化情况，尽管中国产业结构向着"三二一"模式变迁，但速度缓慢，而且三次产业的就业比重变化滞后于产出比重变化，如图 1 - 2 所示。Kuznets（1941）指出，资源（要素）从生产率低的部门向生产率高的部门转移，是产业结构变迁的关键。蔡昉（2015）认为，改革开放以来，我国产业结构快速工业化是生产率提高的结果，但生产率提高的原因除了技术进步外，主要是大量农业劳动力的工业化转移。随着我国乡村振兴战略和新型城镇化战略的推进，农业人口转移的"刘易斯拐点"已经到来（王亚楠等，2020；薛继亮，2016），技术进步成为提高要素生产率和加快产业结构优化的关键因素。

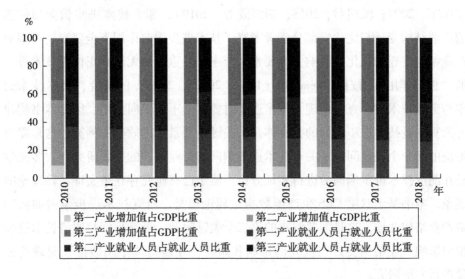

**图 1 - 2　中国三次产业的增加值比重与就业比重变化**

（资料来源：中国统计年鉴）

（三）理论研究和实践发展均证实，技术进步是产业结构变迁与优化的重要驱动力

从机械化到自动化再到智能化，无不体现着技术对产业升级和经济发展的

巨大推动力。一方面，技术进步带来分工和专业化，改变要素配置和产出规模，影响产业结构变迁；另一方面，技术进步提高（全）要素生产率，通过要素流动和产业关联，改变供给结构，影响产业结构优化。2021 年的《政府工作报告》中提到"大力促进科技创新，加快产业转型升级步伐⋯⋯""坚持创新驱动发展，加快发展现代产业体系⋯⋯"，为我国的产业结构变迁与优化指明了方向。2020 年，新冠疫情使很多国家和地区在疫情防控和复工复产间艰难前行。疫情也让人们深刻感受到技术的贡献和作用，为各国产业结构变迁与优化提供了契机（江小涓，2020）。

随着理论和实践的发展，人们意识到技术进步会对资本和劳动产生非对称影响，使得资本与劳动的技术效率、边际产出增量不同，称为技术进步偏向。20 世纪 30 年代以来，发达国家出现了资本偏向性技术进步（早期也称为资本体现式技术进步）和技能偏向性技术进步。众多学者提出，技术进步通过改变全要素生产率或者要素替代弹性，影响产业结构的变迁与优化（黄茂兴和李军军，2009；段瑞君，2018；胡绍波等，2019），那么技术进步偏向如何影响产业结构变迁与优化？部分学者考察了技术进步偏向作用下全要素生产率对产业结构变迁与优化的影响。全要素生产率固然重要却无法真正体现技术进步的"偏向作用"。按照 Acemoglu（1998，2002a，2003）的研究，资本技术效率与劳动技术效率直接体现了技术进步对要素的不同偏向作用，因此本书构建并测算衡量技术进步偏向的指标体系，关键是要素技术效率的测算，这是需要解决的第一个关键问题。关于技术进步偏向与产业结构的关联研究，大多文献是在测度技术进步偏向后进行实证分析。鉴于已有研究存在重实证、轻理论的现象，本书基于双层 CES 生产函数构建理论模型，研究技术进步偏向如何影响产业结构变迁，这是需要解决的第二个关键问题。最终目标是厘清技术进步偏向影响产业结构变迁与优化的机制和路径，并运用"中国数据"对理论假说进行实证研究。

## 二、研究意义

（一）理论意义

1. 本书建立双层 CES 生产函数的产业结构变迁模型。通过构建产业结构变迁模型，研究技术进步偏向改变资本技术效率与劳动技术效率后对产业结构变迁的影响。不同于已有文献在进行理论研究时，以常用的 C－D 生产函数作为部门生产函数，以全要素生产率的变化体现技术进步（偏向），本书将技术进步偏向嵌入 CES 生产函数（替代弹性为常数的生产函数），以资本与劳动的技术效率（资本增强型技术进步和劳动增强型技术进步）体现技术进步对要素的"偏向作用"。通过构建双层 CES 生产函数的多部门产业结构变迁模型，研究技术进步偏向对资本技术效率与劳动技术效率的不同作用，如何改变部门内和部门间的要素投入与产出水平，进而影响产业结构变迁。通过建立理论模型厘清技术进步偏向对产业结构变迁的影响机制，填补和丰富了相关研究中理论模型的欠缺与不足。

2. 本书基于理论模型得出技术进步偏向对产业结构变迁与优化的影响路径。理论分析发现：技术进步偏向改变资本技术效率与劳动技术效率，通过资源再配置效应、产出效应、资本深化效应和恩格尔效应影响产业结构变迁。同时，技术进步偏向改变资本技术效率与劳动技术效率，通过资本深化效应、生产率效应和恩格尔效应影响产业结构优化。已有文献关于技术进步偏向对产业结构的理论研究较少，实证研究居多，且重心多在技术进步偏向的测度方法创新上。

3. 本书基于数理推演构建技术进步偏向的指标体系。多数文献按照"技术进步偏向—全要素生产率—产业结构"这一思路研究技术进步偏向对产业结构变迁或优化的影响。但技术进步偏向体现的是技术进步对资本与劳动技术效率的不同偏向作用，因此本书基于 CES 生产函数构建了技术进步偏向的指标体系：一是技术进步偏向指数，用以判断技术进步的要素偏向性；二是资本技术效率、劳动技术效率、资本与劳动技术效率比（以下简称要素技术效率比）、资本与劳动边际产出比（以下简称要素边际产出比），用以衡量技术进步的偏向作用，并为后续的理论研究和实证研究提供关键变量。本书采用多个指标共同衡量技术进步偏向，既体现技术进步偏向的内涵，又丰富了技术进步偏向的研究维度。

综上所述，本书既拓宽了技术进步偏向的研究范畴，又厘清了技术进步偏向对产业结构变迁的影响机制，有助于深入研究技术进步偏向对产业结构变迁与优化的作用。

（二）现实意义

1. 本书测算了中国地区、三次产业和工业行业层面的技术进步偏向，便于全面了解我国技术进步的要素偏向性，了解资本技术效率与劳动技术效率在地区、产业和行业层面的差异性，为技术研发和要素配置研究提供了新的思路。同时，为了准确测算技术进步偏向，本书通过标准化供给面系统方程和非线性似不相关方法（NLSUR）估算了要素替代弹性。标准化供给面系统方程作为一种多方程估计法是目前最稳健、最有效的替代弹性估计方法（Klump等，2007）。对地区、产业和行业层面的要素替代弹性的准确估算，也为调整技术进步偏向、进行要素市场化改革和提高劳动收入份额等提供了重要的研究依据。

2. 本书实证研究结论为加快中国产业结构变迁与优化提供了政策依据。当技术进步偏向成为既定事实并能够影响产业结构的变迁与优化时，通过多个计量模型和多种回归方法进行实证研究，有助于政府部门、企业和学者了解技术进步偏向对资本技术效率与劳动技术效率的非对称性作用，了解资本技术效率与劳动技术效率对产业结构变迁与优化的作用，了解资本偏向性技术进步对产业结构优化的空间效应。在丰富的实证研究支撑下，从宏观政府和微观企业层面提出可行的对策建议，这对于中国产业结构优化和经济高质量发展是必要且急需的。

# 第二节 研究思路、框架与研究内容

## 一、研究思路与框架

本书为技术进步偏向对中国产业结构变迁与优化的影响研究。围绕这一主题，按照经济学研究范式，研究思路如下：

首先，技术进步偏向的内涵界定、指标构建、测算分析。Acemoglu等将技术进步偏向融入内生经济增长理论，界定了要素偏向性技术进步。通过梳理相关文献发现，多数文献通过全要素生产率测度技术进步偏向，部分通过技术进步偏向指数测度。不足之处在于，一是全要素生产率无法体现技术进步偏向对要素的不同作用；二是技术进步偏向指数因为定义偏差使各个研究结果出现差异，影响了实证结果的有效性。因此，本书基于改进的 CES 生产函数建立了技术进步偏向指标体系，用于判断与衡量技术进步偏向作用。要测算和分析技术进步偏向，就要先估算关键参数——要素替代弹性。通过对替代弹性的估计方法进行比较，本书采用标准化供给面系统方程，其作为一种多方程估计法，也是目前最有效、最准确的替代弹性估计方法。

其次，技术进步偏向对产业结构变迁的影响机制研究。按照 Acemoglu（1998，2002a，2003）的研究，技术进步偏向对资本技术效率与劳动技术效率产生非对称作用。因此，本书考察技术进步偏向通过改变要素技术效率对产业结构变迁的影响机制。通过文献综述发现，第一，技术进步对产业结构变迁的理论研究表明，技术进步改变全要素生产率，通过影响部门内要素投入和部门间要素比重、产出比变化，进而影响产业结构变迁。第二，技术进步偏向对产业结构变迁的理论研究极少，且理论模型中部门生产函数基本是 C－D 生产函数，主要考察全要素生产率的作用。鉴于 C－D 生产函数无法很好地体现技术进步偏向和推导影响机制，因此本书构建双层 CES 生产函数的多部门产业结构变迁模型，从资本技术效率与劳动技术效率视角考察技术进步偏向对产业结构变迁的影响机制。根据理论模型结合现有文献的研究成果，本书提出两组作用路径：一是技术进步偏向改变资本技术效率与劳动技术效率，通过资源再配置效应、产出效应、资本深化效应和恩格尔效应影响产业结构变迁。二是技术进步偏向改变资本技术效率与劳动技术效率，通过资本深化效应、生产率效应和恩格尔效应影响产业结构优化。本部分主要通过数理推导和逻辑演绎方式厘清关键变量间的因果关联。

最后，实证研究。基于地区、三次产业、工业行业样本数据，运用计量模型进行实证研究。依次设定静态面板模型、动态面板模型、空间杜宾模型和中介效应模型，运用固定效应估计、广义矩估计、空间计量和广义最小二乘法等方法进行回归分析。

本书研究框架见图 1－3。

## 二、研究内容

按照上述研究思路，全书共分为八章，主要内容如下。

第一章，绪论。主要阐述研究背景与研究意义，以及研究思路、框架与研究内容。在确定全书脉络与内容的同时，提出本书可能的创新点。

第二章，文献综述。主要从四个方面进行文献述评，分别是技术进步偏向

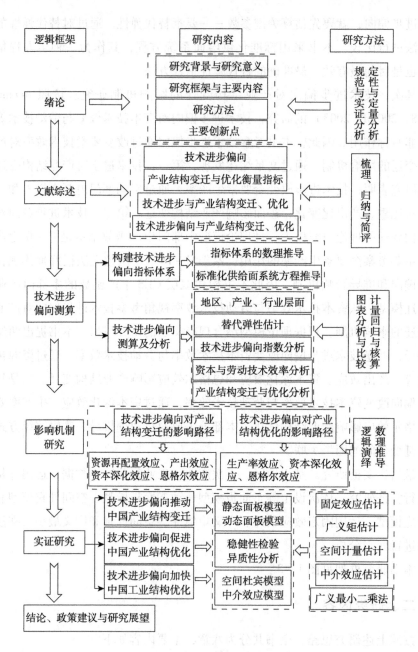

**图1-3 本书研究框架**

的研究综述、产业结构变迁与优化的界定和测度、技术进步对产业结构变迁与优化的影响研究、技术进步偏向对产业结构变迁与优化的影响研究。

1. 关于技术进步偏向的研究综述。在对技术进步偏向的内涵进行界定之后，先是回顾从技术进步到技术进步偏向的理论研究脉络，然后对技术进步偏向的国内外文献从三个方面进行梳理：一是资本体现式技术进步，二是全要素生产率与技术进步偏向，三是资本—技能互补理论与技术进步偏向。通过文献梳理发现，对技术进步偏向的测度主要通过函数核算和计量估计两类方法，多数文献采用全要素生产率体现技术进步偏向作用，少数采用技术进步偏向指数进行衡量。

2. 关于产业结构变迁与优化的界定和测度。在对产业结构变迁与优化的内涵和重要理论进行阐述之后，对衡量指标进行归纳与简评，并提出本书中产业结构变迁与优化的指标选取。

3. 关于技术进步对产业结构变迁与优化的影响研究，从三个方面进行文献梳理：一是技术进步对产业结构变迁的影响机制研究，二是技术投入与创新对产业结构优化的实证研究，三是全要素生产率对产业结构优化的实证研究。通过文献梳理发现，技术进步通过改变部门的全要素生产率或者要素替代弹性，影响产业间要素配置和产出水平，进而影响产业结构变迁。

4. 关于技术进步偏向对产业结构变迁与优化的影响研究，同样从三个方面进行梳理：一是技术进步偏向对产业结构变迁的影响机制研究，二是全要素生产率对产业结构优化的实证研究，三是技术进步偏向指数对产业结构优化的实证研究。

第三章，技术进步偏向测算与典型事实分析。①构建技术进步偏向指标体系和标准化供给面系统方程。结合文献研究，通过对 CES 生产函数进行数理推导，得到技术进步偏向的指标体系和替代弹性估计方程——标准化供给面系统方程。②基于地区、三次产业和工业行业面板数据分别进行技术进步偏向指标测算与事实分析。内容包括：一是要素替代弹性估计与分析，运用标准化供给面系统方程和非线性似不相关法估计替代弹性。二是技术进步偏向指标测算与分析，将要素替代弹性估计结果代入得到技术进步偏向的指标体系。三是产业结构状况测算与分析，了解产业结构变迁、产业结构优化和工业结构优化水平的发展状况、地区差异和行业差异。通过分析技术进步偏向指数，了解技术进步的要素偏向性。通过分析资本技术效率和劳动技术效率，了解技术进步偏向作用下要素技术效率的差异性和变化趋势。

　　第四章，技术进步偏向对产业结构变迁的影响机制研究。通过文献综述发现，相关理论研究在构建部门生产函数时基本采用 C－D 生产函数进行分析。一是本书建立技术进步偏向指标是基于 CES 生产函数，二是 C－D 生产函数无法深入探讨"技术进步偏向对资本与劳动的技术效率作用不同"这一思想。因此本书构建双层 CES 生产函数的产业结构变迁模型，研究技术进步偏向通过改变资本技术效率与劳动技术效率，在不同的要素替代弹性下如何影响要素投入和产出水平，进而影响产业结构变迁。

　　第五章，技术进步偏向与产业结构变迁：基于三次产业数据的实证研究。①结合理论研究和第三章的事实分析得出，技术进步偏向改变资本与劳动技术效率，通过资源再配置效应、产出效应、资本深化效应和恩格尔效应四条路径影响产业结构变迁。②实证检验要素技术效率对产业结构变迁的影响路径和作用方向。在产业内和产业间两个维度上，设定静态面板数据模型，通过双向固定效应估计得到回归结果并进行影响路径分析。③设定动态面板数据模型，运用系统广义矩估计得到回归结果，一是分析技术进步偏向对产业结构变迁的动态滞后效应，二是分析存在被解释变量滞后项时技术进步偏向对产业结构变迁的影响路径是否会发生变化。④在稳健性检验中，一是替换技术进步偏向指标，二是采用全面可行的广义最小二乘法重新回归，检验模型和结果的稳健性。⑤在异质性研究中，将样本分为东部地区、中部地区和西部地区，考察存在区域异质性时技术进步偏向对产业结构变迁的影响程度和作用方向是否出现区域差异。

　　第六章，技术进步偏向与产业结构优化：基于省际数据的实证研究。产业结构优化包括产业结构合理化与产业结构高度化。①在理论模型研究基础上结合文献研究和第三章的事实分析发现，技术进步偏向通过资本与劳动技术效率（比）变动，改变要素投入比例、全要素生产率、产出（供给）和收入与消费，以及技术的国际传导作用。从要素投入到要素效率，从供给到需求，通过微观、宏观和国际视野的全面分析，得出技术进步偏向影响产业结构优化的三条路径：资本深化效应、生产率效应和恩格尔效应。②实证研究要素技术效率对产业结构合理化与高度化的影响路径和作用方向。在要素技术效率绝对值和相对值变动两个维度上设定静态面板数据模型，通过双向固定效应估计得到回归结果并进行影响路径分析。③设定动态面板数据模型运用系统广义矩估计得到回归结果，一是分析技术进步偏向对产业结构合理化与高度化的动态滞后效应，二是分析存在被解释变量滞后项时技术进步偏向对产业结构合理化与高度化的影响路径是否发生变化。④在稳健性检验中，一是替换被解释变量和解释变量，二是仍然采用全面可行的广义最小二乘法重新回归，检验模型和结果的稳健性。⑤在进一步讨论中，一是分析技术进步偏向对产业结构合理化与高度化的影响是否存在区域异质性，二是通过空间杜宾模型分析技术进步偏向对产业结构合理化与高度化的影响是否存在空间溢出效应。

第七章，技术进步偏向与工业结构优化：基于行业数据的实证研究。①理论分析和研究假说与第六章一致，同样在要素技术效率绝对值和相对值变动两个维度上设定静态面板数据模型，通过双向固定效应估计得到回归结果并进行影响路径分析。②通过动态面板数据模型，运用系统广义矩估计得到回归结果，一是分析技术进步偏向对工业结构合理化与高度化的动态滞后效应，二是分析存在被解释变量滞后项时技术进步偏向对工业结构合理化与高度化的影响路径是否发生变化。③在稳健性检验中，一是替换被解释变量和解释变量，二是仍然采用全面可行的广义最小二乘法重新回归，检验模型和结果的稳健性。④在进一步讨论中，重点分析资本深化和全要素生产率的中介作用。先测算技术进步偏向下的全要素生产率，再设定中介效应模型，分析它们是否存在中介效应。

第八章，结论、政策建议与研究展望。作为全书的总结，本章对理论研究和实证研究的主要结论进行归纳阐述，并引出政策建议。

# 第三节　研究方法

## 一、理论研究与经验研究相结合

通过理论模型推演和逻辑分析，得出技术进步偏向通过改变资本技术效率与劳动技术效率，影响产业结构变迁与优化，并提出理论假说。在实证研究中，基于中国地区、产业和行业层面的面板数据，建立静态面板模型、动态面板模型、空间杜宾模型和中介效应模型进行回归分析。将理论研究与经验研究、静态分析与动态分析有机结合，使论述更全面、更严谨。

## 二、定性分析与定量分析相结合

在研究技术进步偏向对产业结构变迁与优化的影响机制和作用路径时，既有数理模型的推演，也有逻辑因果分析。在实证研究部分，运用非线性似不相关估计、固定效应估计、系统广义矩估计、可行的广义最小二乘法、中介效应估计等方法进行计量回归，对回归结果进行定量分析与比较研究。将定性分析和定量分析结合起来，使研究更细致、更深刻。

## 三、统计方法与比较分析相结合

在对技术进步偏向进行测算时，既有地区经济的宏观数据，也有三次产业和工业行业的中观数据，对技术进步偏向和要素技术效率进行比较研究。借助指标统计表，可以横向分析技术进步偏向程度的地区差异、产业差异和行业差异。借助指标统计图，可以纵向分析地区、产业、行业层面上资本技术效率与劳动技术效率的变化趋势和差异性。统计图表和比较分析相结合，使研究结论更直观、更清晰。

# 第四节　主要创新点

## 一、研究视角创新

本书首次基于要素技术效率视角考察技术进步偏向对产业结构变迁与优化的影响。本书创新性地从"技术进步偏向对资本与劳动具有不同作用"这一思想出发，研究技术进步偏向对资本与劳动技术效率的非对称作用，对产业结构变迁与优化的影响。不同于现有文献，从全要素生产率或者技术进步偏向指数视角，考察技术进步偏向对产业结构的影响。已有文献在研究技术进步偏向时，无论是全要素生产率还是技术进步偏向指数，都需要先测算或分析要素技术效率，可见要素技术效率具有重要研究价值。基于技术进步偏向的核心是技术进步对不同要素存在"偏向作用"，本书从理论模型到实证研究，始终从资本技术效率与劳动技术效率视角研究技术进步偏向对产业结构变迁与优化的影响，这是已有文献没有涉及的研究视角，却是最能够体现技术进步偏向作用的视角。

## 二、理论研究创新

构建双层 CES 生产函数的产业结构变迁模型研究技术进步偏向对产业结构变迁的影响机制。本书首次将资本技术效率与劳动技术效率嵌入理论模型考察技术进步偏向对产业结构变迁的影响机制。已有文献多数以全要素生产率或者技术进步偏向指数衡量技术进步偏向并实证研究其对产业结构的影响。本书建立的理论模型将技术进步偏向嵌入部门 CES 生产函数中，从资本技术效率与劳动技术效率这一全新视角考察技术进步偏向对产业结构变迁的影响，使模型更加复杂。理论研究基于产品与要素市场的最优化原则，从部门内和部门间两个层面，研究技术进步偏向通过改变资本技术效率与劳动技术效率对产业结构变迁的影响机制。本书从新的视角构建理论模型研究技术进步偏向对产业结构变迁的影响机制，丰富了技术进步偏向的研究范畴。厘清了技术进步偏向对产业结构变迁与优化的影响路径，弥补了现有研究理论分析的不足。

（一）厘清技术进步偏向对产业结构变迁的影响机制和作用路径

理论研究表明，技术进步偏向对资本与劳动技术效率的不同作用，直接改变要素配置、部门产出和部门间产出比，并通过消费引导共同影响产业结构变迁。实证研究证实，技术进步偏向改变资本技术效率与劳动技术效率，通过资源再配置效应、产出效应、资本深化效应推动我国产业结构向着"三二一"模式变迁。恩格尔效应同样推动了产业结构变迁。

（二）厘清技术进步偏向对产业结构优化的影响机制和作用路径

现有文献对技术进步偏向与产业结构优化之间的理论分析较少，实证研究居多，多关注对技术进步偏向的测度。本书基于理论模型，结合文献观点、典型事实分析发现，技术进步偏向对资本技术效率与劳动技术效率的不同作用，直接改变要素投入比例、全要素生产率、产出（供给）、要素收入和消费，加上技术的国际传导作用共五个方面，影响产业结构优化。实证研究证实，技术进步偏向改变资本技术效率与劳动技术效率，通过资本深化效应、生产率效应和恩格尔效应促进了我国产业结构优化。

### 三、实证研究创新

（一）构建技术进步偏向指标体系

对技术进步偏向的考察，现有文献普遍使用全要素生产率指标，少数采用技术进步偏向指数的单一指标，本书基于技术进步偏向的内涵和研究需要，构建技术进步偏向的指标体系。鉴于技术进步偏向指数有其合理性，尽管现有文献对该指数的定义不统一、测算结果不一致，但本书仍将这一指数纳入指标体系，用它判定技术进步的要素偏向性，避免测算结果对实证研究的影响。因此，本书形成技术进步偏向的指标体系：一是采用资本技术效率、劳动技术效率、资本与劳动的技术效率比、边际产出比衡量技术进步偏向的作用；二是采用技术进步偏向指数判断技术进步的要素偏向性。这样的指标体系既符合技术进步偏向的内涵，也使实证研究结果更具稳健性，同时拓展了技术进步偏向的研究维度。

（二）优化计量模型

不同于已有文献的实证研究，本书的计量模型不再采用单一模型和单一变量，而是基于理论模型的结论设定一组计量模型，使实证模型能够始终从产业内和产业间两个维度，从要素技术效率的绝对变化和相对变化两种形态，检验技术进步偏向对产业结构变迁与优化的影响。

（三）丰富实证研究方法

本书实证研究的面板数据分别来自中国省际地区、地区三次产业和中国工业行业三个层面。在对技术进步偏向进行测算时，建立标准化供给面系统方程，运用非线性似不相关法估计要素替代弹性。标准化供给面系统方程作为一种多方程估计法，是目前最稳健、最有效的替代弹性估计方法。在对影响机制进行实证研究时，运用静态面板数据模型和双向固定效应估计、动态面板数据模型和广义矩估计、中介效应模型与估计、空间杜宾模型与估计、可行的广义最小二乘法等多种计量方法分析技术进步偏向对产业结构变迁与优化的静态影响、动态影响、空间效应、中介效应和区域异质性等。其中，对地区三次产业层面的要素替代弹性和技术进步偏向进行测度分析，这是目前多数文献没有涉及的实证层面，拓展了技术进步偏向的研究范畴。

# 第二章　文献综述

## 第一节　技术进步偏向的研究综述

技术进步偏向的研究范畴包括要素间的技术进步偏向（如资本偏向性技术进步、劳动偏向性技术进步）和要素内的技术进步偏向（如技能劳动偏向性技术进步），本书研究要素间的技术进步偏向，简称技术进步偏向。现代经济发展总是伴随着物质资料和生产资本的不断更新，带来资本深化和广化，因此在发达国家技术进步偏向最初表现为资本深化导致的资本偏向性技术进步，早期也被形象地称为资本体现式技术进步。Acemoglu 等给出了技术进步偏向（Directed Technical Change）的定义：技术进步可以偏向任何要素 $Z$，当技术进步更有利于要素 $Z$ 的边际产出（或相对边际产出）提高时，称为要素 $Z$ 偏向性技术进步。

### 一、从技术进步到技术进步偏向

早在 Cobb、Douglas 等提出规模报酬不变的 C－D 生产函数时，人们就意识到了技术的重要性。自 Solow（1956）提出新古典经济增长模型以来，学者们改变了过去单纯依靠增加投入要素来推动经济增长的研究模式，转而重视技术进步的作用。经济增长模型中的索洛余值即全要素生产率（Total Factor Productivity，TFP），衡量了除劳动和资本的贡献外技术进步的作用。Solow（1957）通过考察美国 1909—1949 年的经济增长发现，在人均产出增长中，资本的贡献只有 12.5%，其余 87.5% 归结于技术进步的贡献。由于索洛模型将技术进步假定为外生变量，因此虽然指出了技术进步对经济增长的作用，却没有进一步分析技术进步的作用路径。Arrow 最早将技术进步内置于经济增长模型，他认为技术是可变的且随着资本集约而不断进步。Arrow（1962）认为技术进步存在溢出效应，可以通过"干中学"吸收、模仿、再创新。Romer（1986）强调知识积累对技术进步的重要作用。后来，舒尔茨、贝克尔、卢卡斯等进一步提出人力资本的投资与积累是促进技术进步的最佳选择。

Hicks（1932）在《工资理论》中，通过对前人"技术中性"的研究，提出了技术非单一中性这一开创性观点。他认为技术进步总是偏向某一类生产要素，由于要素的密集度、价格、需求不同，技术通常会偏向于稀缺或昂贵的生产要素，增强其边际生产力。依据劳动与资本边际产出的相对变化，Hicks 将技术进步区分为中性技术进步、劳动节约型技术进步、资本节约型技术进步。后来 Hughes 和 Habakkuk（1962）、Kennedy（1964）等研究发现，技术进步既可以节约劳动，也可以节约资本，之所以出现技术进步偏向，是存在一个"创新可能性边界"。Griliches（1969）最早发现，在技术进步偏向资本时，也会偏向技能劳动，存在"资本—技能互补"现象。Griliches 通过研究发现，资本与技能劳动的互补性要强于资本与非技能劳动的互补性。

直到 Acemoglu（1998，2002a，2003，2015）将技术进步偏向融入内生经济增长理论，为技术进步偏向的相关研究提供了微观理论基础。Acemoglu 研究发现，当有偏向性的技术进步与要素结合时，可能存在两种方式：一是技术进步与较昂贵要素形成互补，既可以节约该要素，又提升产品价格，带来利润的双重积累，称为价格效应；二是技术进步偏向较丰富要素，将影响要素投入比例和要素生产率，带来产出和收入的双重变化，称为市场规模效应。在要素替代弹性、价格效应及市场规模效应的作用下，可能出现资本偏向性技术进步、技能偏向性技术进步等。当技术进步对要素产生不同的偏向作用，使某一要素技术效率或者边际产出的增长幅度更大时，就表现为偏向该要素的技术进步（盖晓敏和李爱，2021）。在发达国家工业化实践中，由资本深化带来的资本体现式技术进步就是技术进步偏向，称为资本偏向性技术进步。随着资本、技能互补现象的出现，技能（劳动）偏向性技术进步也进入研究视野。Acemoglu、Auto 和 Goos 等从技能溢价、国家贸易、外包和信息技术发展等视角研究技能偏向性技术进步、就业极化，发现劳动力市场的就业极化现象是技术进步偏向的结果。

## 二、资本体现式技术进步与技术进步偏向

（一）国外研究始于资本体现式技术进步

资本体现式技术进步作为最初的资本偏向性技术进步，被认为是第二次世界大战之后各国保持经济增长的重要原因。David 和 Klundert（1965）较早地基于 1899—1960 年的美国经济考察技术进步的要素偏向性，在估计了资本与劳动的替代弹性后得出技术进步偏向于资本的结论。Hayami 和 Ruttan（1985）指出，如果某一要素相对丰裕，则偏向这一要素的技术创新将更有价值，企业也更有动力研发此类技术，因而出现技术进步偏向。Hulten（1992）将技术进步分为无形资本技术进步与物质资本技术进步，实证发现超过 20% 的全要素生产率变化与物质资本体现式技术进步直接相关，证实资本体现式技术进步对美国制造业的增长起着重要作用。Greenwood 等（2000）提出，第二次世界大战后美国的生产率增长约有 60% 来自资本体现式技术进步。Foley 和 Michel（2001）提出资本深化推动生产中的技术进步，提高了要素生产率。Klump 等（2007，2008）建立了标准化供给面系统方程，分别测算了美国（1953—1998年）和欧盟（1970—2005 年）的技术进步偏向性，发现两者总体上表现为资本偏向性技术进步。Sato 和 Morita（2009）通过研究 1960—2004 年的美国与日本经济发现，促进经济增长的因素除了资本和劳动的投入外，就是资本偏向性技术进步。Acemoglu 和 Zilibotti（2001）、Gancia 和 Zilibotti（2009）指出，发达国家与发展中国家间的贸易和投资往来中，技术转移和技术溢出效应是发展中国家技术进步偏向资本的重要原因。可见，资本深化带来的资本偏向性技术进步是多国经济保持增长的重要原因。

（二）国内早期关注资本体现式技术进步与资本深化

国内最早研究技术进步偏向的文献可以追溯到宋江华于 1990 年提出的，我国工业的技术进步呈现偏向资本增用。张军（2002）认为，20 世纪 90 年代以来，尽管全要素生产率的增长出现下降，但经济总体表现出资本深化特征。黄先海和刘毅群（2008）、皮建才（2008）发现，由于设备资本内嵌了技术进步，从而提高资本的边际产出并带来资本偏向性技术进步。宋冬林等（2010）提出资本深化使得包含先进技术的设备投资表现为资本体现式技术进步，中国的技术进步呈现物化和技能偏向双重特性。车松（2013）运用新古典增长模

型得出，设备资本积累带来的资本体现式技术进步能够促进经济增长，因为资本体现式的技术进步阻止了实物资本利用效率的下降。王林辉等（2014）采用贝叶斯和可行性广义非线性最小二乘法（FGNLS）测算中国1979—2010年的技术进步偏向发现，无论是中性技术进步还是资本体现式技术进步都会导致技术进步偏向技能劳动，且人力资本投资对技术进步的技能偏向起强化作用。朱轶和曾春琼（2016）发现，在持续的资本深化下中国各地工业技术进步基本呈现显著的资本偏向。钟世川（2017）实证研究发现，中国制造业存在资本偏向性技术进步。侯玮迪等（2018）基于2001—2015年中国省级数据研究发现，资本体现式技术进步提高过程中，中国经济增长率呈现倒"U"形变动轨迹。

（三）总结

通过上述文献研究发现，资本深化带来的物质资本更新是资本体现式技术进步（资本偏向性技术进步）的主要成因，部分文献认为国际技术传递或空间溢出也是部分国家技术进步偏向形成的原因（Acemoglu，2002a；潘文卿等，2017）。已有文献多数通过测算资本与劳动的相对效率判定技术进步偏向哪一类要素。戴天仕和徐现祥（2010）基于CES生产函数的数理推导，依据Acemoglu的研究率先提出"技术进步偏向指数"这一量化指标，用于判断与衡量技术进步偏向，该指标的提出拓展了技术进步偏向的研究领域。众多学者通过定义并测算技术进步偏向指数后发现，中国技术进步基本是资本偏向性，且提高了资本的边际产出。

## 三、全要素生产率与技术进步偏向

（一）国外研究通过测度全要素生产率和劳动生产率考察技术进步偏向的影响

经典经济增长理论主要通过全要素生产率研究技术进步对经济增长的贡献，多数文献在研究技术进步偏向时也沿用全要素生产率这一思路。Acemoglu（1998）提出，随着国际资本设备价格的下降，发展中国家通过国际贸易和投资从发达国家进口机器设备等资本密集型产品，使本国劳动生产率提高。Acemoglu（2002a）构建理论模型分析技术进步偏向的价格效应和市场规模效应，提出在工业化进程中技术进步偏向的选择直接影响全要素生产率的增长。Kumar 和 Russell（2002）把劳动生产率的增长率分解为技术进步、技术追赶和资本积累，并通过对 1960—1990 年 57 个国家（地区）的研究发现，技术进步、技术效率和资本深化共同影响劳动生产率，劳动生产率差异成为国家间经济增长和差距扩大的重要原因。Antonelli 和 Quatraro（2010）测算了经济合作与发展组织（OECD）中 36 个国家（地区）的技术进步偏向和全要素生产率，发现技术进步偏向对全要素生产率有显著的正向促进作用。

（二）国内研究多数通过测度全要素生产率考察技术进步偏向作用

学者通过全要素生产率考察技术进步作用时，主要有计量估计、索洛余值两类方法（陈娟，2009；赵志耘和杨朝峰，2011；史丹和张成，2017；徐伟呈和李欣鹏，2018）。因此，当通过全要素生产率考察技术进步偏向的作用时，学者仍然沿用这两类方法。

1. 通过计量方法估计全要素生产率。汪克亮等（2014）采用非参数数据包络分析方法（DEA）将技术进步分解为投入偏向性技术进步与中性技术进步后发现，中性技术进步是中国技术进步的主要表现形式，偏向性技术进步总体上对全要素生产率起到促进作用。王班班和齐绍洲（2014）构建了包含中性技术进步和有偏技术进步的超越对数成本函数，通过计量分析得出技术进步偏向通过要素替代效应可以降低能源强度。张月玲和叶阿忠（2014）基于超越对数生产函数，通过计量估计得到要素替代弹性，发现我国技术进步表现出资本偏向和技能偏向双重特征。王俊和胡雍（2015）采用 Malmquist - TFP 指数将全要素生产率分解为产出偏向技术进步、投入偏向技术进步、规模技术进步，发现我国部分制造业呈现技能偏向性技术进步。杨翔等（2019）、丁黎黎等（2020）采用 Malmquist - Luenberger 指数将绿色技术进步分解为效率变化指数、中性技术进步指数和偏向性技术进步指数，发现中性绿色技术进步与投入偏向性绿色技术进步对区域技术进步具有促进作用，产出偏向性绿色技术进步抑制了区域的技术进步。

2. 通过索洛余值法测算全要素生产率。钟世川（2015）利用时变弹性生产函数将全要素生产率分解为偏向技术进步与中性技术进步，测算 1978—2013 年中国东部、中部、西部地区的全要素生产率，得出 1997 年后中国存在资本偏向性技术进步，对东部地区的全要素生产率增长具有促进作用，对中西部地区的全要素生产率增长具有抑制作用。李小平和李小克（2018）基于标准化 CES 生产函数和 Kmenta（1967）的近似估计法，将全要素生产率的增长率分解为偏向性技术进步、要素效率增长率、资本深化及其增长率四个部分。研究发现，资本偏向性技术进步解释了全要素生产率增长的大部分。余东华等（2019）基于中国制造业数据研究，发现资本深化和有偏技术进步对制造业全要素生产率存在正向作用。涂正革和陈立（2019）运用 CES 生产函数推导出包含偏向性技术进步指数的全要素生产率，得出资本深化与资本偏向性技术进步促进了全要素生产率的增长。白继山和温涛（2021）基于 CES 生产函数和 Kmenta 近似估计法将全要素生产率分解并测算，发现中国有 23 个地区的工业技术进步偏向由资本偏向转为劳动偏向，只有技术进步偏向和要素效率的耦合作用对全要素生产率的增长产生显著影响，而技术进步偏向和要素禀赋的耦合作用对全要素生产率的增长影响较弱。

## 四、资本—技能互补理论与技术进步偏向

（一）国外主要研究资本—技能互补和技能偏向性技术进步

越来越多的理论和实践表明，资本和劳动呈现一定的互补性。工业革命后的技术进步更多地表现为机械化生产，资本替代劳动大幅度提高了要素生产率，扩大了产出规模。20 世纪 70 年代以来，技术进步更多地表现为设备资本的专用性，这种技术进步需要劳动者具有一定的熟练程度和劳动技能，资本与劳动呈现互补关系。21 世纪以来，随着计算机和信息技术的发展，资本与技能劳动的互补性凸显出来，资本与技能之间存在相对互补性（资本与技能劳动的替代弹性小于资本与非技能劳动的替代弹性），甚至绝对互补性，这是资本—技能互补理论的核心（Griliches，1969；Mcquaid，1986；Krusell 等，2000）。当劳动被划分为技能劳动和非技能劳动时，在资本—技能互补作用下出现了技能偏向性技术进步。

Griliches 最早研究资本—技能互补理论。Griliches（1969）发现，美国 20 世纪四五十年代，资本深化引起劳动需求结构变化，资本与技能型劳动的互补性要强于资本与非技能型劳动的互补性。Fallon 和 Layard（1975）通过对 1963 年 22 个国家（地区）的研究发现，受教育年限超过 8 年的劳动力与资本之间存在互补性。Goldin 和 Katz（1998）、Flug 和 Hercowitz（2000）研究发现，20 世纪初期美国的制造业就存在着技术—技能和资本—技能的互补性，而且资

本—技能的互补性越来越大。Kiley（1999）通过将技能偏向性技术进步内置于增长模型发现，技能劳动供给增加导致技能偏向性技术进步出现。Yasar 和 Paul（2008）在对土耳其的研究中同样发现，机械化程度越高，计算机使用越多，资本和技能互补性越强。Fajnzylber 和 Fernandes（2009）研究中国和巴西的制造业发现，中国低技能密集产品的专业化弥补了技能偏向性技术的缺少。Laborda 和 Sebastian（2018）基于 EU - KLEMS 数据库，通过对日本、英国和美国的研究发现，相对于资本—技能互补只在部分国家（地区）的特定产业出现，技能偏向性技术进步则发生在所有国家（地区）的产业部门。越来越多的学者通过对不同时期的不同国家（地区）的研究发现，在资本—技能互补作用的强化下，技能偏向性技术进步和技能溢价并存（Autor 等，1998，2003；Krusell 等，2000；Bratti 和 Matteucci，2004）。

（二）国内主要研究技能偏向性技术进步和技能溢价

王永进和盛丹（2010）在一个包含技能劳动、非技能劳动和物质资本三要素的模型中，引入资本与技能劳动之间的互补关系，解释工资差距的扩大与劳动收入占比的下降。王林辉和韩丽娜（2012）提出，技术进步偏向性取决于技术进步的收益率、要素的稀缺性与要素的相对生产率，技术、资本及技能的耦合发展使技术进步既具有资本偏向性又具有技能偏向性。陆雪琴和文雁兵（2013）发现，技能偏向性技术进步、劳动技能结构均影响技能溢价。董直庆等（2013）通过对双层嵌套 CES 生产函数进行测算，发现中国技能劳动对非技能劳动存在显著替代效应，技能偏向性技术进步促进了技能溢价。喻美辞（2013）发现，从长期看资本与技能互补效应在中国显著存在，并扩大了中国相对工资差距。申广军（2016）系统研究了资本—技能互补理论的形成、验证及其应用领域。马红旗（2016）研究了资本—技能互补对技能溢价的影响后提出，这种互补带来技能劳动的流动性增强和非技能劳动的流动性下降。杨飞（2017）在 Acemoglu（2002a）模型基础上构建包含市场化程度的技能偏向性技术进步模型，研究发现市场化程度的提升显著促进了技能偏向性技术进步和技能溢价。部分文献通过研究资本与技能劳动的互补关系说明了技能偏向性技术进步形成的原因（董直庆和蔡啸，2013；沈春苗，2016；雷钦礼和王阳，2017）。

通过文献梳理发现，技术进步偏向的研究主要分为两类，①对全要素生产率的测算及关联研究，如与产业结构、居民收入、环境规制、经济增长等的关联。首先设定包含技术进步偏向的生产函数，通过索洛余值法和计量估计法测算全要素生产率。②基于不同样本、不同时间区间的技术进步偏向判定。通过定义并测算技术进步偏向指数来判断技术进步的要素偏向性，技术进步偏向指数基本由 CES 生产函数推导而来。

无论是通过技术进步偏向指数还是全要素生产率衡量技术进步偏向，已有研究都没有较好地体现技术进步对要素的"偏向作用"。因此，本书放弃全要素生产率这一"总量增量"视角，从要素的"偏向增量"视角构建并测算技术进步偏向指标。在对技术进步偏向指数或全要素生产率进行定义和测算时，首先需要对资本技术效率与劳动技术效率进行测算和分析，它们是生产函数中技术进步偏向的直接表现（Acemoglu，1998；2002a；2003），也是本书的研究视角。

# 第二节 产业结构变迁与优化的界定和测度

## 一、产业结构变迁与优化的内涵

产业结构变迁是指三次产业间要素投入（配置）和产出的变化。产业结构变迁强调数量变化，体现了产业的变动过程，但未必是正确的、良性的发展。产业结构优化包括产业结构合理化与高度化。在产业结构变迁过程中，一方面要素配置合理、投入产出比下降，带来产业结构合理化；另一方面要素效率提高、供给（结构）升级，带来产业结构高度化。产业结构优化强调质量的提升，体现了效率和升级要求，必然是有利的、良性的发展。部分文献使用"产业结构升级"这一表述，鉴于产业结构升级侧重于产业结构的高度化进程，因此本书使用"产业结构变迁与优化"研究产业结构中要素投入和产出的变化，以及产业结构的合理化与高度化进程。产业结构变迁与优化的目标是加快"三二一"产业结构进程，实现"一产稳、二产强、三产大"。

（一）配第—克拉克定理

Clark（1940）指出，随着人均国民收入增加，劳动力就业从以第一产业为主，依次向第二产业、第三产业转移。配第—克拉克定理确立了产业结构变

迁与优化的一般规律：就业比重随着产值结构变迁不断变化。库兹涅茨通过对
多国经济数据的统计测算，提出"库兹涅茨事实"（库兹涅茨，1985），即农
业比重下降，工业比重先上升后下降，服务业比重上升。这种从供给侧度量产
业结构变迁与优化的就业和产出变化（张建华和盛长文，2020），也是本书的
研究重点。

（二）钱纳里的标准产业结构模型

Chenery 和 Syrquin（1975）通过研究 1950—1970 年约 100 个国家（地区）
的产业结构，建立了一个"多国发展模型"，归纳出不同经济发展阶段的产业
结构水平，即不同国民收入水平下三次产业的增加值比重和就业比重标准，简
称标准产业结构表（见表 2 - 1）。钱纳里等认为，在不同的经济发展水平下，
如果一个国家或地区的产业结构在这个"标准"范围内，则为"正常"，否则
就要进行调整。标准产业结构表为各国产业结构的变迁与优化提供了一个参
照，更为发展中国家的产业结构转型提供了经验借鉴。

表 2 - 1　　　　　　　　三次产业结构变迁的国际标准模式

| 发展阶段 | 人均 GDP（美元） | 第一、第二、第三产业<br>增加值比重（%） | 第一、第二、第三产业<br>就业比重（%） |
|---|---|---|---|
| 农业社会 | 300 | 36.0/19.6/44.4 | 74.9/9.2/15.9 |
| 工业化前期 | 500 | 30.4/23.1/46.5 | 65.1/13.2/21.7 |
| 工业化中期 | 1000 | 26.7/25.5/47.8 | 51.7/19.2/29.1 |
| 工业化后期 | 2000 | 21.8/29.0/49.2 | 38.1/25.6/36.3 |
| 现代社会 | 4000 | 18.6/31.4/50.0 | 24.2/32.6/43.2 |

注：人均 GDP 按 1980 年美元水平。

资料来源：Chenery and Syrquin，《Patterns of Development：1950 - 1970》（1975）。

综上所述，产业结构变迁与优化是三次产业向着"三二一"产业模式演
变的过程，是产业结构合理化与高度化的动态进程。这一动态过程，既包含产
业的投入和产出变化，也包含投入比例合理、要素效率提高和供给结构升级，
这是技术进步和要素投入共同作用的结果。

## 二、产业结构变迁与优化的测度方法

已有文献对产业结构变迁的测度主要通过产业内和产业间要素投入和产出
的变化来反映，通常用资本与劳动比、就业比重、产出比等衡量。鉴于多数文

献采用部门间产出比衡量产业结构变迁（Acemoglu 和 Guerrieri，2008；王林辉和袁礼，2018；郭凯明和罗敏，2021；孙学涛，2021），本书对产业结构变迁的测度，采用部门内资本劳动比和部门间产出比共同衡量。已有文献对产业结构优化的测度方法或衡量指标研究的更为丰富，大体分为三类。

（一）单一指标衡量产业结构优化

靖学青（2005）较早地采用产业结构层次系数衡量产业结构高度化，$q$ 为产业所占比重，见式（2.1）。周昌林和魏建良（2007）提出，产业升级指标，$k_i$ 为第 $i$ 个产业部门的产出比重，$h_i$ 为第 $i$ 个产业部门的产出与就业比值，见式（2.2）。何德旭和姚战琪（2008）、钱水土和李正茂（2018）借鉴产业结构理论的资源再配置效应指数，构建产业结构升级指标——ISU 指数（Industrial Structure Upgrade），$y'_t$ 表示产出增长率的变动，$\rho_i$ 表示部门产出所占比重，见式（2.3）。易信和刘凤良（2015）用劳动比重衡量产业结构转型。肖兴志和李少林（2013）、李政和杨思莹（2016）采用高新技术产业总产值与工业总产值比重衡量工业升级。徐朝阳（2010）、赵旭杰和郭庆旺（2018）采用各产业就业比重衡量产业结构升级。熊映梧和吴国华等（1990）用结构偏离度衡量产业结构优化，见式（2.4）。王晶（2017）提出，产业结构优化指数，产业结构优化指数 = 资本密集型产业产值/（各产业产值总和）＋技术密集型产业产值/（各产业产值总和）。周茂等（2018）构造行业的技术复杂度指标衡量工业升级。徐鹏杰等（2019）使用制造业行业的工业销售产值与固定资产总额的比值反映制造业升级，并用行业增加值与从业人数的比值即行业劳动生产率进行稳健性检验。

$$w = \sum_{i=1}^{n} \sum_{j=1}^{i} q(j) \tag{2.1}$$

$$H = \sum_{i=1}^{n} k_i h_i \tag{2.2}$$

$$ISU = y'_t - \sum_{i=1}^{n} \rho_i y'_{it} \tag{2.3}$$

$$E = \sum_{i=1}^{n} \left| \frac{\dfrac{Y_i}{Y}}{\dfrac{L_i}{L}} - 1 \right| \tag{2.4}$$

　　（二）二维指标衡量产业结构优化

　　张培刚等（2007）认为，产业结构优化升级具有两个维度，产业结构合理化（通过微观企业调整和宏观比例协调、效率提高等方面促进合理化进程）和产业结构高度化（通过技术进步、主导产业更替促进高度化进程）。黄茂兴和李军军（2009）采用第二产业的产值比重和就业比重衡量产业结构升级。干春晖和郑若谷等（2011）用泰尔指数表示产业结构合理化，见式（2.5），其中，$Y$ 为地区 GDP，$L$ 为年初和年末平均就业人数，$Y_i$ 和 $L_i$ 表示第 $i$ 产业的增加值和就业人数均值，$i = 1$，2，3。用第三产业与第二产业增加值之比表示产业结构高度化。孙学涛等（2017）用泰尔指数表示产业结构合理化，用产业结构系数表示产业结构高度化，见式（2.6）。李慧和平芳芳（2017）从产业结构高度化和合理化两个维度，选取技术结构高度化、资产结构高度化、市场需求适应系数、行业间协调程度、劳动力结构高度化和产值结构高度化六个方面的 11 个指标来衡量装备制造业的产业结构升级。王林辉和袁礼（2018）通过数理模型推导出产业效应和结构效应表示产业结构变迁。涂正革和陈立（2019）采用第二产业比重和第三产业比重衡量产业结构升级。

$$TL = \sum_{i=1}^{n} \left( \frac{Y_i}{Y} \right) \ln \left( \frac{\frac{Y_i}{L_i}}{\frac{Y}{L}} \right) \qquad (2.5)$$

$$H = \sum_{k=1}^{3} \sum_{j=1}^{3} \theta_{jt} = \theta_{1t} + 2\theta_{2t} + 3\theta_{3t} \qquad (2.6)$$

　　（三）多维指标衡量产业结构优化

　　产业结构优化的多维指标构建主要有两种方法，一是构造产业结构优化的指标体系，通过聚类方法得到一个综合性指数；二是对产业结构高度化和产业结构合理化分别采用多个指标衡量，形成一个指标体系。冯春晓（2009）以制造业为例将产业升级分为产业结构合理化和产业结构高度化。用适应系数衡量产业结构合理化，$S_{it}$ 表示产出，$D_{it}$ 表示第 $i$ 行业在第 $t$ 年的市场需求，见式（2.7）；用产值高度化（产值比重）、资产高度化（固定资本投资比重）、技术高度化（R&D 密度）和劳动力高度化（科学家与工程师人数占科技活动人员总人数的比例）组成的指标体系衡量产业结构高度化。郑若谷等（2010）采用第二产业产值比重、第三产业产值比重、第二产业就业比重和第三产业就业比重四个指标作为产业结构指标。黄亮雄等（2013）从调整幅度、调整质量与调整路径三个维度构建了产业结构变动幅度指数、高度化生产率指数、高度化复杂度指数和相似度指数四个指标来衡量产业结构升级。徐晔和杨飞（2016）用泰尔指数表示产业结构合理化，用第二产业与第一产业产值比重、第三产业与第二产业产值比重分别代表工业化趋势、服务化趋势来衡量产业结构高度化。傅元海等（2016）将制造业结构优化分为制造业合理化和制造业高度化。制造业合理化采用结构偏离度、泰尔指数两个指标衡量（分别从人均总产值、人均固定资产净值和人均增加值即劳动生产率三个维度测算两个指数）。制造业的高度化采用高端技术产业占制造业的比例（包含总产值、固定资产净值和增加值三个维度）和制造业与中端技术制造业之比（包含总产值、固定资产净值和增加值三个维度）两个指标衡量。任碧云和贾贺敬（2019）用产出水平（工业增加值增速）、优质产能（出口比重）和盈利能力（主营业务利润率）代表规模升级、结构升级和效率升级，构建制造业优化升级的区域测度体系，运用德尔菲法形成综合性指数。

$$G_{it} = 1 - \frac{|S_{it} - D_{it}|}{\max(S_{it}, D_{it})} \tag{2.7}$$

通过文献梳理可知，对产业结构优化的衡量方法或指标研究非常丰富。但同时也发现，对产业结构优化的衡量方法尽管较多，但多数还是按照产业经济学理论，将产业结构优化分为合理化与高度化之后，再分别设定一个或多个指标进行衡量。本书将产业结构优化分为产业结构合理化与高度化，并使用二维指标衡量。

# 第三节　技术进步对产业结构变迁与优化的影响研究

## 一、技术进步对产业结构变迁的影响机制研究

（一）技术进步通过改变全要素生产率影响产业结构变迁

Acemoglu 和 Zilibotti（2001）基于 C - D 生产函数的两国模型发现，技术进步和劳动技能的匹配程度，改变着国家和行业间的要素生产率和人均产出，影响了一国产业结构变迁和经济发展。陈体标（2008）提出，技术增长率的差异改变了部门间的劳动比重和产出水平，带来产业结构变迁。Ngai 和 Pissarides（2007）优化了 Baumol（1967）提出的多部门非平衡增长模型，将希克斯中性技术进步引入 C－D 生产函数，发现技术进步带来的全要素生产率差异改变了各部门产品相对价格和就业，带来了产业结构变迁。徐朝阳（2010）在 Baumol（1967），Acemoglu 和 Guerrieri（2008）两部门模型基础上构建了三部门产业结构变迁模型，考察了工业化过程中全要素生产率对产业结构变迁的作用。郭凯明等（2017）在 Uy 等（2013）、Sposi（2015）和 Swiecki（2017）模型基础上构建了多部门增长模型，研究了鲍莫尔效应、恩格尔效应、投资效应和国际贸易效应对产业结构转型的影响。颜色等（2018）建立了一个包含农业、工业和服务业的一般均衡模型，通过中国数据模拟发现，需求提升有利于我国劳动生产率提高和产业结构转型。

（二）技术进步通过改变要素密集度差异或要素替代弹性影响产业结构变迁

Acemoglu 和 Guerrieri（2008）基于 C－D 生产函数构建两部门增长模型得出，部门的资本深化差异带来部门产出比变化，影响了产业结构变迁和经济非均衡增长。Alvarez－Cuadrado 和 Poschke（2011）发现，农业和制造业的技术进步是产业结构变迁的主要驱动力，农业部门的"推力"和工业部门的"拉力"使劳动力在部门间流动进而推动产业结构变迁。张涛等（2013）构建了包含劳动力流动的二元经济模型，说明物质资本积累通过改变劳动力流动和部门产出变化影响了产业结构变迁。Herrendorf 和 Valentinyi（2015）系统分析了全要素生产率、产出弹性和要素替代弹性的异质性问题对产业结构变迁的重要影响。Swiecki（2017）将技术进步、国际贸易和部门间要素成本差异纳入产业结构变迁模型，通过对 1970—2005 年 45 个国家（地区）的研究发现偏向产业的技术进步是产业结构变迁的重要影响因素。Alvarez－Cuadrado 等（2017）通过构建封闭经济条件下包含 CES 生产函数的产业结构变迁模型，探讨资本深化与要素替代弹性的部门差异，发现替代弹性大的部门可以优先改变部门的资本劳动比，进而改变部门生产成本和产出相对变化，最终带来产业结构变迁。

## 二、技术投入与创新对产业结构优化的实证研究

此类文献主要采用技术选择指数（林毅夫，2002）、研发投入强度等指标衡量技术进步，实证研究技术进步对产业结构优化的影响。黄茂兴和李军军（2009）研究发现，适宜的技术选择和合理的资本深化可以促进产业结构升

级。李政和杨思莹（2016）运用空间杜宾模型实证得出，技术投入强度的加大促进产业结构升级但扩大了城乡收入差距。徐伟呈和赵昕（2018）在 Duarte 和 Restuccia（2010）模型基础上建立互联网技术驱动的产业结构变迁模型，通过对山东省产业结构的实证研究发现，互联网技术进步促进产业结构升级，但地区服务业发展状况影响了产业结构升级程度。张云辉和赵佳慧（2019）运用面板向量自回归模型（PVAR）实证得出中国绿色信贷、技术进步和产业结构优化两两之间存在双向促进作用。胡绍波等（2019）构建多部门的一般均衡模型，考察技术进步、替代效应与收入效应对产业结构变迁的影响，发现在中国的产业结构变迁中技术驱动主要来自第二产业的技术进步，收入驱动使要素从第一产业主要流向第三产业。

### 三、全要素生产率对产业结构优化的实证研究

此类文献侧重对全要素生产率的测算，再实证研究其对产业结构优化的影响。Duarte 和 Restuccia（2010）比较了美国、西班牙、加拿大三次产业的劳动生产率，发现不同发展程度的国家农业和服务业的劳动生产率差距较大，制造业劳动生产率的差距较小。制造业的劳动生产率赶超解释了发展中国家总生产率增长的 50% 以上。杨天宇和刘贺贺（2012）构建包含农产品、工业品和服务业产品的产业结构变迁模型，通过对中国与印度三次产业的比较，发现提高第三产业的劳动生产率更有利于产业结构升级。下面按照对全要素生产率的不同测算方法对相关文献进行分类梳理。

1. 对技术进步作用下的全要素生产率通过计量估计或非参数估计得出，如采用 DEA – Malmquist 指数将全要素生产率分解为技术效率、技术进步。史丹和张成（2017）通过非线性规划模型、超越对数生产函数和 DEA 方法，对制造业的产出结构和要素配置进行系统优化，以达到降低能源强度和要素错配的目的。段瑞君（2018）运用空间计量方法，通过考察 2004—2015 年 285 个中国地级城市，发现技术进步和技术效率对地区产业结构升级具有正向作用。其中，技术进步对东部和西部地区产业结构升级作用显著，技术效率对西部地区产业结构升级作用显著。谢婷婷等（2018）通过空间计量模型实证发现，全国层面上 FDI 引致的技术进步无论是直接效应还是间接效应对中国产业结构升级具有正向作用，但对东部、中部、西部不同地区的产业结构升级存在或促

进或抑制的不同作用。韩英和马立平（2019）运用 DEA – Malmquist 指数分析京津冀地区的全要素生产率和产业结构变迁，发现全要素生产率的地区差异和产业差异较大，第一产业属于劳动密集型产业但资本深化明显，第二、第三产业技术进步效率改善明显。

2. 对技术进步作用下的全要素生产率采用索洛余值法测算（徐朝阳，2010；胡绍波等，2019）。云鹤和吴江平（2008）通过对三次产业全要素生产率和产业间资源再配置效应（TRE）的测算发现，提高第三产业比重可以加快产业结构优化。徐伟呈和李欣鹏（2018）通过索洛余值法和 DEA 法测算互联网技术进步率，实证得出互联网技术进步可以驱动产业结构升级，但存在地区差异。钱水土和李正茂（2018）发现，发达国家对发展中国家的技术转移显著存在，技术进步（全要素生产率）通过金融发展强化了其对产业结构升级的正向作用。刘志彪和凌永辉（2020）通过对 169 个国家（地区）的研究发现，结构变迁与全要素生产率之间存在倒"U"形关系。

技术进步通过改变全要素生产率或者要素替代弹性，影响产业间要素的"资源再配置"和产出水平，进而影响产业结构变迁。文献研究发现技术进步有利于产业结构变迁与优化，但对不同区域、不同行业的影响存在异质性。在构建理论模型时，多数文献将部门生产函数设定为经典的 C – D 生产函数。另外，人力资本积累、金融发展、投资需求同样推动产业结构变迁与优化（Cai，2015；Herrendorf 和 Schoellman，2018；Song 等，2011；Garcia – Santana 等，2016），越来越多的学者将产业结构变迁与经济增长、收入分配、就业、经济周期和环境污染等经济问题相关联进行深入研究（张建华和盛长文，2020）。

# 第四节　技术进步偏向对产业结构变迁与优化的影响研究

## 一、技术进步偏向对产业结构变迁的影响机制研究

（一）技术进步偏向通过改变全要素生产率影响产业结构变迁

Färe 等（1997）建立数理模型将 Malmquist 指数的全要素生产率分解为产出变化的技术进步偏向和投入变化的技术进步偏向，用于测算技术进步偏向带

来的要素生产率变化，为后续研究技术进步偏向作用下的全要素生产率提供了重要思路和方法。Antonelli（2010）基于部门的 C－D 生产函数研究发现，技术进步偏向影响了全要素生产率、要素投入和要素产出弹性，也会受到地区要素禀赋和要素价格的影响。Acemoglu 等（2015）基于 CES 生产函数构建了离岸外包与技术进步偏向的理论模型发现，发达国家的技术溢出效应使多数发展中国家同样呈现资本偏向性技术进步，并详细阐述了发达国家的贸易外包和技术溢出对发展中国家的技术进步偏向和产业结构变迁的影响。吴华英等（2021）建立两部门产业结构变迁模型并通过数值模拟发现，技术进步偏向通过影响要素流动和劳动生产率促进产业结构变迁，但对总劳动生产率增长速度的影响呈倒"U"形变化。

（二）技术进步偏向通过改变要素替代弹性影响产业结构变迁

Alvarez－Cuadrado 等（2018）通过构建产业结构变迁模型考察了 1960—2005 年美国经济，发现资本偏向性技术进步通过影响要素替代弹性和部门生产率引导了产业结构变迁。王林辉和袁礼（2018）构建了包含技术进步偏向的要素收入份额分解模型，通过考察中国三次产业发现，产业内技术进步偏向会改变要素收入分配，产业间技术进步偏向会通过要素替代弹性和要素技术效率改变要素流动和边际产出影响产业结构变迁。郭凯明和罗敏（2021）建立宏观一般均衡层面的多部门结构转型模型，通过数值模拟研究发现，技术进步偏向通过改变部门产品相对价格和劳动边际产出影响了产业结构转型。该文献没有对要素技术效率或要素边际产出与产业结构变迁进行深入研究，但为本书的研究思路提供了理论依据。

通过文献梳理发现，一是在考察技术进步偏向对产业结构的影响时，理论研究极少。二是在构建理论模型时，部门生产函数被设定成 C－D 生产函数或者把 CES 生产函数转化为 C－D 生产函数再进行研究。鉴于 C－D 生产函数无法满足和体现本书技术进步偏向和理论模型的构建要求，因此本书采用 CES 生产函数作为部门生产函数建立理论模型。

## 二、全要素生产率对产业结构优化的实证研究

（一）对技术进步偏向作用下的全要素生产率通过 DEA 方法和 Malmquist 指数测算

王俊和胡雍（2015）采取 Malmquist－TFP 指数法将全要素生产率分解为

产出偏向技术进步、投入偏向技术进步和规模技术进步，通过测算发现，中国只有部分制造业行业呈现技能偏向性技术进步且波动较大。宋丽萍和杨大威（2016）通过固定效应模型考察地区和制造业进出口贸易和技能偏向性技术进步，发现产业结构和贸易水平对技能偏向性技术进步存在逆向作用，且认为产业结构升级能够促进技能偏向性技术进步。付明辉和祁春节（2016）采用 Malmquist – TFP 指数对 28 个国家（地区）的测算发现，大部分国家（地区）的技术进步偏向促进了农业全要素生产率增长率的提高。项松林和田容至（2020）通过 DEA 方法和 GMM 计量回归，发现资本偏向性技术进步能够推动资本技术密集型行业的发展。

（二）对技术进步偏向作用下的全要素生产率通过索洛余值法测算

Fan 等（2013）提出中国的出口导向性贸易促使产业结构由农业为主转向制造业为主，中国通过外国机器引进、技术许可、FDI 的溢出效应获得技术进步，推动中国的工业化进程。黄红梅和石柱鲜（2014）基于 C – D 生产函数和索洛余值法测算中国要素偏向性技术进步得出，2000 年以来第一产业和第三产业均属于资本偏向性技术进步，第二产业技术进步的要素偏向方向存在阶段性差异。孙学涛等（2017）在测算哈罗德技术进步偏向指数的基础上运用带空间自回归误差项的空间自回归模型（SARAR）考察中国县域经济，发现资本偏向性技术进步有利于产业结构的合理化与高级化进程。余东华等（2019）研究发现，资本深化和有偏技术进步对中国制造业全要素生产率的交互影响效应为正，但行业间具有明显的异质性特征。资本密集型行业的资本深化和有偏技术进步对全要素生产率的交互影响效应较大，有利于制造业升级。

## 三、技术进步偏向指数对产业结构优化的实证研究

技术进步偏向指数基于 CES 生产函数推导并测算。孔宪丽等（2015）基于 CES 生产函数测算技术进步方向指数并实证研究得出，除 2008 年、2010 年和 2013 年外，中国工业行业均呈现资本偏向性技术进步，且技术进步偏向水平和要素禀赋直接影响创新投入驱动工业结构调整的效率。涂正革和陈立（2019）运用 CES 生产函数推导出技术进步偏向指数，基于省际数据采用固定效应模型实证发现资本偏向型技术进步对全要素生产率的提升具有显著正向效应，也促进产业结构从低级向高级转变，这种产业结构变迁不仅反映在第二、

第三产业产出比重提升的"量"上，也反映在产业劳动生产率提高的"质"上。姚毓春等（2014）运用 CES 生产函数推导出技术进步偏向指数，基于工业行业数据测算出中国工业部门的技术进步偏向于资本，通过引导部分企业选择偏向劳动的技术进步可以提高劳动生产率和劳动收入份额。陈勇和柏喆（2020）基于 CES 生产函数和技术进步偏向指数通过实证研究发现，资本偏向性技术进步与产业结构优化均带来劳动收入份额下降。蔡晓陈和赖娅莉（2020）基于 CES 生产函数和技术进步偏向指数通过广义矩估计（GMM）发现，二元经济结构越明显，技术进步越偏向于资本。

通过文献梳理发现，已有文献的研究重点在于，一是测算技术进步偏向指数或者全要素生产率，二是实证研究技术进步偏向对产业结构的影响。既没有涉及技术进步"偏向作用"即对资本技术效率与劳动技术效率的非对称性作用，也没有从理论上厘清这一偏向作用对产业结构变迁（优化）的影响机制。本书正是从这两个方面进行深入研究。

# 第五节　文献述评

通过本章的文献梳理，本书对技术进步偏向与产业结构的相关研究历程有了一个清晰的认识。

1. 本章从三个方面进行技术进步偏向的文献综述（时间上并无严格的先后顺序）。①早期的资本体现式技术进步研究。实证研究发现各国技术进步总体偏向资本，表现为资本体现式技术进步即资本偏向性技术进步。主要原因是各国为了促进经济增长，加大资本深化与物质资本更新。②全要素生产率与技术进步偏向研究。多数学者沿用经典经济增长理论的思路，通过全要素生产率衡量技术进步偏向，采用函数核算或计量估计方法测算技术进步偏向下的全要素生产率。少数学者注意到技术进步对要素的偏向作用开始研究技术进步偏向对要素配置和劳动收入份额的影响。③资本—技能互补理论与技术进步偏向研究。越来越多的学者在研究技术进步偏向的过程中，关注到资本—技能互补现象。当生产资本由机械化走向自动化、智能化时，承载技术进步的资产专用性对劳动的技能要求提高，资本与技能劳动的互补性强于资本与非技能劳动的互补性，技能偏向性技术进步出现。

2. 已有文献对技术进步偏向的测度。主要分为两类，一是定义并测算"技术进步偏向指数"来判断技术进步的要素偏向性；二是通过函数核算或计量估计测算技术进步偏向作用下的全要素生产率。已有文献在对技术进步偏向指数或全要素生产率进行定义和测算时，首先需要测算资本技术效率与劳动技术效率，它们是生产函数中技术进步偏向的直接表现（Acemoglu，1998；2002a；2003），因此本书创新性地以它们作为研究视角探讨技术进步偏向对产业结构变迁与优化的影响。

3. 按照理论和实践发展，从两个方面进行产业结构的文献综述（时间上亦无严格顺序）。①技术进步对产业结构变迁与优化的影响研究。通过文献梳理发现，技术进步通过改变部门的全要素生产率或要素替代弹性影响产业结构变迁，即全要素生产率改变产业间的要素流动和产出水平影响产业结构变迁。多数文献对全要素生产率的测算通常运用函数核算（如索洛余值法）和计量估计（如 Malmquist 指数分解）两类方法。②技术进步偏向对产业结构变迁与优化的影响研究。通过文献梳理发现，一是相关文献较少，二是已有研究的创新性主要体现在方法上，包括技术进步偏向的测算方法和实证研究的计量方法。

4. 已有文献在研究技术进步偏向对产业结构的影响时，侧重实证研究，缺少规范的理论分析。部分文献在研究技术进步偏向对产业结构变迁的影响机制时，将部门生产函数设定为 C－D 生产函数，研究技术进步偏向通过改变全要素生产率或要素替代弹性，影响部门的要素投入与产出，进而影响产业结构变迁。但它们都没有很好地体现和涉及技术进步对要素的"偏向作用"。本书正视以上问题，一是构建技术进步偏向指标体系，重新定义并测度技术进步偏向对要素的不同作用；二是采用部门 CES 生产函数建立理论模型，从资本技术效率与劳动技术效率这一全新视角考察技术进步偏向对产业结构变迁与优化的影响机制，并进行实证检验。值得注意的是，已有文献多采用部门产出比的变化描述产业结构变迁。

# 第三章 技术进步偏向测算与
# 典型事实分析

本章首先构建技术进步偏向指标体系，然后分别基于中国地区、三次产业和工业行业面板数据，进行要素替代弹性估计、技术进步偏向测算和产业结构状况的典型事实分析，为后面的实证研究提供核心变量和事实依据。相比已有研究，本章所采用的技术进步偏向指标更为丰富，样本数据的时间区间更为长久，三个样本层面的事实分析更为全面。

首先，构建技术进步偏向指标。基于体现技术进步偏向的 CES 生产函数数理推导出资本技术效率、劳动技术效率、要素技术效率比、要素边际产出比和技术进步偏向指数，形成技术进步偏向的指标体系。同时，推导标准化供给面系统方程用于估计要素替代弹性。其次，测算技术进步偏向指标。运用非线性似不相关法（NLSUR）估计出要素替代弹性后，代入公式得到技术进步偏向指标。最后，进行地区层面、产业层面、行业层面的事实分析。包括技术进步的要素偏向性、资本技术效率与劳动技术效率差异分析、发展趋势和产业结构状况。需要说明的是，在进行事实分析时，对相似结论的原因解释，若在本章第二节详细说明之后，将不会在本章第三节和第四节重复阐述，除非结论或解释出现异质性而需要说明。

## 第一节 技术进步偏向的数理推导

早期，Hicks、Harrod、Solow 等从 C – D 生产函数出发，通过测算"A"——全要素生产率来表现技术进步的非中性，尤其以 Greenwood（1997）对技术进步偏向的研究较为系统。后来，在 Acemoglu（2002a，2003）基于 CES 生产函数研究技术进步偏向之后，学者在测算技术进步偏向方面有了更多的方法和成果。一方面全要素生产率无法体现出"技术进步对资本和劳动的偏向作用"这一思想，另一方面技术进步偏向在 CES 生产函数下的相关研究较为丰富，因此本章基于 CES 生产函数推导并构建技术进步偏向的指标体系。部分文献使用"技术进步偏向指数"衡量技术进步偏向作用，本书接受这一指数的合理性，因此技术进步偏向的衡量指标分为两部分：一是采用资本技术效率、劳动技术效率、资本与劳动的技术效率比、资本与劳动的边际产出比衡量技术进步偏向的作用，目前已有文献缺乏对这组指标的深入研究；二是采用技术进步偏向指数判断技术进步的要素偏向性，已有文献对这一指标的定义不统一，本书仅用该指数判定技术进步的要素偏向性，不用它进行实证分析。这样的指标体系既符合技术进步偏向的内涵，也使实证研究结果更具稳健性。

## 一、技术进步偏向指标体系构建

### （一）技术进步偏向指数与要素边际产出比

借鉴 David 和 Klundert（1965）、Acemoglu（2002a）的研究，在包含资本—劳动要素投入组合的 CES 生产函数中引入资本与劳动的技术进步系数体现技术进步偏向。CES 生产函数设定见式（3.1）。

$$Y_t = \left[ (1-\gamma)(A_{Lt}L_t)^{\frac{\sigma-1}{\sigma}} + \gamma(A_{Kt}K_t)^{\frac{\sigma-1}{\sigma}} \right]^{\frac{\sigma}{\sigma-1}} \tag{3.1}$$

其中，$\sigma$ 为替代弹性；$\gamma$ 为资本收入份额或称要素分配参数；$L$、$K$ 分别为劳动、资本；$A_{Kt}$ 为资本增强型技术进步，简称资本技术效率；$A_{Lt}$ 为劳动增强型技术进步，简称劳动技术效率。有的文献也把 $A_{Kt}$ 和 $A_{Lt}$ 直接称为资本效率与劳动效率（陈晓玲等，2019）。如果 $\sigma = 1$，生产函数退化为 C–D 生产函数。按照 Acemoglu（1998；2002a；2003），资本技术效率和劳动技术效率是技术进步偏向在生产函数中的直接表现。通过式（3.1），得到资本与劳动的边际产出 $MP_K$、$MP_L$ 分别见式（3.2）、式（3.3）。

$$MP_K = \frac{\partial Y_t}{\partial K_t} = \left[ (1-\gamma)(A_{Lt}L_t)^{\frac{\sigma-1}{\sigma}} + \gamma(A_{Kt}K_t)^{\frac{\sigma-1}{\sigma}} \right]^{\frac{1}{\sigma-1}} \gamma A_{Kt}^{\frac{\sigma-1}{\sigma}} K_t^{\frac{-1}{\sigma}} \tag{3.2}$$

$$MP_L = \frac{\partial Y_t}{\partial L_t} = \left[ (1-\gamma)(A_{Lt}L_t)^{\frac{\sigma-1}{\sigma}} + \gamma(A_{Kt}K_t)^{\frac{\sigma-1}{\sigma}} \right]^{\frac{1}{\sigma-1}} (1-\gamma)A_{Lt}^{\frac{\sigma-1}{\sigma}} L_t^{\frac{-1}{\sigma}}$$

$$\tag{3.3}$$

1. 要素边际产出比。用 $M_t$ 表示要素边际产出比，即资本与劳动的边际产

出比，则

$$M_t = \frac{MP_k}{MP_L} = \frac{\gamma}{1-\gamma}\left(\frac{A_{Kt}}{A_{Lt}}\right)^{\frac{\sigma-1}{\sigma}}\left(\frac{L_t}{K_t}\right)^{\frac{1}{\sigma}} \tag{3.4}$$

由式（3.4）可知，在资本劳动比不变的情况下，如果 $1>\sigma>0$，要素边际产出比与技术效率比呈反方向变化；如果 $\sigma>1$，要素边际产出比与技术效率比呈同方向变化。可见，无论要素替代弹性如何，技术进步偏向直接改变了要素技术效率和要素边际产出比。

陆雪琴和章上峰（2013）比较了 Hicks、Harrod 和 Solow 对技术进步非中性的定义，并通过测算中国 1978—2011 年的技术进步偏向发现，除个别年份技术进步的要素偏向性不同外，Hicks 和 Harrod 的技术进步偏向的要素指向是一致的。表 3 - 1 具体比较了 Hicks 和 Harrod 的技术进步偏向理论。

表 3 - 1　　　　　　　　Hicks 和 Harrod 技术进步偏向理论比较

| 内容＼类型 | Hicks | Harrod |
|---|---|---|
| 理论假定 | 资本与劳动比不变 | 资本产出比不变 |
| 资本偏向性技术进步 | 资本与劳动边际产出比上升 | 资本边际产出上升 |
| 劳动偏向性技术进步 | 资本与劳动边际产出比下降 | 资本边际产出下降 |
| 技术进步偏向指数 | $D_t(Hicks)=\frac{\sigma-1}{\sigma}\left(\frac{\dot{A}_{Kt}}{A_{Kt}}-\frac{\dot{A}_{Lt}}{A_{Lt}}\right)$ | $D_t(Harrod)=\frac{\sigma-1}{\sigma}\left(\frac{\dot{A}_{Kt}}{A_{Kt}}\right)$ |

注：$\dot{A}_{Kt}$、$\dot{A}_{Lt}$ 表示对时间求导。

资料来源：陆雪琴，章上峰．技术进步偏向定义及其测度［J］．数量经济技术经济研究，2013（8）．

2. 技术进步偏向指数。借鉴 Acemoglu（2002a）、戴天仕和徐现祥（2010），定义技术进步偏向指数（$D_t$）。技术进步偏向指数衡量了由技术进步引发的资本与劳动边际产出比的相对变化，因此该指数与陆雪琴和章上峰（2013）根据希克斯的技术进步偏向内涵构建的技术进步偏向指数本质上是一致的。

$$D_t = \frac{1}{M_t}\frac{\partial M_t}{\partial\left(\frac{A_{Kt}}{A_{Lt}}\right)}\frac{d\left(\frac{A_{Kt}}{A_{Lt}}\right)}{dt} = \frac{\sigma-1}{\sigma}\left(\frac{A_{Lt}}{A_{Kt}}\right)\frac{d\left(\frac{A_{Kt}}{A_{Lt}}\right)}{dt} \tag{3.5}$$

由式（3.5）可知，技术进步偏向指数（$D_t$）为资本与劳动边际产出比的变化率。它不仅与资本技术效率、劳动技术效率有关，还与要素替代弹性有关。当 $1 > \sigma > 0$（劳动与资本之间存在互补性）时，如果 $A_{Kt}/A_{Lt}$ 提高（下降），会降低资本与劳动的边际产出比的变化率，技术进步呈现劳动（资本）偏向性。原因在于，替代弹性小于 1，资本和劳动之间存在互补性，资本技术效率的提高带来劳动需求增加，产生了对劳动的"过度需求"，刺激了劳动偏向性技术进步的研发与利用，劳动的边际产出比资本的边际产出提高更快。当 $\sigma > 1$（劳动与资本之间存在替代关系）时，如果 $A_{Kt}/A_{Lt}$ 提高（下降），会提高资本与劳动的边际产出比的变化率，则技术进步呈现资本（劳动）偏向性。如果 $\sigma = 1$，则技术进步呈现中性。直观来看，$D_t > 0$，判定为资本偏向性技术进步；$D_t < 0$，判定为劳动偏向性技术进步；$D_t = 0$，则是中性技术进步。

（二）资本技术效率与劳动技术效率

通过技术进步偏向指数可以判断某一地区或产业技术进步的要素偏向，偏向资本或偏向劳动。但仅仅知道技术进步的要素偏向是不够的，因此继续推导要素技术效率（比）。

假定市场为完全竞争市场，资本和劳动按其边际产出取得报酬，分别定义为资本回报率 $r$ 和工资 $w$，则

$$r_t = \frac{\partial Y}{\partial K}, w_t = \frac{\partial Y}{\partial L} \tag{3.6}$$

$$\frac{r_t}{w_t} = \frac{\frac{\partial Y}{\partial K}}{\frac{\partial Y}{\partial L}} = \frac{\gamma}{1-\gamma}\left(\frac{A_{Kt}}{A_{Lt}}\right)^{\frac{\sigma-1}{\sigma}}\left(\frac{L_t}{K_t}\right)^{\frac{1}{\sigma}} \tag{3.7}$$

由式（3.7）得出

$$(A_{Kt})^{\frac{\sigma-1}{\sigma}} = \frac{r_t}{w_t}\frac{1-\gamma}{\gamma}(A_{Lt})^{\frac{\sigma-1}{\sigma}}\left(\frac{K_t}{L_t}\right)^{\frac{1}{\sigma}} \tag{3.8}$$

将式（3.8）代入式（3.1），得出

$$A_{Lt} = \frac{Y_t}{L_t}\left[\frac{w_t L_t}{(1-\gamma)(w_t L_t + r_t K_t)}\right]^{\frac{\sigma}{\sigma-1}} \tag{3.9}$$

$$A_{Kt} = \frac{Y_t}{K_t}\left[\frac{r_t K_t}{\gamma(w_t L_t + r_t K_t)}\right]^{\frac{\sigma}{\sigma-1}} \tag{3.10}$$

$$\frac{A_{Kt}}{A_{Lt}} = \frac{L_t}{K_t} \left[ \frac{(1-\gamma)}{\gamma} \frac{r_t K_t}{w_t L_t} \right]^{\frac{\sigma}{\sigma-1}} \tag{3.11}$$

只要获得 $Y_t$、$L_t$、$K_t$、$r$、$w$ 和替代弹性 $\sigma$、资本密集度 $\gamma$，就可以依次算出劳动技术效率、资本技术效率、要素技术效率比、要素边际产出比和技术进步偏向指数，至此技术进步偏向的指标体系形成。因此，准确估算要素替代弹性和资本密集度成为测算技术进步偏向的第一步，本书使用标准化供给面系统方程和非线性似不相关法估计。

## 二、标准化供给面系统方程构建

（一）替代弹性的估计方法主要有单方程估计和多方程估计两类

1. 单方程估计法，如 Kmenta 近似法。Kmenta（1967）将 CES 生产函数取对数后进行二阶泰勒展开，对处理后的线性模型估计得到要素替代弹性。这种单方程估计法相对比较简单，但替代弹性的估计结果不够稳健。David 和 Klundert（1965）在 CES 生产函数基础上利用利润最大化的一阶条件方程式估计要素替代弹性。Klump 等（2000）指出，这种方法有可能高估要素替代弹性。

2. 多方程估计法。Klump 等（2007，2008）建立了基于 CES 生产函数的标准化方程估计要素替代弹性，即标准化供给面系统方程。标准化供给面系统方程是用生产函数、资本和劳动的一阶条件组成三个联立方程，除了要素替代弹性外，其他变量和参数需赋予初始值，从而获得替代弹性的稳健估计。Leòn - Ledesma 等（2010）比较发现，标准化供给面系统方程的估计结果更稳健。作为一种多方程的参数估计法，标准化供给面系统方程成为目前最稳健、最有效的替代弹性估计方法，因此本书采用标准化供给面系统方程估计替代弹性。

（二）建立标准化供给面系统方程

根据 Klump 等（2007）、陈晓玲和连玉君（2012）推导标准化供给面系统方程，用于估计替代弹性。先将式（3.9）、式（3.10）的要素技术效率采用指数形式设定，即 $A_{Kt}$、$A_{Lt}$ 满足 BOX - COX 变换，可得

$$A_{Kt} = A_{Kt_0} e^{g_K(t,t_0)}, A_{Lt} = A_{Lt_0} e^{g_L(t,t_0)} \tag{3.12}$$

$g_K$、$g_L$ 为要素技术效率的增长率。因为

$$\frac{r_t}{w_t} = \frac{\frac{\partial Y}{\partial K}}{\frac{\partial Y}{\partial L}} = \frac{1-\gamma}{\gamma} \left(\frac{A_{Kt}}{A_{Lt}}\right)^{\frac{\sigma-1}{\sigma}} \left(\frac{L_t}{K_t}\right)^{\frac{1}{\sigma}}$$

设定在 $t_0$ 时，$Y_0 = \xi\overline{Y}$，$K_0 = \overline{K}$，$L_0 = \overline{L}$，$t_0 = \overline{t}$。$\overline{Y}$、$\overline{K}$、$\overline{L}$、$\overline{t}$ 分别为各变量均值，$\xi$ 为规模因子。$t = t_0$ 时，设定 $\dfrac{w_0 L_0}{r_0 K_0} = \dfrac{1-\gamma}{\gamma}$，结合 $Y_0$ 的表达式，可得

$$A_{Kt_0} = \frac{Y_0}{K_0}, A_{Lt_0} = \frac{Y_0}{L_0} \tag{3.13}$$

将式（3.13）代入式（3.12），得出

$$A_{Kt} = \frac{Y_0}{K_0}e^{g_K(t,t_0)}, A_{Lt} = \frac{Y_0}{L_0}e^{g_L(t,t_0)} \tag{3.14}$$

将式（3.14）代入式（3.6），得出

$$r_t = \gamma\left(\frac{Y_t}{K_t}\right)^{\frac{1}{\sigma}}\left(\frac{\xi\overline{Y}}{\overline{K}}e^{g_K(t,t_0)}\right)^{\frac{\sigma-1}{\sigma}} \tag{3.15}$$

$$w_t = (1-\gamma)\left(\frac{Y_t}{L_t}\right)^{\frac{1}{\sigma}}\left(\frac{\xi\overline{Y}}{\overline{L}}e^{g_L(t,t_0)}\right)^{\frac{\sigma-1}{\sigma}} \tag{3.16}$$

对式（3.15）、式（3.16）和式（3.1）先进行要素换乘，再进行标准化处理，最后对数化，得到标准化供给面系统方程式（3.17）、式（3.18）和式（3.19）。

$$\ln\left(\frac{r_t K_t}{Y_t}\right) = \ln(\gamma) + \frac{\sigma-1}{\sigma}\ln(\xi) - \frac{\sigma-1}{\sigma}\ln\left(\frac{\frac{Y_t}{\overline{Y}}}{\frac{K_t}{\overline{K}}}\right) + \frac{\sigma-1}{\sigma}g_K(t,t_0) \tag{3.17}$$

$$\ln\left(\frac{w_t L_t}{Y_t}\right) = \ln(1-\gamma) + \frac{\sigma-1}{\sigma}\ln(\xi) - \frac{\sigma-1}{\sigma}\ln\left(\frac{\frac{Y_t}{\overline{Y}}}{\frac{L_t}{\overline{L}}}\right) + \frac{\sigma-1}{\sigma}g_L(t,t_0)$$

$$\tag{3.18}$$

$$\ln\left(\frac{Y_t}{\overline{Y}}\right) = \ln\xi + \frac{\sigma}{\sigma-1}\ln\left[(1-\gamma)\left(\frac{e^{g_L(t,t_0)}L_t}{\overline{L}}\right)^{\frac{\sigma-1}{\sigma}} + \gamma\left(\frac{e^{g_K(t,t_0)}K_t}{\overline{K}}\right)^{\frac{\sigma-1}{\sigma}}\right]$$

$$\tag{3.19}$$

$$g_i(t,t_0) = \frac{\tau_i t_0\left(\left(\frac{t}{t_0}\right)^{\lambda_i} - 1\right)}{\lambda_i} \tag{3.20}$$

其中，$i = K$，$L$、$\tau_i$ 分别表示资本和劳动的技术增长系数，$\lambda_i$ 表示资本和

劳动的技术曲率。由式 (3.17)、式 (3.18) 和式 (3.19) 组成标准化供给面系统方程估计参数 $\xi$、$\sigma$、$\gamma$、$\tau_K$、$\tau_L$、$\lambda_K$、$\lambda_L$。然后，将替代弹性等估计结果代入式 (3.4)、式 (3.5)、式 (3.9)、式 (3.10) 和式 (3.11) 得到要素边际产出比、技术进步偏向指数、资本技术效率、劳动技术效率和要素技术效率比，见图 3-1。替代弹性理论上取值为 (0, ∞)。若替代弹性小于1，则资本与劳动之间存在互补关系；若替代弹性大于1，则资本与劳动之间存在替代关系。

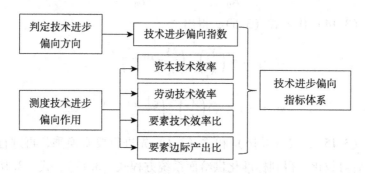

**图 3-1　技术进步偏向的指标体系**

（资料来源：作者整理）

# 第二节　地区层面技术进步偏向测算与事实分析

本节基于1998—2017年中国省际面板数据进行测算分析。包括本章第三节产业层面的样本数据都截至2017年的原因在于，测算技术进步偏向需要使用收入法核算GDP的分项数据，官方数据只公布到2017年。本节首先估计并分析要素替代弹性，其次测算指标体系并分析技术进步偏向事实，最后对产业结构优化进行事实分析。

## 一、替代弹性估计与结果分析

本节通过标准化供给面系统方程估计要素替代弹性，基于模型的非线性特征，采用非线性似不相关法进行回归分析。

（一）变量及数据说明

产出 ($Y_{it}$) 采用地区GDP总值，以1998年为基期通过GDP平减指数得到实际 GDP。劳动（$L_{it}$）采用年末与年初就业人数均值。资本（$K_{it}$）采用资本存量衡量，通过永续盘存法计算，公式为 $K_{it} = (1-\delta)K_{it-1} + I_{it}/P_{it}$。其中，投资用资本形成总额并用固定资本投资价格指数进行平减。折旧率（$\delta$）采用不变折旧率，借鉴单豪杰（2008）提出的 10.96% 的折旧率，因为这一比率是把固定资本进行分类并根据不同固定资产折旧年限综合得出的。基期（1998 年）资本存量采用单豪杰（2008）的 $I_{ij0} = I_{ij1}/(g_{il} + \delta)$ 计算，其中 $g_{it}$ 为连续 5 年的投资增长率均值。劳动所得（$wL_{it}$）和资本所得（$rK_{it}$），借鉴戴天仕和徐现祥（2010）做法，将收入法核算的 GDP 进行分解，算出劳动所得和资本所得。收入法核算的 GDP 包括四个部分：劳动者报酬、生产税净额、固定资产折旧、营业盈余。把劳动者报酬归为劳动所得，把固定资产折旧和营业盈余归为资本所得，把生产税净额按照比例分解为劳动所得和资本所得。最后，通过居民消费价格指数和生产者出厂价格指数分别平减，得到劳动和资本实际所得。其中，$i$ 为地区，$t$ 为年份。变量描述性统计分析见表 3-2。

表 3-2　　　　　　　　　　变量描述性统计分析　　　　　　单位：亿元，万人

| 变量名称 | 均值 | 标准差 | 最小值 | 最大值 | 样本数 |
|---|---|---|---|---|---|
| 产出（$y$） | 9525.99 | 10017.51 | 220.88 | 60513.71 | 580 |
| 资本（$k$） | 26375.89 | 32836.34 | 120.58 | 190898.30 | 580 |
| 劳动（$l$） | 2538.33 | 1657.58 | 254.80 | 6766.00 | 580 |
| 劳动所得（$wL$） | 6786.32 | 7566.86 | 137.72 | 50441.16 | 580 |
| 资本所得（$rK$） | 5765.98 | 6718.10 | 69.84 | 42914.10 | 580 |

注：保留到小数点后两位数。

资料来源：作者整理。

表 3-2 所需原始数据来自《中国统计年鉴》《中国人口与就业统计年鉴》《中国工业统计年鉴》《中国价格统计年鉴》等，个别缺失数据通过地区统计年鉴查漏补缺或通过插值法补齐。鉴于面板数据可得性、持续性，本节面板数据除新疆维吾尔自治区和西藏自治区外的中国 29 个省（自治区、直辖市）。在采用标准化供给面系统方程估计替代弹性时，基于方程的非线性特征，需对参数赋予初始值。根据 Klump 和 Saam（2008）、陈晓玲和连玉君（2012）等的前期研究，分别设：$\xi(0) = 1$，$\lambda_K(0) = 1$，$\lambda_L(0) = 1$，$\tau_K(0) = -0.001$，$\tau_L(0) = 0.001$，在回归过程中，依据"全局最优"原则，确定替代弹性估计

结果。为了便于比较分析，同时给出国家层面的参数估计和指标测算结果，主要参数回归结果见表3－3。

表3－3　　　　　　　　　地区层面主要参数回归结果

| 地区 | 规模因子 | 替代弹性 | 资本份额 | 劳动技术增长系数 | 资本技术增长系数 |
|---|---|---|---|---|---|
| 北京市 | 0.965 *** | 0.983 *** | 0.466 *** | 0.460 *** | 0.580 *** |
| | (128.67) | (132.89) | (73.15) | (2.93) | (3.13) |
| 天津市 | 1.031 *** | 0.434 *** | 0.385 *** | 0.088 *** | − 0.078 *** |
| | (63.65) | (6.46) | (9.11) | (28.48) | ( − 37.42) |
| 河北省 | 1.109 *** | 0.839 *** | 0.460 *** | 0.051 * | − 0.074 ** |
| | (49.90) | (5.71) | (17.23) | (1.77) | ( − 2.44) |
| 山西省 | 1.014 *** | 0.327 *** | 0.296 *** | 0.080 *** | − 0.076 *** |
| | (69.72) | (5.83) | (7.25) | (33.26) | ( − 31.75) |
| 内蒙古自治区 | 1.195 *** | 2.570 *** | 0.600 *** | 0.100 *** | − 0.091 *** |
| | (41.89) | (2.69) | (18.66) | (19.14) | ( − 8.08) |
| 辽宁省 | 1.045 *** | 0.557 *** | 0.394 *** | 0.085 *** | − 0.094 *** |
| | (108.68) | (12.36) | (26.37) | (42.90) | ( − 29.42) |
| 吉林省 | 1.082 *** | 1.242 *** | 0.473 *** | − 0.012 | 0.022 |
| | (109.05) | (10.66) | (32.18) | ( − 0.42) | (0.61) |
| 黑龙江省 | 1.074 *** | 0.440 *** | 0.410 *** | 0.075 *** | − 0.082 *** |
| | (83.24) | (8.54) | (15.32) | (25.31) | ( − 29.95) |
| 上海市 | 0.999 *** | 0.506 *** | 0.498 *** | 0.043 *** | − 0.009 ** |
| | (133.09) | (7.62) | (50.90) | (8.98) | ( − 2.29) |
| 江苏省 | 1.016 *** | 0.916 *** | 0.485 *** | 0.146 ** | − 0.104 |
| | (208.04) | (9.33) | (49.58) | (2.07) | ( − 1.44) |
| 浙江省 | 0.919 *** | 0.779 *** | 0.360 *** | 0.064 *** | − 0.070 *** |
| | (25.53) | (27.82) | (30.02) | (37.65) | ( − 23.33) |
| 安徽省 | 1.018 *** | 0.912 *** | 0.440 *** | 0.154 ** | − 0.154 * |
| | (118.88) | (11.14) | (43.91) | (2.07) | ( − 1.68) |
| 福建省 | 1.036 *** | 0.706 *** | 0.417 *** | 0.054 *** | − 0.046 *** |
| | (157.24) | (19.20) | (57.54) | (15.95) | ( − 12.50) |
| 江西省 | 0.993 *** | 0.793 *** | 0.433 *** | 0.159 *** | − 0.138 *** |
| | (205.89) | (9.32) | (25.58) | (4.93) | ( − 3.64) |
| 山东省 | 1.032 *** | 0.763 *** | 0.485 *** | 0.093 *** | − 0.067 *** |
| | (127.51) | (6.25) | (25.64) | (8.31) | ( − 6.42) |

| 地区 | 规模因子 | 替代弹性 | 资本份额 | 劳动技术增长系数 | 资本技术增长系数 |
|---|---|---|---|---|---|
| 河南省 | 1.059 *** <br> (35.01) | 0.671 *** <br> (3.83) | 0.362 *** <br> (6.25) | 0.105 *** <br> (7.24) | -0.128 *** <br> (-7.52) |
| 湖北省 | 0.964 *** <br> (60.28) | 0.395 *** <br> (7.39) | 0.290 *** <br> (8.54) | 0.113 *** <br> (41.52) | -0.086 *** <br> (-31.49) |
| 湖南省 | 0.953 *** <br> (58.97) | 0.339 *** <br> (6.86) | 0.201 *** <br> (5.30) | 0.109 *** <br> (51.47) | -0.104 *** <br> (-41.58) |
| 广东省 | 0.993 *** <br> (85.79) | 0.316 *** <br> (8.28) | 0.308 *** <br> (10.23) | 0.075 *** <br> (47.16) | -0.066 *** <br> (-35.41) |
| 广西壮族自治区 | 0.982 *** <br> (40.31) | 0.511 *** <br> (4.66) | 0.247 *** <br> (4.92) | 0.110 *** <br> (19.30) | -0.126 *** <br> (-14.49) |
| 海南省 | 1.017 *** <br> (49.30) | 0.352 *** <br> (12.93) | 0.225 *** <br> (11.82) | 0.070 *** <br> (23.58) | -0.095 *** <br> (-32.76) |
| 重庆市 | 0.934 *** <br> (109.28) | 0.980 *** <br> (150.02) | 0.434 *** <br> (74.30) | 0.806 *** <br> (4.62) | -0.935 *** <br> (-4.16) |
| 四川省 | 0.982 *** <br> (95.59) | 1.360 *** <br> (5.80) | 0.465 *** <br> (37.83) | 0.065 *** <br> (3.24) | -0.015 <br> (-0.72) |
| 贵州省 | 0.923 *** <br> (39.56) | 0.373 *** <br> (8.69) | 0.230 *** <br> (7.73) | 0.120 *** <br> (40.83) | -0.087 *** <br> (-20.01) |
| 云南省 | 1.083 *** <br> (142.44) | 0.905 *** <br> (32.20) | 0.401 *** <br> (76.07) | 0.056 *** <br> (9.23) | -0.061 *** <br> (-7.59) |
| 陕西省 | 0.998 *** <br> (38.34) | 0.698 *** <br> (3.68) | 0.415 *** <br> (7.42) | 0.158 *** <br> (4.90) | -0.122 *** <br> (-3.50) |
| 甘肃省 | 1.038 *** <br> (45.70) | 0.616 ** <br> (2.22) | 0.377 *** <br> (4.83) | 0.099 *** <br> (15.11) | -0.081 *** <br> (-10.31) |
| 青海省 | 1.124 *** <br> (84.11) | 0.989 *** <br> (216.65) | 0.419 *** <br> (40.66) | 1.451 *** <br> (4.67) | -1.914 *** <br> (-4.50) |
| 宁夏回族自治区 | 0.953 *** <br> (44.50) | 0.198 *** <br> (7.46) | 0.064 *** <br> (2.66) | 0.088 *** <br> (41.86) | -0.122 *** <br> (-52.11) |
| 全国 | 1.019 *** <br> (68.14) | 0.559 *** <br> (4.54) | 0.397 *** <br> (10.01) | 0.093 *** <br> (22.96) | -0.079 *** <br> (-23.69) |

注：*、**、***分别表示在10%、5%、1%水平上显著，括号内为z值。

资料来源：作者整理。

（二）回归结果分析

由表 3-3 可知，参数估计结果基本在 1% 水平上显著。规模因子值基本在（0.92, 1.15）区间内，符合预期的初始值。资本份额基本在（0.33, 0.50）区间内，符合预期和经济发展。

1. 要素技术增长系数分析。各地区的资本技术增长系数（$\tau_K$）和劳动技术增长系数（$\tau_L$）基本呈现负相关，即劳动的技术增长系数为正值，资本技术增长系数为负值。个别地区（吉林省）的劳动技术增长系数为负值，资本技术增长系数为正值。若 $\tau_i$ 小于 0，要素技术效率的增长率为负值，说明要素技术效率呈下降趋势；若 $\tau_i$ 大于 0，要素技术效率的增长率为正值，说明要素技术效率呈上升趋势（戴天仕和徐现祥，2010；董直庆和陈锐，2014）。多数地区劳动技术增长系数为正值而资本技术增长系数为负值，表明这些地区劳动技术效率提高而资本技术效率下降。从回归系数来看，各地区劳动技术效率应该高于资本技术效率。

2. 要素替代弹性分析。当替代弹性小于 1 时，资本与劳动之间为互补关系。当替代弹性大于 1 时，资本与劳动之间为替代关系。除内蒙古自治区、吉林省和四川省三个地区外，多数地区的要素替代弹性小于 1，说明资本与劳动呈现互补性。宁夏回族自治区的要素替代弹性最小（0.198），资本与劳动的互补性最强，内蒙古自治区的要素替代弹性最大（2.570），资本与劳动替代性最强。东部地区的要素替代弹性均小于 1，整体劳动力素质较高，可能会率先出现资本—技能互补理论下的技能偏向性技术进步（马红旗，2013）。东部地区资本密集型产业居多，当物质资本与技能劳动结合，可以产生更高的效率与产出。整体来看，各地区要素替代弹性均值为 0.780，全国的要素替代弹性为 0.559，略低于戴天仕和徐现祥（2010）估计的 0.736，陈晓玲和连玉君（2012）估计的 0.833，但与郝枫和盛卫燕（2014）、钟世川（2014）及武云亮等（2020）的研究结论基本一致。

De La Grandville（1989）提出，一个国家或地区的资本与劳动替代弹性越大，经济增长越能从中获益。在固定的投入产出比条件下，具有较高替代弹性的国家将具有更高的经济增长率，文献称之为"德拉格兰德维尔假说"（De La Grandville Hypothesis）。Yuhn（1991）、Mallick（2012）等的研究结果进一步证实了"德拉格兰德维尔假说"。Sato 和 Morita（2009）估计了美国和日本的替代弹性后发现两国的替代弹性均小于 1, 日本的替代弹性 (0.57) 高于美国 (0.46), 日本劳动生产率的平均增长率 (3.86%) 显著高于美国的平均增长率 (1.74%)。Klump 等 (2007) 估计 1935—1998 年美国的替代弹性在 0.5~0.6。中国较高的替代弹性 (0.559) 也成为解释过去经济高速增长的动因之一。

综上所述, 多数地区劳动技术增长系数为正值, 资本技术增长系数为负值。除了内蒙古自治区、吉林省和四川省三个地区, 其他地区的替代弹性均小于 1, 资本与劳动呈现互补性 (王林辉和赵景, 2015)。尤其是东部地区, 可能率先表现出资本—技能互补理论中提到的由技术进步与技能劳动结合而产生的较强产出效应和收入效应。中国各地区要素替代弹性均值为 0.780, 全国的要素替代弹性为 0.559, 较高的替代弹性证实了"德拉格兰德维尔假说", 也通过这一视角解释了中国过去经济高速增长的动因。

## 二、技术进步偏向测算与分析

将表 3 - 3 中替代弹性和资本份额代入式 (3.4)、式 (3.5)、式 (3.9)、式 (3.10) 和式 (3.11), 得到技术进步偏向指标体系。其中, 资本技术效率、劳动技术效率和技术进步偏向指数的均值结果见表 3 - 4。按照第一节数理分析, 技术进步偏向指数小于 0 的地区为劳动偏向性技术进步, 技术进步偏向指数大于 0 的地区为资本偏向性技术进步。

表 3 - 4　资本技术效率、劳动技术效率和技术进步偏向指数的均值

| 地区 | 替代弹性 | 劳动技术效率 | 资本技术效率 | 技术进步偏向指数 | 技术进步偏向方向 |
|---|---|---|---|---|---|
| 北京市 | 0.983 | 6.719 | 0.450 | 0.081 | 资本偏向 |
| 天津市 | 0.434 | 10.114 | 0.471 | 0.322 | 资本偏向 |
| 河北省 | 0.839 | 3.209 | 0.909 | 0.104 | 资本偏向 |
| 山西省 | 0.327 | 3.387 | 0.471 | 0.446 | 资本偏向 |
| 内蒙古自治区 | 2.570 | 7.801 | 0.270 | -0.185 | 劳动偏向 |
| 辽宁省 | 0.557 | 6.116 | 0.841 | 0.273 | 资本偏向 |
| 吉林省 | 1.242 | 4.429 | 0.364 | -0.076 | 劳动偏向 |
| 黑龙江省 | 0.440 | 5.131 | 0.721 | 0.301 | 资本偏向 |
| 上海市 | 0.506 | 10.69 | 0.468 | 0.081 | 资本偏向 |

| 地区 | 替代弹性 | 劳动技术效率 | 资本技术效率 | 技术进步偏向指数 | 技术进步偏向方向 |
|---|---|---|---|---|---|
| 江苏省 | 0.916 | 8.543 | 1.089 | 0.238 | 资本偏向 |
| 浙江省 | 0.779 | 11.303 | 0.234 | 0.063 | 资本偏向 |
| 安徽省 | 0.912 | 2.323 | 2.084 | 0.353 | 资本偏向 |
| 福建省 | 0.706 | 4.913 | 0.760 | 0.121 | 资本偏向 |
| 江西省 | 0.793 | 3.256 | 0.936 | 0.149 | 资本偏向 |
| 山东省 | 0.763 | 5.185 | 0.622 | 0.160 | 资本偏向 |
| 河南省 | 0.671 | 2.951 | 0.600 | 0.188 | 资本偏向 |
| 湖北省 | 0.395 | 3.300 | 0.575 | 0.443 | 资本偏向 |
| 湖南省 | 0.339 | 3.001 | 0.597 | 0.539 | 资本偏向 |
| 广东省 | 0.316 | 5.914 | 0.641 | 0.415 | 资本偏向 |
| 广西壮族自治区 | 0.511 | 2.740 | 0.600 | 0.309 | 资本偏向 |
| 海南省 | 0.352 | 3.408 | 0.461 | 0.354 | 资本偏向 |
| 重庆市 | 0.980 | 3.725 | 0.820 | 0.311 | 资本偏向 |
| 四川省 | 1.360 | 2.924 | 0.459 | −0.078 | 劳动偏向 |
| 贵州省 | 0.373 | 1.623 | 0.467 | 0.491 | 资本偏向 |
| 云南省 | 0.905 | 1.645 | 1.348 | 0.101 | 资本偏向 |
| 陕西省 | 0.698 | 4.083 | 0.525 | 0.222 | 资本偏向 |
| 甘肃省 | 0.616 | 1.963 | 0.474 | 0.142 | 资本偏向 |
| 青海省 | 0.989 | 2.522 | 0.459 | 0.304 | 资本偏向 |
| 宁夏回族自治区 | 0.198 | 2.626 | 0.264 | 1.051 | 资本偏向 |
| 全国 | 0.559 | 4.168 | 0.549 | 0.183 | 资本偏向 |

资料来源：作者计算整理。

（一）地区要素技术效率的事实分析

由表3-4可知，中国各地区劳动技术效率大于资本技术效率。劳动技术效率呈上升趋势，资本技术效率呈下降趋势，资本与劳动的技术效率比总体处于下降趋势。说明技术进步对资本技术效率的提升作用被资本深化"抵消"。尽管劳动技术效率更高，但"资本低效率陷阱"实际上使资本偏向性技术进步对劳动技术效率产生一定抑制作用，出现效率损失（李小平和李小克，2018）。

1. 劳动技术效率的地区差异。多数地区的劳动技术效率保持增长趋势，河北省、江苏省、浙江省、山东省、四川省和云南省六个地区的劳动技术效率虽存在波动，仍然呈现增长趋势。从理论来看，在 GDP 与就业之比保持增长的趋势下，劳动收入份额保持增长，或是劳动收入份额下降但降幅小于 GDP 与就业之比的增长幅度，均带来劳动技术效率上升。从实践来看，中国各地区 GDP 与就业之比（劳动生产率）的平均增长率基本在 0.015 ~ 0.046，不同地区的劳动收入份额变化不同，如北京市、河北省、山西省、内蒙古自治区等地区的劳动收入份额平均上升 0.002 ~ 0.015，天津市、辽宁省、吉林省等地区的劳动收入份额平均下降 0.006 ~ 0.015，劳动收入份额下降的速度没有超过 GDP 与就业之比的增长速度，所以劳动技术效率总体是提高的。

2. 资本技术效率的地区差异。多数地区的资本技术效率保持下降趋势，四川省和云南省的资本技术效率波动较大且无显著趋势性。从理论来看，在 GDP 与资本之比保持下降的趋势下，资本收入份额下降，或是资本收入份额上升但增幅小于资本占 GDP 比重的下降幅度，均带来资本技术效率下降。从实践来看，中国各地区 GDP 与资本之比的下降速度基本保持在 0.035 ~ 0.135，不同地区的资本收入份额变化也不同，如北京市、天津市、山西省等地区的资本收入份额平均下降 0.005 ~ 0.015，河北省、辽宁省、安徽省等地区的资本收入份额平均上升 0.004 ~ 0.025，上升的速度没有超过 GDP 与资本之比下降的速度，所以多数地区的资本技术效率是下降的。

3. 要素技术效率的趋势分析。图 3-2、图 3-3、图 3-4 是以中国东部、中部、西部各取五个地区为例①，通过 Stata 软件绘制地区要素技术效率的变化趋势图。如图 3-2 所示，东部五个地区中，除了河北省、福建省的劳动技术效率呈现波动式增长趋势外，北京市、广东省和海南省的劳动技术效率基本是稳定上升的，五个地区的资本技术效率总体是下降的，劳动技术效率大于资本

---

① 依据统计年鉴和统计公报，东部地区包括北京市、天津市、河北省、上海市、江苏省、浙江省、福建省、山东省、广东省和海南省。中部地区包括山西省、安徽省、江西省、河南省、湖北省和湖南省。西部地区包括内蒙古自治区、广西壮族自治区、重庆市、四川省、贵州省、云南省、西藏自治区、陕西省、甘肃省、青海省、宁夏回族自治区和新疆维吾尔自治区，鉴于西藏自治区、新疆维吾尔自治区不在实证研究的样本范围内，西部地区实为 10 个省（区、市）。东北地区包括辽宁省、吉林省和黑龙江省。在实证分析中，按照惯例将东北地区并入中部地区进行分析，中部地区扩大为 9 个省（区、市）。

技术效率。如图 3 - 3 所示，中部五个地区中，劳动技术效率呈显著增长趋势，资本技术效率是下降的，劳动技术效率大于资本技术效率。如图 3 - 4 所示，西部五个地区中，劳动技术效率是上升的，资本技术效率是下降的，劳动技术效率大于资本技术效率。相比东部、中部地区，西部地区的劳动技术效率和资本技术效率差距较小。各地区的要素技术效率与表 3 - 4 总体表现是一致的，变化趋势与前面的分析也是一致的。

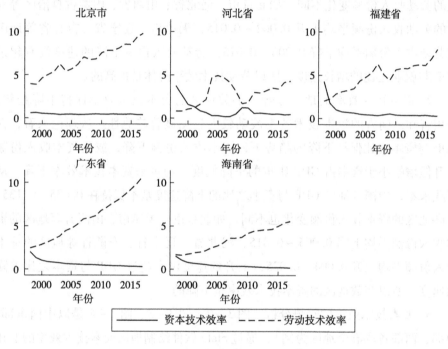

图 3 - 2　东部五区要素技术效率变化趋势

(资料来源：作者计算绘制)

（二）地区技术进步偏向指数的事实分析

除了内蒙古自治区、吉林省和四川省三个地区是劳动偏向性技术进步外，其他地区的技术进步偏向指数大于0，均表现为资本偏向性技术进步，且多数地区的技术进步偏向指数呈现递减趋势（董直庆和陈锐，2014）。从时间维度看，总体表现为资本（劳动）偏向性技术进步的地区，仍有个别年份呈现劳动（资本）偏向性技术进步（潘文卿和吴天颖，2018）。近些年，部分地区的技术进步偏向指数小于0，表现出从资本偏向性技术进步向劳动偏向性技术进

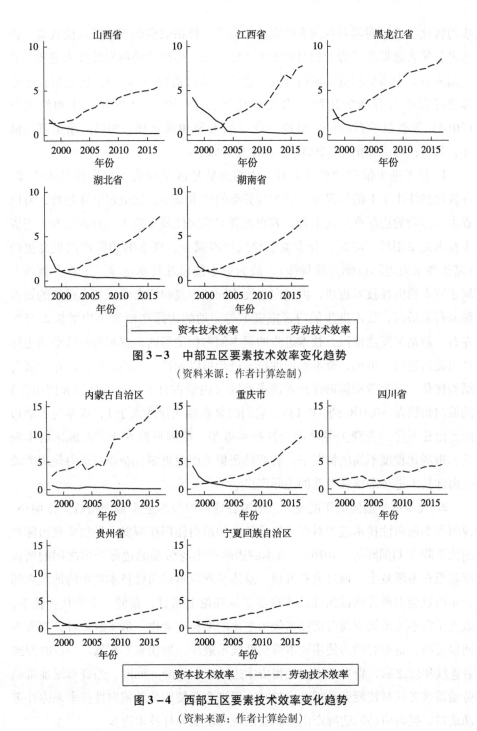

图 3-3 中部五区要素技术效率变化趋势

（资料来源：作者计算绘制）

图 3-4 西部五区要素技术效率变化趋势

（资料来源：作者计算绘制）

步的转化。这说明随着我国人口素质的提高，价格效应弱于市场规模效应，技术进步显著地提高了劳动相对资本的边际产出，出现劳动偏向性技术进步。从全国来看，中国呈现资本偏向性技术进步，偏向指数为 0.183，这说明技术进步使得资本与劳动的边际产出比年均增长 18.3%。这与戴天仕和徐现祥（2010）等多数学者的研究结论一致（陆雪琴和章上峰，2013；涂正革和陈立，2019；陈勇和柏喆，2020）。具体分析如下：

1. 技术进步偏向的地区差异。中国多数地区呈现资本偏向性技术进步。在替代弹性小于 1 的情况下，资本与劳动的技术效率之比呈现下降趋势，所以资本与劳动的边际产出比上升，表现为资本偏向性技术进步。直观来看，当资本技术效率相对下降时，资本流出导致资本减少，资本的边际产出提高更快（基于要素的边际报酬递减规律），故为资本偏向性技术进步。尽管多数地区属于资本偏向性技术进步，但偏向程度不同。宁夏回族自治区技术进步的资本偏向程度最高，技术进步偏向带来资本与劳动的边际产出比年均增长 2.35%左右。越是欠发达地区，技术进步的资本偏向程度越高，资本相对劳动的边际产出提高越快。可见，资本偏向性技术进步可以加快欠发达地区的产业发展与结构优化。三个劳动偏向性技术进步地区（内蒙古自治区、吉林省和四川省）的偏向指数在 -0.076 到 -0.185，它们的要素替代弹性大于 1，资本与劳动边际产出比下降，表现为劳动偏向性技术进步。原因可能在于，在地区资本缺乏、市场化程度不高的情况下，若劳动密集型产业更多，企业有动力使用劳动偏向性技术进步来增强劳动的边际产出。

2. 技术进步偏向的年度差异。中国各地区的技术进步偏向指数总体偏小，说明资本偏向性技术进步对要素技术效率的偏向作用在减弱，导致要素边际产出比下降（刘国晖等，2016），资本的边际产出与劳动的边际产出之间的增长率差距在不断减小。通过测算发现，总体呈现资本偏向性技术进步的地区在部分年份也会出现劳动偏向性技术进步。从理论上来看，在同一个替代弹性下，取决于资本技术效率与劳动技术效率之比的增长率变化。从实践来看，当资本回报提高，企业有动力使用资本偏向性技术进步，加快资本积累。一段时间或者连续年度之后，资本的增多使得资本边际产出下降。同时，当资本增加带动劳动需求尤其是技能劳动需求增加时，促进企业使用劳动偏向性技术来弥补劳动缺口，提高劳动的边际产出，就会出现劳动偏向性技术进步。

3. 技术进步偏向指数的趋势分析。图3-5、图3-6、图3-7同样选取中国东部、中部、西部各五个地区为例,通过 Stata 软件绘制得到技术进步偏向指数的趋势图。如图3-5所示,东部五个地区总体为资本偏向性技术进步。北京市、河北省、福建省虽是资本偏向性技术进步,但个别年份表现为劳动偏向性技术进步。广东省、海南省两地所有年份都是资本偏向性技术进步。如图3-6所示,中部五个地区的技术进步偏向指数波动较显著且存在下降趋势。其中,山西省、湖北省、湖南省、黑龙江省,所有年份都是资本偏向性技术进步。江西省尽管个别年份是劳动偏向性技术进步,但整体表现为资本偏向性技术进步。如图3-7所示,西部五个地区中内蒙古自治区和四川省整体表现为劳动偏向性技术进步,尽管个别年份是资本偏向性技术进步。重庆市、贵州省和宁夏回族自治区在所有年份中都表现为资本偏向性技术进步。各地区技术进步的要素偏向性与表3-4是一致的。

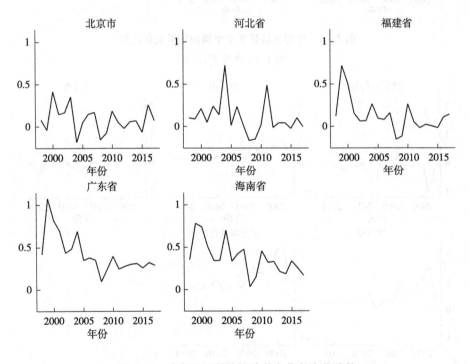

**图3-5 东部五区技术进步偏向指数变化趋势**

(资料来源:作者计算绘制)

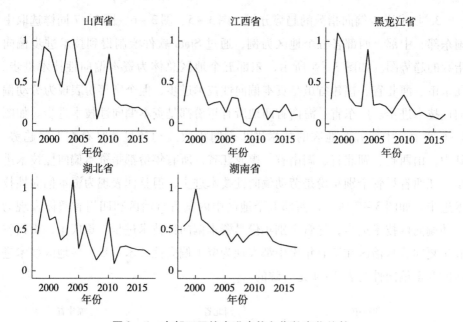

图 3 - 6　中部五区技术进步偏向指数变化趋势

（资料来源：作者计算绘制）

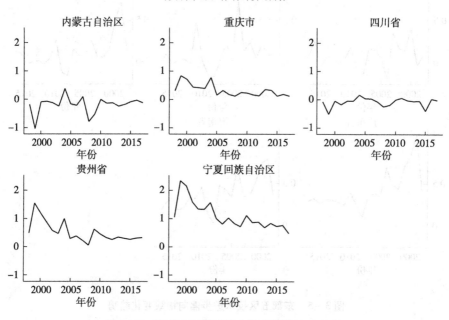

图 3 - 7　西部五区技术进步偏向指数变化趋势

（资料来源：作者计算绘制）

### 三、产业结构优化事实分析

产业结构优化包括产业结构合理化和产业结构高度化。借鉴干春晖等（2011）采用改进的泰尔指数（$tl$）衡量产业结构合理化，即加权的劳动生产率指标，见式（2.5）。用第三产业与第二产业增加值之比（$h$）衡量产业结构高度化。$tl$ 越趋近于 0，产业结构越合理。$h$ 越大，产业结构越高级。1998—2017 年各地区产业结构合理化与高度化指数的均值结果见表 3 – 5。

表 3 – 5 　　　　　　　中国地区产业结构合理化和高度化指数的均值

| 地区 | 合理化水平 | 高度化水平 | 地区 | 合理化水平 | 高度化水平 |
|---|---|---|---|---|---|
| 北京市 | 0.041 | 2.924 | 河南省 | 0.285 | 0.658 |
| 天津市 | 0.074 | 0.930 | 湖北省 | 0.242 | 0.924 |
| 河北省 | 0.190 | 0.705 | 湖南省 | 0.237 | 1.009 |
| 山西省 | 0.328 | 0.850 | 广东省 | 0.182 | 0.973 |
| 内蒙古自治区 | 0.362 | 0.878 | 广西壮族自治区 | 0.322 | 0.955 |
| 辽宁省 | 0.172 | 0.862 | 海南省 | 0.141 | 1.870 |
| 吉林省 | 0.250 | 0.849 | 重庆市 | 0.300 | 0.905 |
| 黑龙江省 | 0.273 | 0.923 | 四川省 | 0.222 | 0.924 |
| 上海市 | 0.043 | 1.424 | 贵州省 | 0.634 | 1.081 |
| 江苏省 | 0.138 | 0.792 | 云南省 | 0.534 | 0.975 |
| 浙江省 | 0.107 | 0.842 | 陕西省 | 0.382 | 0.800 |
| 安徽省 | 0.210 | 0.852 | 甘肃省 | 0.442 | 1.000 |
| 福建省 | 0.141 | 0.838 | 青海省 | 0.360 | 0.834 |
| 江西省 | 0.149 | 0.818 | 宁夏回族自治区 | 0.372 | 0.939 |
| 山东省 | 0.231 | 0.732 | 全国 | 0.221 | 0.982 |

资料来源：作者计算整理。

（一）产业结构优化的总体评价

由表 3 – 5 可知，全国的产业结构合理化水平为 0.221，有 12 个地区的产业结构合理化指数小于 0.221，分别是北京市、天津市、河北省、辽宁省、上海市、江苏省、浙江省、安徽省、福建省、江西省、广东省和海南省，它们产业结构合理化水平高于全国，且多数分布于东部地区。1998—2017 年，每年的产业结构合理化水平都高于全国的地区只有 7 个，分别是北京市、天津市、上海市、江苏省、浙江省、福建省和海南省，全部位于东部地区，它们的产业结构合理化水平始终领先于全国。

全国的产业结构高度化水平为 0.982，高于这一水平的地区仅有 6 个，分别是北京市、上海市、湖南省、海南省、贵州省和甘肃省。贵州省和甘肃省的产业结构高度化水平高于全国的原因在于，相比第二产业它们的第三产业发展较好。一方面，它们处于中西部欠发达地区，工业发展水平较低、规模较小；另一方面，独特的区位优势和资源优势，文化旅游、餐饮运输等第三产业发展较快。1998—2017 年，每年的产业结构高度化水平都高于全国的地区仅有 3个，分别是北京市、上海市和海南省，同样全部位于东部地区。无论产业结构合理化还是高度化，低于全国水平的地区数量更多，说明东部、中部和西部地区之间没能形成良性的产业转移、产业关联效应和技术溢出效应，不利于中国产业转型和区域协调发展（董敏杰和梁泳梅，2013）。

（二）产业结构优化的地区差异

产业结构最合理的前三位分别是北京市、上海市和天津市，泰尔指数均值在（0.04，0.08）之间。产业结构最不合理的后三位分别是贵州省、云南省和甘肃省，泰尔指数均值在（0.44，0.66）之间。产业结构最高级的前三位分别是北京市、海南省和上海市，均值在（1.42，2.95）之间。产业结构最不高级的后三位分别是河南省、河北省和山东省，均值在（0.65，0.75）之间。总之，产业结构最合理的地区位于东部地区，产业结构最不合理的地区位于西部地区，符合中国基本经济事实。产业结构最高级的地区分布于东部地区，产业结构最不高级的地区则东部、中部、西部地区皆有。可见，各地区产业结构的高度化与合理化进程并不一致。

（三）产业结构优化的动态分析

从单一地区看，产业结构合理化水平基本处于先降低后提高的趋势，即泰尔指数处于先增大后减少趋势。产业结构高度化水平基本处于先降低后提高的趋势。自 2012 年以来，各地区的产业结构合理化水平和产业结构高度化水平均保持上升趋势。在国家发展规划和产业政策的指引下，各地区将经济发展的重心放到结构转型和技术升级上，产业结构优化效果显著。

（四）产业结构优化的案例分析

1. 位于东部地区的山东省，产业结构合理化水平低于全国水平，产业结构高度化水平更是滑落到全国倒数的位置，仅高于河北省、河南省。近年来，山东省加快进行供给侧结构性改革和新旧动能转换，引导产业转型，寻找和强化新的经济增长点，产业结构合理化和高度化水平有望快速提高。

2. 北京市是中国产业结构合理化水平最高的地区（泰尔指数均值为0.041），上海市（0.043）次之。北京市也是产业结构高度化水平最高的地区（2.924），远高于第二位的海南省（1.870）。2019年北京市 GDP 总量占到全国的 3.59%，人均 GDP 排名全国第一，三次产业的产出比重分别为 0.3%、16.2%、83.5%，就业比重分别为 3.3%、13.6%、83.1%。作为中国的政治中心、文化中心、国际交往中心和科技创新中心，北京市的发展优势是稳定而强大的。无论是产出结构还是就业结构，北京市已步入发达国家行列，作为人才和资本的集聚地，始终处于全国经济的"领跑"位置。

结合表 3-3 至表 3-5、图 3-2 至图 3-7，地区层面的事实分析总结如下：①各地区劳动技术效率高于资本技术效率，劳动技术效率呈上升趋势，资本技术效率呈下降趋势（雷钦礼，2013；贺京同和何蕾，2016）。过快的资本深化是资本技术效率下降的重要原因。②除了内蒙古自治区、吉林省和四川省三个地区为劳动偏向性技术进步外，其他地区的技术进步偏向指数大于0，均表现为资本偏向性技术进步。③无论是产业结构合理化水平还是产业结构高度化水平，东部地区基本最高，西部地区最低，符合中国经济发展基本格局。④随着各地区资本深化（资本与劳动比提高），资本与劳动技术效率比是下降的（董直庆和陈锐，2014）。要素边际产出比虽为正值但处于下降趋势，说明资本偏向性技术进步作用在减弱。

图 3-8 是中国整体要素技术效率与产业结构优化的变化趋势，将产业结构合理化采用泰尔指数的倒数表示，这样二者间关系呈现更直观的同向变化。如图 3-8 所示，尽管中国资本技术效率存在下降趋势，但产业结构合理化、产业结构高度化与劳动技术效率均保持上升趋势，它们之间存在正向关系。

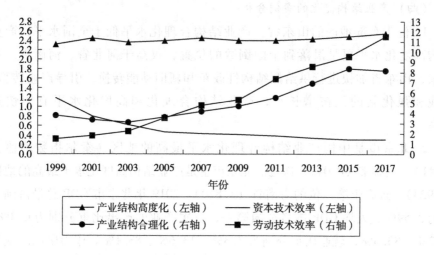

**图 3 - 8  中国整体要素技术效率与产业结构优化的变化趋势**

（资料来源：作者计算整理）

# 第三节  产业层面技术进步偏向测算与事实分析

本节基于 1998—2017 年地区三次产业面板数据，进行产业的替代弹性估计、技术进步偏向测算与事实分析。

## 一、替代弹性估计与结果分析

（一）变量及数据说明

三次产业产出（$Y_{ijt}$）采用产业实际增加值衡量，用增加值实际增长指数平减为 1998 年水平作为基期的不变价格水平。三次产业劳动（$L_{ijt}$）采用产业的年初与年末就业人数均值衡量。资本（$K_{ijt}$）仍然采用永续盘存法计算。三次产业投资（$I_{ijt}$）采用固定资产投资衡量，并用固定资产投资价格指数平减至 1998 年水平。其中，1999—2001 年的固定资产投资数据缺失，采用 2002—2017 年的三次产业增加值比重均值对 1999—2001 年的全社会固定资产投资总额（不含农户）进行分解得到。折旧率（$\delta$）直接采用 10.96% 的不变折旧率。基期（1998 年）资本存量采用单豪杰（2008）公式计算。三次产业的劳动所得（$wL_{ijt}$）和资本所得（$rK_{ijt}$），借鉴戴天仕和徐现祥（2010）做法，按照地区三次产业增加值比重分解得到三次产业的劳动所得和资本所得。再通过居民消费价格指数和生产者出厂价格指数平减得出劳动和资本的实际所得。其中，$i$ 为地区，$j$ 为产业，$t$ 为年份。变量描述性统计分析见表 3-6。

表 3-6　　　　　　　变量描述性统计分析　　　　单位：亿元，万人

| 产业 | 变量名称 | 均值 | 标准差 | 最小值 | 最大值 | 样本数 |
|---|---|---|---|---|---|---|
| 第一产业 | 产出（$y_1$） | 726.97 | 543.31 | 39.74 | 2466.11 | 580 |
| | 资本（$k_1$） | 480.00 | 720.79 | 8.49 | 5489.14 | 580 |
| | 劳动（$l_1$） | 1069.44 | 747.44 | 37.09 | 3564.00 | 580 |
| | 劳动所得（$wL_1$） | 534.59 | 423.91 | 26.53 | 1837.26 | 580 |
| | 资本所得（$rK_1$） | 429.05 | 388.38 | 11.04 | 1958.54 | 580 |
| 第二产业 | 产出（$y_2$） | 1554.64 | 1274.20 | 85.44 | 6353.22 | 580 |
| | 资本（$k_2$） | 9586.25 | 12673.59 | 144.71 | 88001.46 | 580 |
| | 劳动（$l_2$） | 689.84 | 594.62 | 33.70 | 2563.50 | 580 |
| | 劳动所得（$wL_2$） | 2600.91 | 2635.77 | 53.26 | 15398.29 | 580 |
| | 资本所得（$rK_2$） | 2337.15 | 2788.52 | 27.89 | 16982.69 | 580 |
| 第三产业 | 产出（$y_3$） | 1500.02 | 1189.02 | 82.01 | 7262.46 | 580 |
| | 资本（$k_3$） | 13008.37 | 14717.86 | 156.06 | 83467.32 | 580 |
| | 劳动（$l_3$） | 836.64 | 513.99 | 54.10 | 2439.89 | 580 |
| | 劳动所得（$wL_3$） | 2371.12 | 2676.79 | 57.69 | 19479.54 | 580 |
| | 资本所得（$rK_3$） | 2169.99 | 2895.85 | 27.13 | 20378.71 | 580 |

注：保留到小数点后两位数。

资料来源：作者整理。

所需原始数据来自《中国统计年鉴》《中国固定资产投资统计年鉴》《中国人口与就业统计年鉴》《中国价格统计年鉴》等，个别缺失数据通过查漏补缺或插值法补齐。因新疆维吾尔自治区、西藏自治区数据大量缺失，实际样本为中国 29 个省（区、市）三次产业。接下来，采用非线性似不相关（NLSUR）对标准化供给面系统方程估计替代弹性。为了便于比较分析，同时给出国家三次产业的参数估计和指标测算结果，主要参数回归结果见表 3-7。

表 3 - 7　　　　　　　地区三次产业层面主要参数回归结果

| 地区 | 产业 | 规模因子 | 替代弹性 | 资本密集度 | 劳动技术增长系数 | 资本技术增长系数 |
|---|---|---|---|---|---|---|
| 北京市 | 第一产业 | 1.556 *** (20.61) | 0.937 *** (21.21) | 0.463 *** (35.04) | 0.015 (0.43) | -0.059 (-1.17) |
| 北京市 | 第二产业 | 1.063 *** (64.95) | 0.348 *** (5.86) | 0.420 *** (20.40) | 0.023 *** (10.71) | -0.091 *** (-36.48) |
| 北京市 | 第三产业 | 1.063 *** (39.36) | 0.977 *** (15.21) | 0.491 *** (65.13) | -0.003 (-0.55) | -0.017 (-0.88) |
| 天津市 | 第一产业 | 1.733 *** (24.25) | 0.711 *** (16.92) | 0.441 *** (16.62) | 0.075 *** (6.56) | -0.228 *** (-18.94) |
| 天津市 | 第二产业 | 1.306 *** (38.62) | 0.475 *** (7.39) | 0.404 *** (12.07) | -0.016 * (-1.69) | -0.187 *** (-60.67) |
| 天津市 | 第三产业 | 1.268 *** (66.41) | 0.336 *** (6.24) | 0.335 *** (6.90) | -0.010 ** (-1.98) | -0.136 *** (-53.40) |
| 河北省 | 第一产业 | 1.431 *** (31.62) | 0.877 *** (8.82) | 0.390 *** (10.59) | 0.050 ** (2.13) | -0.061 * (-1.76) |
| 河北省 | 第二产业 | 1.208 *** (49.67) | 0.204 *** (6.29) | 0.079 ** (2.39) | -0.017 *** (-5.89) | -0.171 *** (-78.45) |
| 河北省 | 第三产业 | 1.231 *** (43.00) | 0.379 *** (3.46) | 0.259 *** (3.56) | -0.007 * (-1.63) | -0.152 *** (-54.93) |
| 山西省 | 第一产业 | 1.505 *** (22.50) | 0.780 *** (8.99) | 0.360 *** (7.89) | 0.044 *** (2.83) | -0.035 (-1.50) |
| 山西省 | 第二产业 | 1.120 *** (35.99) | 0.997 *** (49.96) | 0.426 *** (39.59) | -3.175 *** (-2.57) | 4.422 *** (2.66) |
| 山西省 | 第三产业 | 1.185 *** (28.87) | 0.451 *** (4.90) | 0.316 *** (5.94) | 0.022 *** (4.42) | -0.116 *** (-24.08) |
| 内蒙古自治区 | 第一产业 | 1.335 *** (44.30) | 1.188 *** (16.33) | 0.463 *** (22.76) | -0.037 ** (-2.45) | -0.034 (-1.37) |
| 内蒙古自治区 | 第二产业 | 1.477 *** (41.55) | 1.098 *** (31.36) | 0.447 *** (26.29) | -0.199 *** (-13.79) | -0.001 (0.176) |
| 内蒙古自治区 | 第三产业 | 1.385 *** (31.20) | 1.151 *** (17.61) | 0.452 *** (27.10) | -0.090 *** (-2.71) | -0.011 (-0.51) |

| 地区 | 产业 | 规模因子 | 替代弹性 | 资本密集度 | 劳动技术增长系数 | 资本技术增长系数 |
|---|---|---|---|---|---|---|
| 辽宁省 | 第一产业 | 1.377 ***<br>(26.56) | 0.821 ***<br>(17.56) | 0.376 ***<br>(22.03) | 0.013<br>(0.79) | -0.106 ***<br>(-3.89) |
| | 第二产业 | 1.267 ***<br>(62.88) | 0.591 ***<br>(11.60) | 0.360 ***<br>(17.97) | -0.006<br>(-1.52) | -0.202 ***<br>(-53.26) |
| | 第三产业 | 1.192 ***<br>(92.79) | 0.665 ***<br>(10.39) | 0.394 ***<br>(22.05) | -0.001<br>(-0.39) | -0.164 ***<br>(-33.71) |
| 吉林省 | 第一产业 | 1.280 ***<br>(19.91) | 0.457 ***<br>(7.80) | 0.239 ***<br>(5.43) | 0.060 ***<br>(7.04) | -0.207 ***<br>(-25.98) |
| | 第二产业 | 1.359 ***<br>(39.49) | 1.111 ***<br>(6.56) | 0.450 ***<br>(18.74) | -0.273<br>(-0.75) | 0.129<br>(0.28) |
| | 第三产业 | 1.275 ***<br>(52.82) | 2.370 *<br>(1.63) | 0.527 ***<br>(14.02) | -0.040 **<br>(-1.96) | -0.102 ***<br>(-3.48) |
| 黑龙江省 | 第一产业 | 1.122 ***<br>(39.90) | 0.878 ***<br>(17.24) | 0.380 ***<br>(18.17) | 0.047 ***<br>(3.97) | -0.010<br>(-0.72) |
| | 第二产业 | 1.288 ***<br>(43.39) | 0.574 ***<br>(8.06) | 0.357 ***<br>(16.20) | -0.028 ***<br>(-4.22) | -0.184 ***<br>(-52.04) |
| | 第三产业 | 1.177 ***<br>(77.62) | 0.631 ***<br>(6.19) | 0.383 ***<br>(16.95) | -0.016 ***<br>(-5.56) | -0.117 ***<br>(-35.57) |
| 上海市 | 第一产业 | 1.033 ***<br>(32.36) | 0.901 ***<br>(11.01) | 0.579 ***<br>(116.91) | 0.105 ***<br>(4.36) | -0.028 *<br>(-1.70) |
| | 第二产业 | 1.015 ***<br>(54.34) | 0.977 ***<br>(17.10) | 0.543 ***<br>(94.91) | -0.266<br>(-0.44) | 0.142<br>(0.28) |
| | 第三产业 | 1.071 ***<br>(64.31) | 0.813 ***<br>(16.05) | 0.548 ***<br>(99.80) | -0.046 ***<br>(-3.98) | -0.005<br>(-0.83) |
| 江苏省 | 第一产业 | 1.314 ***<br>(25.54) | 0.997 ***<br>(15.84) | 0.500 ***<br>(90.34) | 4.784 ***<br>(4.93) | -4.686 ***<br>(-4.90) |
| | 第二产业 | 1.317 ***<br>(53.20) | 1.178 ***<br>(8.88) | 0.521 ***<br>(28.99) | -0.067 *<br>(-1.70) | -0.100 **<br>(-2.20) |
| | 第三产业 | 1.174 ***<br>(62.41) | 0.992 ***<br>(28.43) | 0.493 ***<br>(85.49) | 1.269 ***<br>(3.58) | -1.388 ***<br>(-3.85) |

| 地区 | 产业 | 规模因子 | 替代弹性 | 资本密集度 | 劳动技术增长系数 | 资本技术增长系数 |
|------|------|----------|----------|------------|------------------|------------------|
| 浙江省 | 第一产业 | 1.369 *** (18.93) | 0.786 *** (13.67) | 0.467 *** (27.15) | 0.104 *** (8.44) | − 0.152 *** (− 13.44) |
| | 第二产业 | 1.170 *** (63.48) | 0.664 *** (7.15) | 0.452 *** (20.30) | − 0.009 * (− 1.63) | − 0.160 *** (− 27.66) |
| | 第三产业 | 1.229 *** (94.22) | 1.040 *** (37.41) | 0.507 *** (61.95) | 0.540 *** (3.11) | − 0.020 (− 1.02) |
| 安徽省 | 第一产业 | 1.532 *** (40.28) | 0.997 *** (72.62) | 0.446 *** (66.25) | 3.214 *** (4.23) | − 3.997 *** (− 4.30) |
| | 第二产业 | 1.350 *** (36.67) | 0.554 *** (7.92) | 0.327 *** (8.67) | − 0.022 *** (− 3.95) | − 0.228 *** (− 37.73) |
| | 第三产业 | 1.264 *** (63.87) | 0.630 *** (10.97) | 0.364 *** (17.9) | 0.002 (0.29) | − 0.199 *** (− 30.85) |
| 福建省 | 第一产业 | 1.604 *** (33.57) | 0.998 ** (64.98) | 0.482 *** (69.93) | − 0.028 ** (− 2.26) | − 0.003 (− 1.14) |
| | 第二产业 | 1.324 *** (39.78) | 0.572 *** (3.53) | 0.398 *** (5.55) | − 0.053 *** (− 14.19) | − 0.170 *** (− 50.97) |
| | 第三产业 | 1.289 *** (48.06) | 0.469 *** (4.07) | 0.368 *** (6.17) | − 0.025 *** (− 7.86) | − 0.141 *** (− 70.06) |
| 江西省 | 第一产业 | 1.424 *** (34.29) | 0.723 *** (8.48) | 0.348 *** (9.73) | 0.092 *** (5.37) | − 0.265 *** (− 11.51) |
| | 第二产业 | 1.367 *** (27.38) | 0.711 *** (8.44) | 0.369 *** (10.52) | − 0.016 (0.80) | − 0.281 *** (− 12.97) |
| | 第三产业 | 1.134 *** (62.20) | 1.139 *** (33.90) | 0.458 *** (59.42) | − 0.100 *** (− 10.07) | − 0.002 (− 0.22) |
| 山东省 | 第一产业 | 1.251 *** (22.59) | 0.840 *** (3.64) | 0.479 *** (10.01) | 0.093 ** (2.08) | − 0.158 *** (− 3.48) |
| | 第二产业 | 1.293 *** (76.99) | 0.710 *** (6.96) | 0.465 *** (26.62) | − 0.019 * (− 1.67) | − 0.175 *** (− 20.15) |
| | 第三产业 | 1.189 *** (50.02) | 0.696 *** (2.84) | 0.461 *** (7.27) | 0.006 (0.66) | − 0.140 *** (− 16.86) |

续表

| 地区 | 产业 | 规模因子 | 替代弹性 | 资本密集度 | 劳动技术增长系数 | 资本技术增长系数 |
|---|---|---|---|---|---|---|
| 河南省 | 第一产业 | 1.284 *** (19.57) | 0.438 *** (6.92) | 0.176 *** (3.87) | 0.064 *** (9.42) | −0.190 *** (−34.75) |
| | 第二产业 | 1.355 *** (31.57) | 0.396 *** (4.24) | 0.215 *** (3.18) | −0.026 *** (−3.91) | −0.217 *** (−35.78) |
| | 第三产业 | 1.146 *** (33.71) | 0.289 *** (2.72) | 0.158 * (1.76) | −0.003 (−0.17) | −0.163 *** (−35.81) |
| 湖北省 | 第一产业 | 1.111 *** (19.65) | 0.590 *** (7.46) | 0.338 *** (8.76) | 0.089 *** (9.31) | −0.148 *** (−14.16) |
| | 第二产业 | 1.208 *** (31.64) | 0.511 *** (3.70) | 0.332 *** (4.68) | 0.005 (0.51) | −0.198 *** (−15.82) |
| | 第三产业 | 1.149 *** (35.22) | 0.435 *** (3.80) | 0.309 *** (4.43) | 0.024 *** (3.52) | −0.154 *** (−22.84) |
| 湖南省 | 第一产业 | 1.294 *** (22.03) | 0.474 *** (8.09) | 0.194 *** (4.91) | 0.077 *** (11.63) | −0.170 *** (−20.93) |
| | 第二产业 | 1.230 *** (24.35) | 0.660 *** (3.52) | 0.349 *** (4.64) | 0.029 (1.08) | −0.218 *** (−6.91) |
| | 第三产业 | 1.128 *** (45.34) | 0.491 *** (7.74) | 0.296 *** (9.60) | 0.010 (1.04) | −0.163 *** (−22.53) |
| 广东省 | 第一产业 | 1.322 *** (28.70) | 0.559 *** (10.25) | 0.358 *** (11.59) | 0.063 *** (12.63) | −0.094 *** (−7.58) |
| | 第二产业 | 1.149 *** (94.78) | 0.717 *** (14.83) | 0.479 *** (57.74) | −0.022 ** (−2.18) | −0.125 *** (−13.39) |
| | 第三产业 | 1.084 *** (35.15) | 0.667 *** (3.48) | 0.473 *** (18.27) | 0.022 * (1.86) | −0.083 *** (−7.83) |
| 广西壮族自治区 | 第一产业 | 1.114 *** (31.40) | 0.270 *** (8.85) | 0.045 *** (2.73) | 0.063 *** (15.18) | −0.171 *** (−38.17) |
| | 第二产业 | 1.283 *** (23.48) | 0.495 *** (3.45) | 0.247 *** (3.15) | −0.015 (−1.35) | −0.224 *** (−14.81) |
| | 第三产业 | 1.126 *** (29.68) | 0.363 *** (6.24) | 0.171 *** (3.98) | 0.030 *** (6.30) | −0.179 *** (−38.69) |

| 地区 | 产业 | 规模因子 | 替代弹性 | 资本密集度 | 劳动技术增长系数 | 资本技术增长系数 |
|---|---|---|---|---|---|---|
| 海南省 | 第一产业 | 0.912 *** (42.04) | 0.996 *** (27.20) | 0.431 *** (35.69) | 2.056 ** (2.31) | − 2.649 ** ( − 2.32) |
| | 第二产业 | 1.206 *** (44.82) | 1.813 * (1.83) | 0.486 *** (18.75) | − 0.057 *** ( − 3.20) | − 0.076 *** ( − 2.65) |
| | 第三产业 | 1.234 *** (38.48) | 0.281 *** (5.67) | 0.193 *** (3.93) | − 0.015 *** ( − 3.90) | − 0.117 *** ( − 44.80) |
| 重庆市 | 第一产业 | 1.319 *** (30.07) | 0.809 *** (5.63) | 0.403 *** (10.54) | 0.158 ** (2.27) | − 0.255 *** ( − 3.12) |
| | 第二产业 | 1.417 *** (51.92) | 0.979 *** (77.88) | 0.457 *** (41.91) | − 0.798 * (1.90) | − 1.135 ** ( − 2.37) |
| | 第三产业 | 1.137 *** (65.23) | 0.953 *** (44.63) | 0.437 *** (47.05) | 0.388 *** (2.77) | − 0.580 *** ( − 3.36) |
| 四川省 | 第一产业 | 1.251 *** (32.19) | 0.502 *** (13.15) | 0.317 *** (14.55) | 0.090 *** (17.42) | − 0.148 *** ( − 31.60) |
| | 第二产业 | 1.270 *** (61.71) | 1.393 *** (6.76) | 0.504 *** (26.58) | − 0.083 *** ( − 3.44) | − 0.098 *** ( − 2.90) |
| | 第三产业 | 1.156 *** (37.74) | 0.624 *** (2.69) | 0.392 *** (5.02) | 0.048 ** (1.97) | − 0.157 *** ( − 5.96) |
| 贵州省 | 第一产业 | 1.148 *** (24.73) | 0.842 *** (13.27) | 0.338 *** (19.29) | 0.108 *** (8.98) | − 0.100 *** ( − 3.38) |
| | 第二产业 | 1.304 *** (43.88) | 1.011 *** (27.17) | 0.420 *** (36.80) | − 1.083 *** ( − 2.92) | 1.296 ** (2.45) |
| | 第三产业 | 1.267 *** (20.41) | 0.699 *** (6.04) | 0.359 *** (10.60) | 0.051 *** (3.11) | − 0.179 *** ( − 7.57) |
| 云南省 | 第一产业 | 1.238 *** (54.34) | 0.973 *** (20.16) | 0.406 *** (30.64) | 0.054 (0.85) | − 0.071 ( − 0.78) |
| | 第二产业 | 1.242 *** (77.93) | 0.905 *** (25.22) | 0.416 *** (67.93) | 0.004 (0.39) | − 0.222 *** ( − 9.09) |
| | 第三产业 | 1.289 *** (96.29) | 0.998 *** (95.32) | 0.437 *** (93.06) | 3.283 ** (2.24) | − 4.352 ** ( − 2.31) |

续表

| 地区 | 产业 | 规模因子 | 替代弹性 | 资本密集度 | 劳动技术增长系数 | 资本技术增长系数 |
|---|---|---|---|---|---|---|
| 陕西省 | 第一产业 | 1.257 *** (19.85) | 0.517 *** (5.81) | 0.245 *** (4.18) | 0.098 *** (12.38) | -0.168 *** (-16.76) |
| | 第二产业 | 1.252 *** (26.73) | 0.634 *** (6.12) | 0.363 *** (8.31) | 0.061 *** (4.05) | -0.199 *** (-11.73) |
| | 第三产业 | 1.173 *** (26.34) | 0.985 *** (13.18) | 0.429 *** (34.85) | 1.158 *** (3.25) | -1.538 *** (-3.37) |
| 甘肃省 | 第一产业 | 1.198 *** (46.99) | 1.080 *** (20.96) | 0.403 *** (35.56) | 0.002 (0.72) | 0.001 (0.62) |
| | 第二产业 | 1.441 *** (28.56) | 0.998 *** (87.13) | 0.419 *** (47.50) | 4.600 (2.71) | -6.464 *** (-2.75) |
| | 第三产业 | 1.319 *** (38.27) | 0.998 *** (64.81) | 0.416 *** (47.97) | 3.361 *** (2.76) | -4.735 *** (-2.78) |
| 青海省 | 第一产业 | 1.129 *** (53.70) | 0.993 *** (40.27) | 0.395 *** (44.74) | 2.153 *** (5.61) | -3.124 *** (-5.37) |
| | 第二产业 | 1.259 *** (36.84) | 0.974 *** (101.02) | 0.405 *** (34.42) | 0.710 *** (3.59) | -1.138 *** (-4.33) |
| | 第三产业 | 1.205 *** (64.58) | 0.985 *** (21.08) | 0.421 *** (41.69) | 1.200 *** (5.73) | -1.695 *** (-6.00) |
| 宁夏回族自治区 | 第一产业 | 1.395 *** (36.36) | 0.998 *** (82.02) | 0.385 *** (46.22) | 3.945 *** (3.45) | -6.232 *** (-3.42) |
| | 第二产业 | 1.253 *** (26.04) | 0.692 *** (6.58) | 0.351 *** (9.37) | 0.054 *** (3.11) | -0.216 *** (-9.45) |
| | 第三产业 | 1.157 *** (42.30) | 0.996 *** (54.66) | 0.406 *** (44.92) | 2.939 *** (4.27) | -4.214 *** (-4.21) |
| 全国 | 第一产业 | 1.044 *** (39.80) | 0.967 *** (68.79) | 0.338 *** (24.79) | 0.656 *** (3.95) | -1.142 *** (-3.74) |
| | 第二产业 | 1.213 *** (67.44) | 1.039 *** (4.80) | 0.477 *** (24.20) | -0.247 (-0.19) | 0.121 (0.08) |
| | 第三产业 | 1.180 *** (76.14) | 0.529 *** (9.25) | 0.383 *** (16.81) | 0.024 *** (7.00) | -0.121 *** (-34.88) |

注：*、**、***分别表示在10%、5%、1%水平上显著，括号内为z值。

资料来源：作者整理。

（二）回归结果分析

如表 3-7 所示，参数估计结果基本在 1% 水平上显著。规模因子的估计值基本在（1.01，1.55）的区间内，符合预期的初始值。资本密集度基本在（0.15，0.58）的区间内，符合预期和经济实践。

1. 要素技术增长系数分析。若 $\tau_i$ 小于 0，要素技术效率的增长率为负值，要素技术效率呈下降趋势；若 $\tau_i$ 大于 0，要素技术效率的增长率为正值，要素技术效率呈上升趋势（戴天仕和徐现祥，2010；董直庆和陈锐，2014）。多数产业的劳动技术增长系数（$\tau_L$）绝对值小于资本技术增长系数（$\tau_K$）的绝对值，说明资本技术效率变化快于劳动技术效率变化。29 个地区的三次产业中，多数产业的劳动技术增长系数为正值，资本技术增长系数为负值。

从产业和地区两个维度对要素技术增长系数进行深入分析。①分产业来看，约有 18 个地区，第二产业劳动和资本的技术增长系数均为负值。约有 12 个地区，第三产业劳动和资本的技术增长系数均为负值。这些产业集中于东部、中部地区，说明较发达地区的第二产业和第三产业率先出现要素技术效率下降现象。越是欠发达地区的第三产业，其劳动技术增长系数越为正值，资本技术增长系数越为负值。②分地区来看，除了山西省、吉林省和贵州省的第二产业外，各地区三次产业的资本技术增长系数基本为负值，说明资本技术效率虽为正值但在下降。各地区三次产业的劳动技术增长系数有正有负，越是欠发达地区，劳动技术增长系数越为正值，如湖北省、湖南省、云南省、陕西省、甘肃省、青海省和宁夏回族自治区的三次产业劳动技术增长系数全部为正值。③总体来看，约 52 个产业的劳动技术增长系数为正值，资本技术增长系数为负值。资本技术增长系数为负值，说明资本技术效率虽为正值但处于下降趋势，表明中国长期投资驱动和资本深化的模式对产业优化和经济增长不再发挥正向"乘数效应"而是"弱正向作用"。作为欠发达的西部地区，产业的劳动技术增长系数基本为正值，说明发展劳动密集型产业符合技术进步偏向作用和地区实际情况。

2. 要素替代弹性分析。替代弹性小于 1 时，要素之间存在互补性。替代弹性大于 1 时，要素之间存在替代性。①分产业来看，除了内蒙古自治区的三次产业、吉林省的第二与第三产业、江苏省的第二产业、浙江省的第三产业、江西省的第三产业、海南省的第二产业、四川省的第二产业、贵州省的第二产业、甘肃省的第一产业以外，其他地区所有产业的替代弹性均小于1。可见中国各地区产业内部，劳动和资本多数为互补关系，互补性最强的为河北省的第二产业（替代弹性为0.204），替代性最强的为吉林省的第三产业（替代弹性为2.370）。②分地区来看，中国多数地区三次产业的替代弹性小于1，即资本和劳动之间存在互补性。其中，内蒙古自治区三次产业的替代弹性均大于1，这与本章第二节地区替代弹性分析的结论一致。③从替代弹性数值来看，产业内要素替代弹性越大，资本对劳动的替代性越强，资本劳动比相对资本劳动的边际产出比变化越快。因此要素替代弹性大的产业，当技术进步使资本与劳动边际产出比变化时，将加快该产业资本深化。

综上所述，各地区多数产业的劳动技术增长系数为正值，越是欠发达地区，劳动技术增长系数越为正值。资本技术增长系数为负值，除了山西省、吉林省和贵州省的第二产业外。各产业的劳动技术效率更高，资本技术效率处于下降趋势。内蒙古自治区和甘肃省的第一产业要素替代弹性大于1，内蒙古自治区、吉林省、江苏省、海南省、四川省和贵州省的第二产业要素替代弹性大于1，内蒙古自治区、吉林省、浙江省和江西省的第三产业要素替代弹性大于1。这些产业的资本与劳动存在替代关系。多数产业替代弹性小于1，劳动与资本存在互补性，说明伴随中国资本深化而来的技术进步通过与劳动的互补，有利于劳动技能提高，体现了资本—技能互补优势在产业结构变迁与优化中的作用，有利于中国经济的高质量发展。

## 二、技术进步偏向测算与分析

将表3-7中替代弹性依次代入式（3.4）、式（3.5）、式（3.9）、式（3.10）和式（3.11），运用省际三次产业数据得到技术进步偏向指标。其中，资本技术效率、劳动技术效率和技术进步偏向指数的均值结果见表3-8。按照本章第一节数理分析，技术进步偏向指数小于0的产业表现为劳动偏向性技术进步，技术进步偏向指数大于0的产业表现为资本偏向性技术进步。

表 3-8　　地区三次产业要素技术效率和技术进步偏向指数的均值

| 地区 | 产业 | 替代弹性 | 劳动技术效率 | 资本技术效率 | 技术进步偏向指数 | 技术进步偏向方向 |
|---|---|---|---|---|---|---|
| 北京市 | 第一产业 | 0.999 | 1.582 | 1.720 | 0.218 | 资本偏向 |
| | 第二产业 | 0.348 | 4.581 | 0.693 | 0.226 | 资本偏向 |
| | 第三产业 | 0.977 | 3.540 | 0.187 | 0.062 | 资本偏向 |
| 天津市 | 第一产业 | 0.711 | 2.530 | 1.054 | 0.163 | 资本偏向 |
| | 第二产业 | 0.475 | 3.776 | 0.253 | 0.208 | 资本偏向 |
| | 第三产业 | 0.336 | 3.697 | 0.161 | 0.261 | 资本偏向 |
| 河北省 | 第一产业 | 0.877 | 1.372 | 1.858 | 0.107 | 资本偏向 |
| | 第二产业 | 0.204 | 2.404 | 0.218 | 0.564 | 资本偏向 |
| | 第三产业 | 0.379 | 1.891 | 0.164 | 0.231 | 资本偏向 |
| 山西省 | 第一产业 | 0.780 | 0.841 | 0.633 | 0.100 | 资本偏向 |
| | 第二产业 | 0.997 | 7.515 | 0.540 | 0.139 | 资本偏向 |
| | 第三产业 | 0.451 | 2.053 | 0.200 | 0.157 | 资本偏向 |
| 内蒙古自治区 | 第一产业 | 1.188 | 1.659 | 1.326 | -0.334 | 劳动偏向 |
| | 第二产业 | 1.098 | 1.983 | 0.291 | -0.483 | 劳动偏向 |
| | 第三产业 | 1.151 | 3.343 | 0.216 | -0.445 | 劳动偏向 |
| 辽宁省 | 第一产业 | 0.821 | 1.519 | 1.750 | 0.070 | 资本偏向 |
| | 第二产业 | 0.591 | 3.667 | 0.289 | 0.129 | 资本偏向 |
| | 第三产业 | 0.665 | 2.365 | 0.204 | 0.087 | 资本偏向 |
| 吉林省 | 第一产业 | 0.457 | 1.372 | 2.752 | 0.339 | 资本偏向 |
| | 第二产业 | 1.111 | 1.233 | 0.219 | -0.155 | 劳动偏向 |
| | 第三产业 | 2.370 | 2.049 | 0.139 | -0.058 | 劳动偏向 |
| 黑龙江省 | 第一产业 | 0.878 | 0.866 | 1.095 | 0.152 | 资本偏向 |
| | 第二产业 | 0.574 | 3.972 | 0.356 | 0.088 | 资本偏向 |
| | 第三产业 | 0.631 | 1.638 | 0.189 | 0.051 | 资本偏向 |
| 上海市 | 第一产业 | 0.901 | 1.757 | 5.605 | 0.048 | 资本偏向 |
| | 第二产业 | 0.977 | 5.378 | 0.398 | 0.043 | 资本偏向 |
| | 第三产业 | 0.813 | 5.496 | 0.142 | 0.019 | 资本偏向 |
| 江苏省 | 第一产业 | 0.997 | 1.429 | 11.321 | 0.276 | 资本偏向 |
| | 第二产业 | 1.178 | 3.532 | 0.251 | -0.028 | 劳动偏向 |
| | 第三产业 | 0.992 | 2.691 | 0.235 | 0.168 | 资本偏向 |

| 地区 | 产业 | 替代弹性 | 劳动技术效率 | 资本技术效率 | 技术进步偏向指数 | 技术进步偏向方向 |
|---|---|---|---|---|---|---|
| 浙江省 | 第一产业 | 0.786 | 2.012 | 7.175 | 0.093 | 资本偏向 |
| | 第二产业 | 0.664 | 2.786 | 0.504 | 0.077 | 资本偏向 |
| | 第三产业 | 1.040 | 2.222 | 0.213 | −0.149 | 劳动偏向 |
| 安徽省 | 第一产业 | 0.997 | 0.596 | 7.724 | 0.305 | 资本偏向 |
| | 第二产业 | 0.554 | 1.761 | 0.298 | 0.173 | 资本偏向 |
| | 第三产业 | 0.630 | 1.149 | 0.209 | 0.142 | 资本偏向 |
| 福建省 | 第一产业 | 0.999 | 1.223 | 5.046 | 0.239 | 资本偏向 |
| | 第二产业 | 0.572 | 2.733 | 0.281 | 0.095 | 资本偏向 |
| | 第三产业 | 0.469 | 2.592 | 0.158 | 0.147 | 资本偏向 |
| 江西省 | 第一产业 | 0.723 | 1.007 | 7.932 | 0.187 | 资本偏向 |
| | 第二产业 | 0.711 | 1.499 | 0.462 | 0.150 | 资本偏向 |
| | 第三产业 | 1.139 | 2.851 | 0.099 | −0.052 | 劳动偏向 |
| 山东省 | 第一产业 | 0.840 | 1.206 | 4.119 | 0.237 | 资本偏向 |
| | 第二产业 | 0.710 | 2.630 | 0.302 | 0.111 | 资本偏向 |
| | 第三产业 | 0.696 | 2.295 | 0.252 | 0.110 | 资本偏向 |
| 河南省 | 第一产业 | 0.438 | 0.657 | 2.055 | 0.326 | 资本偏向 |
| | 第二产业 | 0.396 | 1.949 | 0.300 | 0.258 | 资本偏向 |
| | 第三产业 | 0.289 | 1.447 | 0.200 | 0.414 | 资本偏向 |
| 湖北省 | 第一产业 | 0.590 | 0.926 | 3.234 | 0.202 | 资本偏向 |
| | 第二产业 | 0.511 | 2.559 | 0.331 | 0.215 | 资本偏向 |
| | 第三产业 | 0.435 | 1.515 | 0.201 | 0.253 | 资本偏向 |
| 湖南省 | 第一产业 | 0.474 | 0.871 | 3.264 | 0.298 | 资本偏向 |
| | 第二产业 | 0.660 | 1.816 | 0.461 | 0.159 | 资本偏向 |
| | 第三产业 | 0.491 | 1.479 | 0.241 | 0.212 | 资本偏向 |
| 广东省 | 第一产业 | 0.559 | 1.251 | 5.277 | 0.158 | 资本偏向 |
| | 第二产业 | 0.717 | 2.563 | 0.643 | 0.069 | 资本偏向 |
| | 第三产业 | 0.667 | 3.102 | 0.274 | 0.081 | 资本偏向 |
| 广西壮族自治区 | 第一产业 | 0.270 | 0.621 | 2.136 | 0.675 | 资本偏向 |
| | 第二产业 | 0.495 | 2.160 | 0.292 | 0.226 | 资本偏向 |
| | 第三产业 | 0.363 | 1.213 | 0.172 | 0.354 | 资本偏向 |

续表

| 地区 | 产业 | 替代弹性 | 劳动技术效率 | 资本技术效率 | 技术进步偏向指数 | 技术进步偏向方向 |
|---|---|---|---|---|---|---|
| 海南省 | 第一产业 | 0.996 | 0.889 | 3.172 | 0.111 | 资本偏向 |
| | 第二产业 | 1.813 | 3.039 | 0.171 | −0.076 | 劳动偏向 |
| | 第三产业 | 0.281 | 1.886 | 0.105 | 0.229 | 资本偏向 |
| 重庆市 | 第一产业 | 0.809 | 1.482 | 2.955 | 0.147 | 资本偏向 |
| | 第二产业 | 0.979 | 1.829 | 0.428 | 0.218 | 资本偏向 |
| | 第三产业 | 0.953 | 1.556 | 0.204 | 0.216 | 资本偏向 |
| 四川省 | 第一产业 | 0.502 | 0.855 | 3.874 | 0.250 | 资本偏向 |
| | 第二产业 | 1.393 | 2.285 | 0.164 | −0.029 | 劳动偏向 |
| | 第三产业 | 0.624 | 1.416 | 0.183 | 0.127 | 资本偏向 |
| 贵州省 | 第一产业 | 0.842 | 0.347 | 7.229 | 0.227 | 资本偏向 |
| | 第二产业 | 1.011 | 2.374 | 0.239 | −0.132 | 劳动偏向 |
| | 第三产业 | 0.699 | 1.158 | 0.327 | 0.181 | 资本偏向 |
| 云南省 | 第一产业 | 0.973 | 0.336 | 5.188 | 0.719 | 资本偏向 |
| | 第二产业 | 0.905 | 2.285 | 0.583 | 0.059 | 资本偏向 |
| | 第三产业 | 0.998 | 1.190 | 0.160 | 0.103 | 资本偏向 |
| 陕西省 | 第一产业 | 0.517 | 0.735 | 1.127 | 0.274 | 资本偏向 |
| | 第二产业 | 0.634 | 3.044 | 0.365 | 0.197 | 资本偏向 |
| | 第三产业 | 0.985 | 1.501 | 0.208 | 0.227 | 资本偏向 |
| 甘肃省 | 第一产业 | 1.080 | 0.777 | 1.221 | −0.471 | 劳动偏向 |
| | 第二产业 | 0.998 | 1.691 | 0.293 | 0.174 | 资本偏向 |
| | 第三产业 | 0.998 | 1.127 | 0.215 | 0.162 | 资本偏向 |
| 青海省 | 第一产业 | 0.993 | 0.623 | 1.392 | 0.229 | 资本偏向 |
| | 第二产业 | 0.974 | 2.081 | 0.193 | 0.165 | 资本偏向 |
| | 第三产业 | 0.985 | 1.244 | 0.205 | 0.172 | 资本偏向 |
| 宁夏回族自治区 | 第一产业 | 0.998 | 0.476 | 1.983 | 0.240 | 资本偏向 |
| | 第二产业 | 0.692 | 2.374 | 0.211 | 0.111 | 资本偏向 |
| | 第三产业 | 0.996 | 1.601 | 0.219 | 0.159 | 资本偏向 |
| 全国 | 第一产业 | 0.967 | 0.985 | 1.365 | 0.238 | 资本偏向 |
| | 第二产业 | 1.039 | 2.539 | 0.303 | −0.145 | 劳动偏向 |
| | 第三产业 | 0.529 | 2.212 | 0.166 | 0.130 | 资本偏向 |

资料来源:作者计算整理。

（一）产业要素技术效率的事实分析

除了天津市、山西省和内蒙古自治区三个地区外，各地区第一产业的劳动技术效率处于上升趋势，资本技术效率处于下降趋势。第二、第三产业的劳动技术效率有升有降，但资本技术效率基本处于下降趋势。三次产业的资本与劳动技术效率比基本处于下降趋势。

1. 要素技术效率的产业差异。第一产业的劳动技术效率低于资本技术效率，劳动技术效率上升，资本技术效率下降，因而部分产业在2012年后劳动技术效率高于资本技术效率。据《2019年中国统计年鉴》数据，2003年、2010年、2018年中国三次产业的固定资产投资比分别为1.17%、36.3%、62.53%，1.63%、41.84%、56.53%，3.53%、37.43%、59.04%。可见，第一产业的资本存量和投资极低且增长缓慢。第一产业劳动力规模相对较大，且存在隐性失业。因此，农业技术进步偏向使得资本技术效率高于劳动技术效率。各地区第二产业的劳动技术效率高于资本技术效率，且多数地区第二产业的劳动技术效率和资本技术效率都处于下降趋势。第三产业的劳动技术效率高于资本技术效率，劳动技术效率有升有降，约16个地区第三产业的劳动技术效率处于上升趋势，约10个地区第三产业的劳动技术效率处于下降趋势，但第三产业的资本技术效率基本处于下降趋势。

2. 要素技术效率的趋势分析。多数地区第二产业的劳动技术效率和资本技术效率呈下降趋势，说明技术进步对要素技术效率的偏向作用在减弱。因此，第二产业需要合理匹配技术进步与要素禀赋，通过适宜的技术进步和人力资本积累，提高要素技术效率。

图3-9、图3-10、图3-11选取中国东部、中部、西部各五个地区的第二产业为例，通过Stata软件绘制得到要素技术效率变化趋势图。如图3-9所示，东部地区中，除了北京市第二产业的劳动技术效率呈现增长趋势外，河北省、江苏省、山东省和海南省四个地区第二产业的资本技术效率和劳动技术效率尽管存在波动，但均呈现下降趋势。而且它们的劳动技术效率大于资本技术效率，劳动技术效率的波动频率也多于资本技术效率的波动频率。如图3-10所示，中部地区中，山西省第二产业的劳动技术效率呈显著增长趋势，江西省、安徽省第二产业的劳动技术效率总体处于下降趋势，但湖北省、湖南省第二产业的劳动技术效率变化趋势不明显。综合来看，它们第二产业的劳动技术

效率大于资本技术效率，资本技术效率一直处于下降趋势。如图3-11所示，西部地区中，重庆市、贵州省第二产业的劳动技术效率处于下降趋势，陕西省、宁夏回族自治区第二产业的劳动技术效率出现波动式上升趋势。内蒙古自治区第二产业的劳动技术效率波动较大。综合来看，它们第二产业的劳动技术效率大于资本技术效率，资本技术效率一直是下降的。各产业的要素技术效率与表3-8总体表现是一致的。

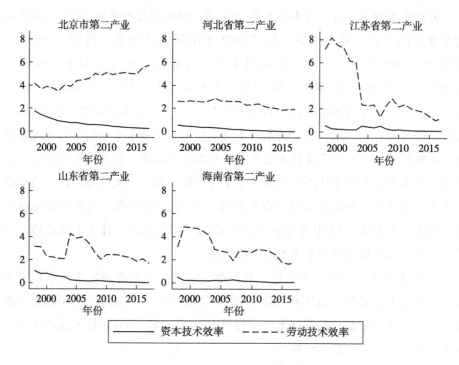

**图3-9　东部五区第二产业要素技术效率变化趋势**

（资料来源：作者整理绘制）

（二）产业技术进步偏向指数的事实分析

如表3-8所示，在29个地区的三次产业中，只有12个产业涉及9个地区的技术进步偏向指数小于0，这部分产业为劳动偏向性技术进步。其余产业（75个产业）的技术进步偏向指数大于0，为资本偏向性技术进步。劳动偏向性技术进步产业的要素替代弹性大于1，资本偏向性技术进步产业的要素替代弹性小于1。中国三次产业总体上呈现资本偏向性技术进步（董直庆等，2013；黄红梅和石柱鲜，2014），劳动与资本之间存在互补性。尽管大多数产

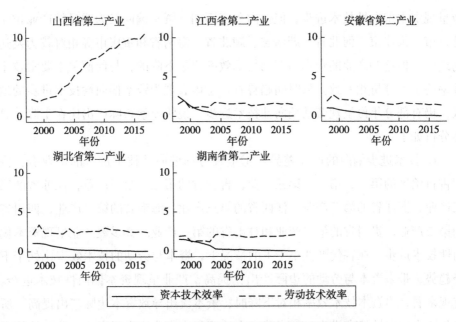

**图 3 - 10 中部五区第二产业要素技术效率变化趋势**

（资料来源：作者整理绘制）

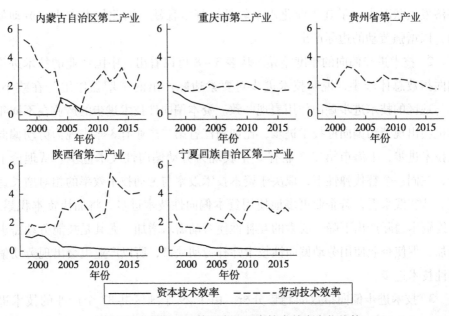

**图 3 - 11 西部五区第二产业要素技术效率变化趋势**

（资料来源：作者整理绘制）

业呈现资本偏向性技术进步，但偏向程度不同。资本偏向最为明显的产业位于北京市、天津市、河北省、湖南省、湖北省、海南省和重庆市等相对较为发达的地区。但这些产业的资本与劳动技术效率比是下降的，与前面关于要素技术效率的事实分析相一致。从时间趋势看，总体表现为资本偏向性技术进步的地区，仍有部分年份呈现劳动偏向性技术进步，说明要素边际产出比在下降。具体分析如下：

1. 技术进步偏向的产业差异。①呈现劳动偏向性技术进步的产业有：内蒙古自治区的第一、第二、第三产业，吉林省的第二、第三产业，江苏省的第二产业，浙江省的第三产业，江西省的第三产业，海南省的第二产业，四川省的第二产业，贵州省的第二产业和甘肃省的第一产业。②多数产业呈现资本偏向性技术进步。在替代弹性小于 1 的情况下，资本与劳动的技术效率比处于下降趋势，带来资本与劳动的边际产出比提高，产业呈现资本偏向性技术进步。直观来看，当资本技术效率相对下降时，资本流出导致资本边际产出提高，所以是资本偏向性技术进步。③内蒙古自治区三次产业均表现为劳动偏向性技术进步。内蒙古自治区是少数民族聚集地，是中国最大的草原牧区。地理区位和经济发展状况决定了其工业化水平较低、资本稀缺，因此技术进步为劳动偏向，以增强劳动的边际产出。

2. 技术进步偏向的年度差异。从表 3 - 8 可以看出，中国产业的技术进步偏向指数总体较小，说明技术进步对要素边际产出的"增强作用"在减小，这与地区的技术进步偏向作用表现一致。资本偏向性技术进步的产业在不同年份也会出现劳动偏向性技术进步，比如浙江省第二产业有 3 年表现为劳动偏向性技术进步，上海市第二产业有 5 年表现为劳动偏向性技术进步。从理论上看，在同一个替代弹性下，取决于资本技术效率与劳动技术效率的相对增长速度。从实践来看，若企业更多地使用资本偏向性技术进步，将加快资本积累，最终资本边际产出下降。要素的互补性使劳动需求增加，尤其是技能劳动需求增加，促使企业使用劳动偏向性技术弥补劳动缺口，所以产业也会出现劳动偏向性技术进步。

3. 技术进步偏向指数的趋势分析。由于 29 个地区共 87 个产业的技术进步偏向指数趋势图过多，无法全部呈现，仅选取中国东部、中部、西部各五个地区的第二产业为例，通过 Stata 软件绘制得到技术进步偏向指数趋势图，见

图 3－12、图 3－13、图 3－14。如图 3－12 所示，东部地区中，北京市、河北省的第二产业各年份均是资本偏向性技术进步。江苏省、山东省、海南省的第二产业，有的年份是资本偏向性技术进步，有的年份是劳动偏向性技术进步，但江苏省和海南省的第二产业多数年份是劳动偏向性技术进步，所以整体表现为劳动偏向性技术进步。如图 3－13 所示，中部地区中，尽管各地区的第二产业有的年份是资本偏向性技术进步，有的年份是劳动偏向性技术进步，但整体表现为资本偏向性技术进步。如图 3－14 所示，西部地区中，内蒙古自治区、贵州省的第二产业与江苏省、海南省的第二产业一致，也是整体表现为劳动偏向性技术进步，重庆市、陕西省、宁夏回族自治区的第二产业则是整体表现为资本偏向性技术进步。可见，各产业技术进步的要素偏向性与表 3－8 是一致的。

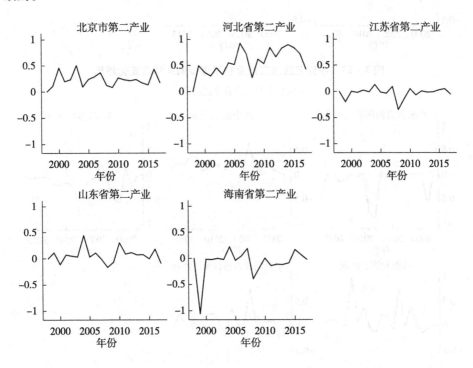

**图 3－12　东部五区第二产业技术进步偏向指数变化趋势**

（资料来源：作者整理绘制）

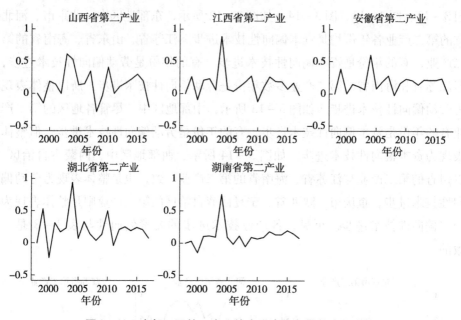

**图3-13 中部五区第二产业技术进步偏向指数变化趋势**

（资料来源：作者整理绘制）

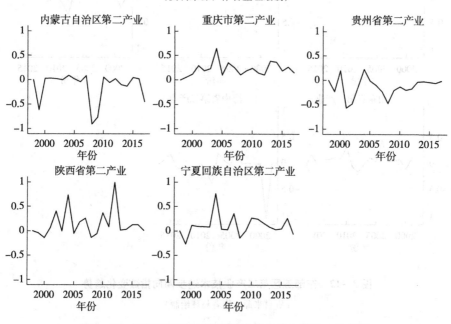

**图3-14 西部五区第二产业技术进步偏向指数变化趋势**

（资料来源：作者整理绘制）

## 三、产业结构变迁事实分析

按照钱纳里等的标准产业结构研究思路，对中国的产业结构变迁进行分析。表 3-9 整理了三个典型年份（2002 年、2010 年和 2018 年），中国东部、中部和西部共 29 个地区三次产业的产出结构与就业结构。产出比重为第一、第二、第三产业的增加值占比，就业比重为第一、第二、第三产业的年末从业人数占比。

表 3-9　　　　　中国地区三次产业的产出结构与就业结构　　　　单位：%

| 地区 | 2002 年 | | 2010 年 | | 2018 年 | |
|---|---|---|---|---|---|---|
| | 产出比重 | 就业比重 | 产出比重 | 就业比重 | 产出比重 | 就业比重 |
| 北京市 | 1.8、27.3、70.9 | 10.0、34.6、55.4 | 0.8、21.6、77.6 | 6.0、19.6、74.4 | 0.4、18.6、81.0 | 3.7、14.7、81.6 |
| 天津市 | 3.9、49.7、46.4 | 16.7、41.7、41.6 | 1.4、52.8、45.8 | 10.1、41.5、48.4 | 0.9、40.5、58.6 | 6.7、31.8、61.5 |
| 河北省 | 15.9、48.4、35.7 | 48.4、27.1、24.5 | 12.5、52.6、34.9 | 37.9、32.4、29.8 | 9.3、44.5、46.2 | 32.4、32.6、35.0 |
| 上海市 | 1.4、45.8、52.8 | 9.1、39.0、51.9 | 0.7、42.3、57.0 | 3.4、40.7、55.9 | 0.3、29.8、69.9 | 3.0、30.7、66.3 |
| 江苏省 | 10.5、52.2、37.3 | 39.0、32.5、28.5 | 6.1、52.8、41.1 | 22.3、42.0、35.7 | 4.5、44.5、51.0 | 16.1、42.8、41.1 |
| 浙江省 | 8.6、51.1、40.3 | 31.0、37.4、31.6 | 4.9、51.1、44.0 | 16.0、49.8、34.2 | 3.5、41.8、54.7 | 11.4、45.1、43.5 |
| 福建省 | 14.8、45.4、39.8 | 44.7、26.1、29.2 | 8.5、51.4、40.1 | 28.4、36.6、35.0 | 6.7、48.1、45.2 | 21.0、35.2、43.8 |
| 山东省 | 13.5、50.5、36.0 | 50.1、24.9、25.0 | 8.9、54.7、36.4 | 35.5、32.6、31.9 | 6.5、44.0、49.5 | 27.8、35.3、36.9 |
| 广东省 | 7.5、45.6、46.9 | 38.0、29.1、32.9 | 4.8、49.9、45.3 | 24.4、42.4、33.2 | 4.0、41.8、54.2 | 20.7、39.3、40.0 |
| 海南省 | 34.6、23.2、42.2 | 58.8、9.5、31.7 | 25.8、26.2、48.0 | 50.4、11.9、37.7 | 20.7、22.7、56.6 | 38.3、11.7、50.0 |
| 山西省 | 8.5、48.8、42.7 | 47.2、19.4、33.4 | 5.7、60.1、34.2 | 37.9、26.3、35.9 | 4.4、42.2、53.4 | 33.7、23.1、43.2 |

| 地区 | 2002 年 | | 2010 年 | | 2018 年 | |
|---|---|---|---|---|---|---|
| | 产出比重 | 就业比重 | 产出比重 | 就业比重 | 产出比重 | 就业比重 |
| 辽宁省 | 10.5、47.6、41.9 | 34.4、28.7、36.9 | 10.6、51.7、37.7 | 30.3、27.7、42.0 | 8.0、39.6、52.4 | 31.5、23.6、44.9 |
| 吉林省 | 19.0、40.2、40.8 | 49.5、18.5、32.0 | 12.1、52.0、35.9 | 43.3、20.1、36.6 | 7.7、42.5、49.8 | 32.5、21.0、46.5 |
| 黑龙江省 | 13.0、50.7、36.3 | 50.4、21.1、28.5 | 12.5、48.6、38.9 | 41.3、19.4、39.3 | 18.3、24.6、57.1 | 37.1、16.7、46.2 |
| 安徽省 | 22.3、38.0、39.7 | 55.6、18.1、26.3 | 14.0、52.1、33.9 | 39.1、25.1、35.8 | 8.8、46.1、45.1 | 30.9、28.8、40.3 |
| 江西省 | 21.9、38.4、39.7 | 45.3、22.7、32.0 | 12.2、54.2、33.6 | 35.6、29.6、34.8 | 8.6、46.6、44.8 | 27.5、32.9、39.6 |
| 河南省 | 20.0、47.7、32.3 | 61.5、18.8、19.7 | 13.8、53.7、32.5 | 44.9、29.0、26.1 | 8.9、45.9、45.2 | 35.4、30.6、34.0 |
| 湖北省 | 16.8、40.4、42.8 | 48.0、20.5、31.5 | 12.6、47.7、39.7 | 46.4、20.7、32.9 | 9.0、43.4、47.6 | 34.0、23.5、42.5 |
| 湖南省 | 20.4、36.7、42.9 | 55.8、20.8、23.4 | 13.3、45.2、41.5 | 42.4、23.0、34.6 | 8.5、39.7、51.8 | 39.1、22.4、38.5 |
| 内蒙古自治区 | 19.3、38.9、41.8 | 50.9、16.0、33.1 | 13.4、41.7、44.9 | 48.2、17.4、33.4 | 10.1、39.4、50.5 | 42.8、16.8、40.4 |
| 广西壮族自治区 | 23.9、33.5、42.6 | 60.7、10.4、28.9 | 19.2、40.5、42.3 | 54.1、18.7、27.2 | 14.8、39.7、45.5 | 49.3、17.3、33.4 |
| 重庆市 | 13.7、43.0、43.3 | 51.6、18.4、30.0 | 8.1、44.9、47.0 | 40.3、22.9、36.8 | 6.8、40.9、52.3 | 27.2、25.9、46.9 |
| 四川省 | 22.2、36.7、41.1 | 53.9、19.2、26.9 | 13.8、48.1、38.1 | 43.7、24.9、31.4 | 10.9、37.7、51.4 | 35.9、27.2、36.9 |
| 贵州省 | 23.7、40.1、36.2 | 80.6、5.2、14.2 | 13.6、39.1、47.3 | 68.3、11.5、20.2 | 14.6、38.9、46.5 | 53.8、18.4、27.8 |
| 云南省 | 20.0、40.4、39.6 | 73.3、8.8、17.9 | 15.4、44.6、40.0 | 60.4、12.6、27.0 | 14.0、38.9、47.1 | 48.4、13.8、37.8 |
| 陕西省 | 12.5、44.7、42.8 | 53.5、16.4、30.1 | 9.6、51.5、38.9 | 41.3、27.0、31.7 | 7.5、49.8、42.7 | 38.0、15.9、46.1 |

续表

| 地区 | 2002 年 | | 2010 年 | | 2018 年 | |
|---|---|---|---|---|---|---|
| | 产出比重 | 就业比重 | 产出比重 | 就业比重 | 产出比重 | 就业比重 |
| 甘肃省 | 17.5、40.7、41.8 | 59.2、18.6、22.2 | 12.5、49.3、38.2 | 61.6、15.4、23.0 | 11.2、33.9、54.9 | 53.9、15.5、30.6 |
| 青海省 | 13.3、33.2、53.5 | 56.4、13.6、30.0 | 11.6、38.8、49.6 | 41.4、22.6、36.0 | 9.4、43.5、47.1 | 33.4、21.1、45.5 |
| 宁夏回族自治区 | 14.0、40.6、45.4 | 55.2、19.5、25.3 | 8.9、49.1、42.0 | 49.7、16.5、33.8 | 7.6、44.5、47.9 | 51.1、18.7、30.2 |
| 全国 | 13.3、44.5、42.2 | 50.0、21.4、28.6 | 9.3、46.5、44.2 | 36.7、28.7、34.6 | 7.1、40.7、52.2 | 26.1、27.6、46.3 |

注：*、*、*表示第一产业、第二产业、第三产业，按照东部、中部、西部地区分类整理。

资料来源：作者计算整理。

在钱纳里等的研究中，三次产业的产出结构变迁通常快于就业结构变迁。在工业化初期，第一产业的产出比重较低而就业比重较高。随着国民经济发展和人均 GDP 的提高，产出结构与就业结构将向"三二一"模式变迁。按照标准产业结构理论，当人均 GDP 达到 4000 美元时，第一、第二、第三产业的产出比重分别为 18.6%、31.4%、50.0%，就业比重分别为 24.2%、32.6%、43.2%，基本是同步变化的。

（一）产业结构变迁的总体特征

由表 3 - 9 可知，从时间趋势看，产出结构向着"三二一"模式的方向变迁，就业结构也是向着"三二一"模式的方向变迁，说明各地区产业结构变迁符合产业发展规律。从地区比较看，中国欠发达地区，产出结构和就业结构变化缓慢，第一产业就业比重过高。无论是国家层面还是地区层面，中国就业结构变迁滞后于产出结构变迁，原因可能与中国二元经济体制有关，赶超战略和户籍制度抑制了产出结构和就业结构的这种同向"相近"的步伐。无论是产出结构变迁还是就业结构变迁，作为较发达的东部地区均快于中部、西部地区。2018 年，产出结构和就业结构同时实现"三二一"模式的地区只有 6 个，分别是北京市、天津市、河北省、上海市、山东省和广东省，它们成为中国经济发展的第一梯队。

（二）产业结构变迁的动态比较

由表 3 - 9 可知，产出结构和就业结构一直保持"三二一"模式的地区，只有北京市和上海市。作为中国最发达的城市，它们的产业结构水平已进入发达国家行列，北京市 2018 年的第三产业占比达到 81%，美国 2018 年的第三产业占比是 80.6%。产出结构和就业结构在三个年份（2002 年、2010 年和 2018 年）均未实现"三二一"模式的地区是河南省和陕西省。它们的第一产业占比过高。要加快产业结构变迁，有赖于第二、第三产业的快速发展，还要加快第一产业劳动人口有效转移。东部、中部、西部比较来看，东部地区产出结构中第一产业比重最小。中部、西部地区就业结构中第一产业比重最大，基本为 40%~60%。与全国比较来看，2018 年第三产业增加值占比高于全国的地区有 11 个，分别是北京市、天津市、上海市、浙江省、广东省、海南省、山西省、辽宁省、黑龙江省、重庆市和甘肃省。虽然它们的产业结构都是"三二一"模式，但黑龙江省和甘肃省的第一产业占比明显较高，都在 11% 以上。2018 年就业结构中第一产业占比低于全国的地区有 7 个，分别为北京市、天津市、上海市、江苏省、浙江省、福建省和广东省，集中于东部地区。

结合表 3-7、表 3-8、表 3-9 和图 3-9 至图 3-14，产业层面的事实分析总结如下：①各地区第二、第三产业的劳动技术效率大于资本技术效率。第二产业劳动技术效率和资本技术效率基本处于下降趋势，除了少数产业的劳动技术效率出现增长趋势，如北京市、山西省、陕西省等，大多数地区的第三产业，资本技术效率是下降的而劳动技术效率有升有降。②多数产业是资本偏向性技术进步，越是欠发达地区，产业技术进步偏向指数的波动越大。说明中部、西部地区在产业发展过程中，技术进步偏向带来的资本与劳动边际产出比增长不稳定，要继续创造稳定的营商环境吸引要素流入。③从发展趋势看，各地区产出结构和就业结构均是向着"三二一"模式变迁，说明各地区产业结构变迁符合产业发展规律，但发展缓慢，尤其中部、西部地区。中国无论是国家层面还是地区层面，就业结构变迁滞后于产出结构变迁，第一产业就业比重过大。值得注意的是，内蒙古自治区三次产业均为劳动偏向性技术进步，这与地区层面技术进步偏向方向的测算结果相一致。④随着各产业资本深化，产业的资本与劳动的技术效率比基本上处于下降趋势。要素边际产出比虽为正值但处于下降趋势，说明资本偏向性技术进步作用在减弱。资本技术效率下降的幅度大于劳动技术效率下降的幅度，过快的资本深化是资本技术效率快速下降的重要原因。

# 第四节 行业层面技术进步偏向测算与事实分析

本节基于1998—2016年工业行业面板数据，进行行业的替代弹性估计、技术进步偏向测算与事实分析。作为关键数据重要来源的《中国工业统计年鉴》官方数据更新到2016年后，就直接公布了2019年数据，2017年与2018年数据缺失，且2019年部分统计指标不再公布，因此本节样本数据截至2016年。

## 一、替代弹性估计与结果分析

### （一）变量及数据说明

产出（$Y_{it}$）采用行业增加值，通过生产者出厂价格指数平减得到。2008年以后中国统计部门不再给出工业增加值，因此先得到工业总产值再通过工业增加值对工业总产值占比均值分解得到该数据。运用此方法对1998—2007年的工业增加值进行估算比较，结果近似。劳动（$L_{it}$）采用年末与年初就业人数均值。资本（$K_{it}$）由于行业折旧率的计算和认定尚无权威做法，资本存量的计算不再采用永续盘存法。资本采用固定资本净值年平均余额衡量，通过固定资本投资价格指数进行平减（李小平等，2008；涂正革，2008；余东华等，2019）。2009年后不再统计固定资本净值年平均余额，用前后两年的固定资本净值均值代替。劳动所得（$wL_{it}$）通过工资总额和社会保险基金总额得到，使用居民消费价格指数平减。资本所得（$rK_{it}$）通过利润总额和本年折旧得到，资本所得用生产者出厂价格指数平减得到。其中，$i$表示行业，$t$表示时间。变量描述性统计分析见表3－10。

表3－10 变量描述性统计分析 单位：亿元，万人

| 变量名称 | 均值 | 标准差 | 最小值 | 最大值 | 样本数 |
|---|---|---|---|---|---|
| 产出（$y$） | 1223.45 | 1117.13 | 39.74 | 7262.45 | 665 |
| 资本（$k$） | 7471.32 | 12245.97 | 8.49 | 88001.46 | 665 |
| 劳动（$l$） | 840.37 | 647.60 | 31.41 | 3564.00 | 665 |
| 劳动所得（$wL$） | 455.30 | 618.89 | 13.53 | 4795.58 | 665 |
| 资本所得（$rK$） | 1170.44 | 1827.85 | 1.00 | 16735.11 | 665 |

注：保留到小数点后两位数。

资料来源：作者整理。

所需原始数据均来自《中国统计年鉴》《中国人口与就业统计年鉴》《中国工业统计年鉴》《中国科技统计年鉴》《中国价格统计年鉴》等。个别缺失数据通过移动平均或插值法补齐。鉴于中国工业行业分类标准几经修订（1998年、2003年、2011年、2017年），为了保持数据的可得性与一致性，将后期细分的"汽车制造业"和"铁路、船舶、航空航天和其他运输设备制造业"合并成"交通运输设备制造业"，将前期细分的"橡胶制品业"和"塑料制品业"合并为"橡胶和塑料制品业"，并去掉其他占比较低的类别，最终留下35个行业，见表3-11。如无特别说明，本书后面的行业名称均以《国民经济行业分类》中分类行业代码表示。

表3-11　　　　　　　　　　工业行业分类

| 编号 | 代码 | 名称 | 编号 | 代码 | 名称 |
|---|---|---|---|---|---|
| 1 | B06 | 煤炭开采和洗选业 | 19 | C26 | 化学原料和化学制品制造业 |
| 2 | B07 | 石油和天然气开采业 | 20 | C27 | 医药制造业 |
| 3 | B08 | 黑色金属矿采选业 | 21 | C28 | 化学纤维制造业 |
| 4 | B09 | 有色金属矿采选业 | 22 | C29 | 橡胶和塑料制品业 |
| 5 | B10 | 非金属矿采选业 | 23 | C30 | 非金属矿物制品业 |
| 6 | C13 | 农副食品加工业 | 24 | C31 | 黑色金属冶炼和压延加工业 |
| 7 | C14 | 食品制造业 | 25 | C32 | 有色金属冶炼和压延加工业 |
| 8 | C15 | 酒、饮料和精制茶制造业 | 26 | C33 | 金属制品业 |
| 9 | C16 | 烟草制品业 | 27 | C34 | 通用设备制造业 |
| 10 | C17 | 纺织业 | 28 | C35 | 专用设备制造业 |
| 11 | C18 | 纺织服装、服饰业 | 29 | C36 | 交通运输设备制造业 |
| 12 | C19 | 皮革、毛皮、羽毛及其制品和制鞋业 | 30 | C38 | 电气机械和器材制造业 |
| 13 | C20 | 木材加工和木、竹、藤、棕、草制品业 | 31 | C39 | 计算机、通信和其他电子设备制造业 |
| 14 | C21 | 家具制造业 | 32 | C40 | 仪器仪表制造业 |
| 15 | C22 | 造纸和纸制品业 | 33 | D44 | 电力、热力生产和供应业 |
| 16 | C23 | 印刷和记录媒介复制业 | 34 | D45 | 燃气生产和供应业 |
| 17 | C24 | 文教、工美、体育和娱乐用品制造业 | 35 | D46 | 水的生产和供应业 |
| 18 | C25 | 石油加工、炼焦和核燃料加工业 | | | |

资料来源：《国民经济行业分类》(2017)。其中，C13～C40为制造业。

（二）回归结果分析

由表3-12可知，参数估计结果基本在1%水平上显著，个别参数不显著。规模因子的估计值基本在（0.80，1.09）的区间内，符合预期初始值。资本份额基本在（0.45，0.95）的区间内，符合预期和经济发展。多数行业（31个行业）的资本份额大于0.5。

表3-12　　　　　　　　　工业行业层面主要参数回归结果

| 行业代码 | 规模因子 | 替代弹性 | 资本份额 | 劳动技术增长系数 | 资本技术增长系数 |
|---|---|---|---|---|---|
| B06 | 0.853 *** | 0.172 *** | 0.159 *** | 0.127 *** | 0.020 *** |
| | (25.79) | (5.20) | (4.38) | (20.68) | (2.80) |
| B07 | 1.098 *** | 0.729 *** | 0.721 *** | − 0.148 *** | − 0.002 |
| | (28.44) | (13.13) | (39.74) | （− 5.01） | （− 0.08） |
| B08 | 0.958 *** | 0.916 *** | 0.845 *** | 1.236 | − 0.170 |
| | (18.09) | (5.48) | (42.66) | (0.54) | （− 0.42） |
| B09 | 1.039 *** | 0.606 *** | 0.721 *** | 0.200 *** | − 0.015 |
| | (23.86) | (5.62) | (34.76) | (5.30) | （− 0.63） |
| B10 | 0.827 *** | 0.265 *** | 0.738 *** | 0.194 *** | 0.062 *** |
| | (12.72) | (2.92) | (11.78) | (8.10) | (4.37) |
| C13 | 1.052 *** | 0.867 *** | 0.896 *** | 0.234 *** | − 0.000 |
| | (22.30) | (9.26) | (60.19) | (2.98) | （− 0.53） |
| C14 | 0.931 *** | 0.943 *** | 0.854 *** | 0.484 *** | − 0.016 * |
| | (39.94) | (30.75) | (59.80) | (5.40) | （− 1.63） |
| C15 | 0.826 *** | 0.657 ** | 0.873 *** | 0.175 ** | 0.065 *** |
| | (24.19) | (2.41) | (123.74) | (2.22) | (4.94) |
| C16 | 0.891 *** | 0.511 *** | 0.940 *** | 0.123 *** | 0.088 *** |
| | (20.83) | (5.55) | (424.35) | (11.67) | (11.38) |
| C17 | 0.926 *** | 0.315 * | 0.811 *** | 0.152 *** | 0.053 *** |
| | (25.89) | (1.77) | (19.96) | (6.73) | (6.31) |
| C18 | 0.890 *** | 0.966 *** | 0.550 *** | 1.221 *** | − 0.831 *** |
| | (44.31) | (56.72) | (19.42) | (4.04) | （− 3.27） |
| C19 | 0.914 *** | 1.048 *** | 0.603 *** | − 0.699 | 0.558 |
| | (43.04) | (5.40) | (14.71) | （− 0.21） | (0.25) |
| C20 | 0.808 *** | 0.262 *** | 0.850 *** | 0.168 *** | 0.075 *** |
| | (21.34) | (2.64) | (17.09) | (8.41) | (8.71) |

| 行业代码 | 规模因子 | 替代弹性 | 资本份额 | 劳动技术增长系数 | 资本技术增长系数 |
|---|---|---|---|---|---|
| C21 | 0.838 *** (23.52) | 0.315 * (1.90) | 0.726 *** (7.62) | 0.112 *** (8.08) | 0.045 *** (5.80) |
| C22 | 0.849 *** (17.81) | 0.306 ** (2.16) | 0.877 *** (42.85) | 0.150 *** (8.06) | 0.058 *** (7.05) |
| C23 | 0.737 *** (26.97) | 0.397 *** (3.04) | 0.813 *** (64.70) | 0.157 *** (8.43) | 0.082 *** (10.50) |
| C24 | 0.834 *** (13.90) | 0.712 *** (8.55) | 0.692 *** (21.63) | 0.202 *** (5.25) | 0.001 (0.08) |
| C25 | 0.965 *** (8.81) | 0.984 *** (3.73) | 0.379 *** (6.06) | 0.001 (0.00) | 0.096 (0.77) |
| C26 | 0.906 *** (42.87) | 1.052 *** (5.24) | 0.852 *** (51.27) | −0.998 (−0.22) | 0.244 (0.31) |
| C27 | 0.805 *** (26.79) | 0.665 ** (2.50) | 0.857 *** (75.89) | 0.196 ** (1.99) | 0.051 *** (2.73) |
| C28 | 0.823 *** (31.06) | 0.647 * (1.82) | 0.875 *** (87.58) | 0.217 (1.42) | 0.072 *** (2.93) |
| C29 | 0.864 *** (14.61) | 0.307 * (1.75) | 0.676 *** (7.57) | 0.125 *** (5.97) | 0.042 *** (2.96) |
| C30 | 0.821 *** (28.95) | 0.149 * (1.75) | 0.707 *** (4.07) | 0.170 *** (14.87) | 0.066 *** (11.37) |
| C31 | 0.940 *** (23.30) | 0.836 *** (6.81) | 0.845 *** (38.07) | 0.447 ** (2.05) | −0.005 (−0.17) |
| C32 | 0.927 *** (23.81) | 0.951 *** (8.67) | 0.824 *** (35.57) | 1.324 (0.53) | −0.214 (−0.41) |
| C33 | 0.891 *** (24.72) | 0.281 ** (2.16) | 0.719 *** (6.18) | 0.138 *** (9.18) | 0.033 *** (4.35) |
| C34 | 0.840 *** (23.19) | 0.186 *** (2.77) | 0.641 *** (6.39) | 0.152 *** (15.93) | 0.053 *** (6.30) |
| C35 | 0.817 *** (22.21) | 0.164 ** (2.45) | 0.450 *** (2.88) | 0.155 *** (17.00) | 0.047 *** (5.43) |

| 行业代码 | 规模因子 | 替代弹性 | 资本份额 | 劳动技术增长系数 | 资本技术增长系数 |
|---|---|---|---|---|---|
| C36 | 0.845 *** (42.91) | 1.030 *** (8.37) | 0.821 *** (46.19) | -1.562 (-0.22) | 0.440 (0.27) |
| C38 | 0.878 *** (31.75) | 0.289 *** (2.89) | 0.781 *** (14.07) | 0.118 *** (11.25) | 0.047 *** (7.78) |
| C39 | 0.789 *** (38.65) | 0.601 ** (2.20) | 0.884 *** (92.42) | 0.105 *** (3.36) | 0.073 *** (14.04) |
| C40 | 0.853 *** (25.63) | 0.300 ** (2.48) | 0.633 *** (10.09) | 0.142 *** (9.07) | 0.046 *** (4.51) |
| D44 | 0.774 *** (19.01) | 0.675 ** (2.49) | 0.842 *** (66.98) | 0.184 *** (3.23) | 0.042 *** (3.00) |
| D45 | 0.744 *** (24.07) | 0.887 *** (14.21) | 0.608 *** (24.33) | 0.798 ** (2.39) | -0.256 (-1.33) |
| D46 | 0.881 *** (62.18) | 0.991 *** (140.93) | 0.375 *** (21.90) | -1.307 ** (-2.17) | 2.445 ** (2.39) |

注：*、＊＊、＊＊＊分别表示在10%、5%、1%水平上显著，括号内为z值。

资料来源：作者整理。

1. 要素技术增长系数分析。多数行业的资本技术增长系数（$\tau_K$）和劳动技术增长系数（$\tau_L$）为正值，说明劳动和资本的技术效率总体表现为上升。劳动技术增长速度要快于资本技术增长速度，因此劳动技术效率高于资本技术效率，这与地区的要素效率增长系数的分析结论相一致。

2. 要素替代弹性分析。当替代弹性小于1时，资本与劳动之间为互补关系。当替代弹性大于1时，资本与劳动之间为替代关系。除了C19（皮革、毛皮、羽毛及其制品和制鞋业）、C26（化学原料和化学制品制造业）和C36（交通运输设备制造业）三个行业外，其他行业的替代弹性均小于1，说明行业的资本与劳动之间呈现互补关系。C30（非金属矿物制品业）的替代弹性最小（0.149），资本与劳动互补性最强。C26（化学原料和化学制品制造业）的替代弹性最大（1.052），资本与劳动存在弱替代性。替代弹性越大，资本对劳动的替代性越强，当劳动力价格上涨时，资本替代性更强。越是技术密集型行业①，替代弹性越小，资本与劳动的互补性越强。从一个侧面反映技术密集型行业可能率先出现"资本—技能互补"理论下的技能偏向性技术进步，带来更高的生产效率和劳动收入。

综上所述，多数行业的资本技术增长系数和劳动技术增长系数为正值。除了C19、C26和C36外，其他行业的替代弹性均小于1，资本与劳动呈现互补关系。技术密集型行业可能率先出现"资本—技能互补"理论下的技能偏向性技术进步。

## 二、技术进步偏向测算与分析

将替代弹性回归结果依次代入式（3.4）、式（3.5）、式（3.9）、式（3.10）和式（3.11），得到技术进步偏向指标体系。其中，资本技术效率、劳动技术效率和技术进步偏向指数的行业均值，见表3－13。技术进步偏向指数小于0的行业，为劳动偏向性技术进步。技术进步偏向指数大于0的行业，为资本偏向性技术进步。

表3－13　劳动技术效率、资本技术效率和技术进步偏向指数的均值

| 行业代码 | 替代弹性 | 劳动技术效率 | 资本技术效率 | 技术进步偏向指数 | 偏向类型 |
|---|---|---|---|---|---|
| B06 | 0.172 | 6.404 | 0.428 | 0.579 | 资本偏向 |
| B07 | 0.729 | 8.757 | 0.488 | 1.291 | 资本偏向 |
| B08 | 0.916 | 7.317 | 2.153 | 0.432 | 资本偏向 |
| B09 | 0.606 | 8.206 | 1.002 | 0.245 | 资本偏向 |
| B10 | 0.265 | 11.251 | 1.183 | 0.416 | 资本偏向 |
| C13 | 0.867 | 5.679 | 3.285 | 0.328 | 资本偏向 |

---

① 借鉴王志华和董存田（2012）、阳立高等（2014）及《中国高技术产业统计年鉴》，将工业行业分为资源密集型产业、劳动密集型产业、资本密集型产业和技术密集型产业。其中，劳动密集型产业包括C13（农副食品加工业）、C14（食品制造业）、C17（纺织业）、C18（纺织服装服饰业）、C19（皮革毛皮羽毛及其制品和制鞋业）、C20（木材加工和木竹藤棕草制品业）、C21（家具制造业）、C23（印刷和记录媒介复制业）、C24（文教工美体育和娱乐用品制造业）、C29（橡胶和塑料制品业）、C30（非金属矿物制品业）、C33（金属制品业）12个行业；资本密集型产业包括C15（酒饮料和精制茶制造业）、C16（烟草制品业）、C22（造纸和纸制品业）、C25（石油加工炼焦和核燃料加工业）、C26（化学原料和化学制品制造业）、C28（化学纤维制造业）、C31（黑色金属冶炼和压延加工业）、C32（有色金属冶炼和压延加工业）8个行业；技术密集型产业包括C27（医药制造业）、C34（通用设备制造业）、C35（专用设备制造业）、C36（交通运输设备制造业）、C38（电气机械和器材制造业）、C39（计算机通信和其他电子设备制造业）、C40（仪器仪表制造业）7个行业。

| 行业代码 | 替代弹性 | 劳动技术效率 | 资本技术效率 | 技术进步偏向指数 | 偏向类型 |
|---|---|---|---|---|---|
| C14 | 0.943 | 1.705 | 3.694 | 0.158 | 劳动偏向 |
| C15 | 0.657 | 6.716 | 1.790 | 0.211 | 资本偏向 |
| C16 | 0.511 | 7.531 | 4.869 | 0.036 | 资本偏向 |
| C17 | 0.315 | 7.215 | 1.460 | 0.839 | 资本偏向 |
| C18 | 0.966 | 6.865 | 2.081 | 0.012 | 资本偏向 |
| C19 | 1.048 | 6.529 | 2.033 | −0.051 | 劳动偏向 |
| C20 | 0.262 | 1.778 | 1.440 | 0.438 | 资本偏向 |
| C21 | 0.315 | 7.946 | 1.614 | 0.165 | 资本偏向 |
| C22 | 0.306 | 1.331 | 0.868 | 0.335 | 资本偏向 |
| C23 | 0.397 | 9.359 | 1.348 | 0.176 | 资本偏向 |
| C24 | 0.712 | 8.196 | 2.251 | 0.317 | 资本偏向 |
| C25 | 0.987 | 12.935 | 0.360 | 0.016 | 资本偏向 |
| C26 | 1.052 | 7.280 | 0.629 | −0.011 | 劳动偏向 |
| C27 | 0.665 | 9.459 | 2.127 | 0.138 | 资本偏向 |
| C28 | 0.647 | 6.531 | 0.861 | 0.320 | 资本偏向 |
| C29 | 0.338 | 9.254 | 1.108 | 0.154 | 资本偏向 |
| C30 | 0.149 | 3.608 | 0.920 | 0.697 | 资本偏向 |
| C31 | 0.836 | 1.174 | 2.717 | 0.249 | 资本偏向 |
| C32 | 0.951 | 3.878 | 8.167 | 0.638 | 资本偏向 |
| C33 | 0.281 | 12.380 | 1.437 | 0.244 | 资本偏向 |
| C34 | 0.186 | 13.607 | 1.400 | 0.420 | 资本偏向 |
| C35 | 0.164 | 14.651 | 1.258 | 0.537 | 资本偏向 |
| C36 | 1.030 | 8.464 | 1.322 | −0.002 | 劳动偏向 |
| C38 | 0.289 | 14.251 | 1.903 | 0.163 | 资本偏向 |
| C39 | 0.600 | 8.172 | 3.261 | 0.092 | 资本偏向 |
| C40 | 0.300 | 13.271 | 1.852 | 0.244 | 资本偏向 |
| D44 | 0.675 | 14.825 | 0.518 | 1.915 | 资本偏向 |
| D45 | 0.887 | 8.593 | 2.077 | 0.373 | 资本偏向 |
| D46 | 0.991 | 5.435 | 0.142 | 0.023 | 资本偏向 |

资料来源：作者计算整理。

（一）行业要素技术效率的事实分析

由表 3 - 13 可知，多数工业行业的劳动技术效率大于资本技术效率，劳动技术效率呈上升趋势，资本技术效率波动式上升（2012 年后资本技术效率转为下降），还有部分行业资本技术效率始终呈现上升趋势。中国工业长期以来具有显著的投入驱动增长特征，因此工业生产中出现的重复建设、低效率投资等现象，造成我国工业的资本技术效率整体偏低。白继山和温涛（2021）发现中国工业的资本技术效率增长趋缓，劳动技术效率增长趋快。多数工业行业的资本与劳动技术效率比是下降的，少数行业的资本与劳动技术效率比先上升后下降，如 C14（食品制造业）、C19（皮革、毛皮、羽毛及其制品和制鞋业）和 C26（化学原料和化学制品制造业）。

1. 劳动技术效率的行业差异。多数行业的劳动技术效率虽有波动但总体保持增长趋势。B07（石油和天然气开采业）、C19（皮革、毛皮、羽毛及其制品和制鞋业）、C25（石油加工、炼焦和核燃料加工业）和 C31（黑色金属冶炼和压延加工业）四个行业的劳动技术效率波动较大，增长区间和下降区间并存。从实践来看，多数行业的产出增加值与就业之比（劳动生产率）的年平均增长速度基本保持在 0.080 ~ 0.156，劳动所得占比保持下降趋势，年平均降幅在 0.001 ~ 0.081，所以劳动技术效率总体处于增长趋势。

2. 资本技术效率的行业差异。多数行业的资本技术效率是波动式上升，2012 年后资本技术效率出现下降。从实践来看，2011 年以前多数行业的产出增加值与资本之比保持在年均 0.002 ~ 0.095 的上升趋势，资本所得占比的年均增长速度在 0.020 ~ 0.200，资本技术效率总体处于增长趋势。

3. 要素技术效率的趋势分析。图 3 - 15、图 3 - 16、图 3 - 17 选取了劳动密集型、资本密集型和技术密集型行业各五个，通过 Stata 软件绘制出的资本和劳动技术效率变化趋势图。如图 3 - 15 所示，五个劳动密集型行业中，C19（皮革、毛皮、羽毛及其制品和制鞋业）的劳动技术效率先下降后上升，资本技术效率则先上升后下降。其他四个行业的劳动技术效率呈上升趋势，资本技术效率先上升后下降，且劳动技术效率大于资本技术效率。如图 3 - 16 所示，五个资本密集型行业中，C31（黑色金属冶炼和压延加工业）的劳动和资本技术效率波动较大，上升和下降并存。其他四个行业的劳动技术效率表现为波动式上升趋势，资本技术效率先上升后下降，劳动技术效率大于资本技术效率。

如图 3 - 17 所示，五个技术密集型行业中，劳动技术效率均是上升的，资本技术效率先上升后下降的，且劳动技术效率大于资本技术效率。综合来看，各工业行业的劳动技术效率总体保持上升趋势，资本技术效率先上升后下降。劳动技术效率大于资本技术效率，这与表 3 - 13 是一致的。

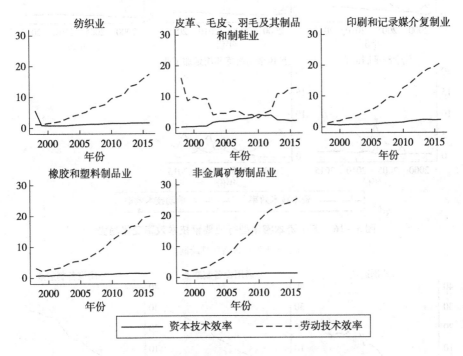

**图 3 - 15　五个劳动密集型行业要素技术效率变化趋势**

（资料来源：作者整理绘制）

**（二）行业技术进步偏向指数的事实分析**

由表 3 - 13 可知，除了 C19（皮革、毛皮、羽毛及其制品和制鞋业）、C26（化学原料和化学制品制造业）和 C36（交通运输设备制造业）三个行业为劳动偏向性技术进步外，其他行业均为资本偏向性技术进步，这与钟世川（2014）、陈欢和王燕（2015）的研究结论一致，也与我国工业行业偏好以生产资本投资实现规模增长的事实相吻合。我国工业的技术进步偏向指数均值为0.201，说明技术进步使资本与劳动的边际产出比年均增长 20.1%，但行业之间的技术进步偏向指数存在差异。我国工业行业的劳动技术效率较高，由于资本与劳动之间的互补性，在吸引劳动流入的同时，资本存在过度需求，技术

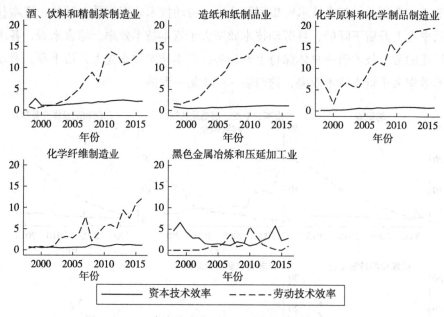

**图 3-16 五个资本密集型行业要素技术效率变化趋势**

（资料来源：作者整理绘制）

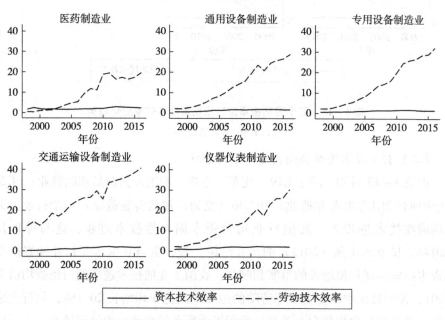

**图 3-17 五个技术密集型行业要素技术效率变化趋势**

（资料来源：作者整理绘制）

进步反而带来资本的相对边际产出增长，最终技术进步偏向资本。从时间上看，总体表现为资本（劳动）偏向性技术进步的行业仍有个别年份呈现劳动（资本）偏向性技术进步。具体分析如下：

1. 技术进步偏向的行业差异。多数工业行业呈现资本偏向性技术进步。在替代弹性小于1的情况下，各行业的资本技术效率与劳动技术效率之比下降，带来资本与劳动边际产出之比上升，呈现为资本偏向性技术进步。行业的技术进步偏向指数较小，说明与地区、产业一样，偏向资本的技术进步作用都在减弱。三个劳动偏向性技术进步的行业（C19、C26和C36），偏向指数从－0.002到－0.051。这三个行业的替代弹性略大于1，技术进步在偏向资本和偏向劳动的年份上比较均等化，它们的技术进步偏向指数均值接近于0，技术进步为弱偏向性。

2. 技术进步偏向的年度差异。尽管多数行业总体属于资本偏向性技术进步，但同一行业仍有个别年份呈现劳动偏向性技术进步。从理论上看，在同一个替代弹性下，技术进步的要素偏向性取决于资本与劳动技术效率比的变动。从经济实践来看，资本偏向性技术进步与资本深化相互强化，随着资本增多，资本边际产出下降。同时技术进步对技能劳动的需求增加，促进企业使用偏向劳动的技术来弥补劳动需求或提高劳动生产率，因此出现劳动偏向性技术进步。

3. 技术进步偏向指数的趋势分析。图3-18、图3-19、图3-20是选取中国劳动密集型、资本密集型和技术密集型行业各五个，通过Stata软件绘制得到的技术进步偏向指数变化趋势图。如图3-18所示，劳动密集型行业中，除了C19（皮革、毛皮、羽毛及其制品和制鞋业）是劳动偏向性技术进步外，其他四个行业都是资本偏向性技术进步。其中，C23（印刷和记录媒介复制业）和C29（橡胶和塑料制品业）虽是资本偏向性技术进步，但个别年份表现为劳动偏向性技术进步。如图3-19所示，资本密集型行业中，C26（化学原料和化学制品制造业）是劳动偏向性技术进步，其他四个行业总体表现为资本偏向性技术进步，但技术进步偏向指数波动明显，尤其是C28（化学纤维制造业）和C31（黑色金属冶炼和压延加工业）。如图3-20所示，技术密集型行业中，除了C36（交通运输设备制造业）是弱劳动偏向性技术进步外，其他四个行业总体表现为资本偏向性技术进步，技术进步偏向指数波动明显。其中，C34（通用设备制造业）和 C35（专用设备制造业）几乎所有年份都为资本偏向性技术进步。另外，从图 3-18 至图 3-20 可以看到，三个劳动偏向性技术进步的行业（C19、C26 和 C36），各年份的技术进步偏向指数都是相对平稳地在零线附近，所以如表 3-13 所示，它们技术进步偏向指数的均值较小，技术进步的劳动偏向性较弱。各行业技术进步偏向性与表 3-13 是一致的。

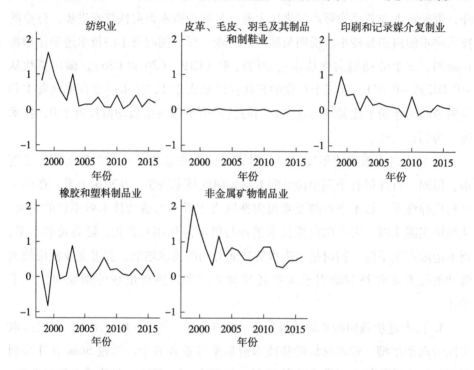

**图 3-18　五个劳动密集型行业技术进步偏向指数变化趋势**

(资料来源：作者整理绘制)

### 三、工业结构优化事实分析

借鉴任碧云和贾贺敬（2019），采用产出增加值的增长速度衡量行业结构合理化。借鉴刘伟等（2008），采用劳动生产率衡量行业结构高度化，见式（3.21）。其中，$Y_t$、$Y_{it}$ 为工业和行业增加值；$LP_{it}$ 为劳动生产率，需作标准化处理；$r$ 越大，行业结构越合理，或者行业结构合理化水平越高；$h$ 越大，行业结构高度化水平越高。1998—2016 年，行业结构合理化和高度化指数的年度均值，见表 3-14。

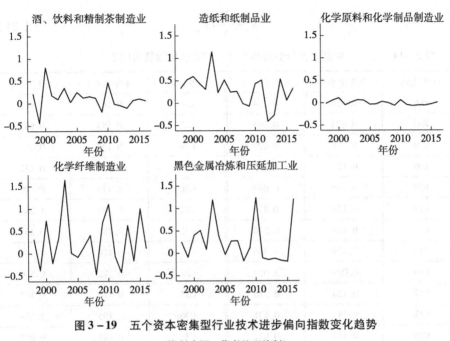

图 3 - 19　五个资本密集型行业技术进步偏向指数变化趋势

（资料来源：作者整理绘制）

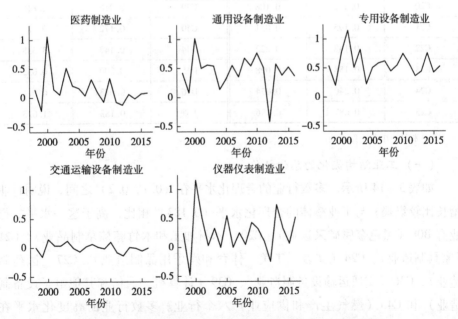

图 3 - 20　五个技术密集型行业技术进步偏向指数变化趋势

（资料来源：作者整理绘制）

$$h = \frac{Y_{it}}{Y_t} LP_{it} \qquad\qquad (3.21)$$

表 3 – 14　　　　　　中国工业行业结构合理化和高度化指数的均值

| 行业代码 | 合理化水平 | 高度化水平 | 行业代码 | 合理化水平 | 高度化水平 |
|---|---|---|---|---|---|
| B06 | 0.126 | 0.134 | C26 | 0.163 | 0.945 |
| B07 | 0.024 | 0.363 | C27 | 0.184 | 0.607 |
| B08 | 0.211 | 0.079 | C28 | 0.133 | 0.095 |
| B09 | 0.127 | 0.035 | C29 | 0.146 | 0.232 |
| B10 | 0.145 | 0.049 | C30 | 0.171 | 0.649 |
| C13 | 0.153 | 0.414 | C31 | 0.162 | 1.286 |
| C14 | 0.165 | 0.248 | C32 | 0.181 | 0.353 |
| C15 | 0.139 | 0.369 | C33 | 0.170 | 0.335 |
| C16 | 0.099 | 2.027 | C34 | 0.172 | 0.576 |
| C17 | 0.124 | 0.316 | C35 | 0.176 | 0.407 |
| C18 | 0.143 | 0.131 | C36 | 0.195 | 1.664 |
| C19 | 0.143 | 0.072 | C38 | 0.181 | 0.902 |
| C20 | 0.202 | 0.108 | C39 | 0.216 | 2.818 |
| C21 | 0.195 | 0.051 | C40 | 0.172 | 0.127 |
| C22 | 0.148 | 0.222 | D44 | 0.147 | 3.338 |
| C23 | 0.158 | 0.098 | D45 | 0.300 | 0.052 |
| C24 | 0.240 | 0.074 | D46 | 0.073 | 0.011 |
| C25 | 0.087 | 0.196 | 工业 | 0.183 | 1.025 |

资料来源：作者计算整理。

（一）工业结构优化的总体评价

如表 3 – 14 所示，多数行业的合理化水平在（0.1，0.2）之间，说明行业增长比较集聚。与工业整体的合理化水平（0.183）相比，高于这一水平的行业有 B08（黑色金属矿采选业）、C20（木材加工和木竹藤棕草制品业）、C21（家具制造业）、C24（文教、工美、体育和娱乐用品制造业）、C27（医药制造业）、C36（交通运输设备制造业）、C39（计算机、通信和其他电子设备制造业）和 C45（燃气生产和供应业）八个行业。多数行业的高度化水平在（0.05，0.9）之间。与工业整体的高度化水平（1.025）相比，高于这一水平的行业有 C16（烟草制品业）、C31（黑色金属冶炼和压延加工业）、C36（交通运输设备制造业）、C39（计算机、通信和其他电子设备制造业）和 D44（电力、热力生产和供应业）共五个行业。可见，无论是合理化水平还是高度化水平，资本和技术密集型产业相对较高。

（二）工业结构优化的行业差异

工业结构中最合理的前三位行业分别是 D45（燃气生产和供应业）、C24（文教、工美、体育和娱乐用品制造业）、C39（计算机、通信和其他电子设备制造业），符合中国的现代产业发展方向。近年来，交通运输、文教娱乐、互联网、医药等产业飞速发展，规模扩张迅速，进入快速发展期。工业结构中最高级的前三位分别是 D44（电力、热力生产和供应业）、C39（计算机、通信和其他电子设备制造业）、C16（烟草制品业）。越是技术密集型行业的产业结构越高级，越是劳动密集型行业的产业结构越不高级。工业行业的合理化与高度化进程也是不一致的，这与地区产业结构优化状况一致。

（三）工业结构优化的动态分析

各行业的合理化水平呈现先上升后下降趋势，大致为倒"U"形。除了 B07（石油和天然气开采业）和 C25（石油加工炼焦和核燃料加工业）外，多数行业的工业结构高度化水平处于上升趋势。行业高度化水平保持上升趋势，符合中国产业政策和改革方向。

结合表 3-12 至表 3-14 和图 3-15 至图 3-20，行业层面的事实分析总结如下：①多数工业行业的劳动技术效率大于资本技术效率，劳动技术效率基本呈上升趋势，资本技术效率波动式上升，2012 年后部分行业资本技术效率转为下降（陈欢和王燕，2015）。②除了 C19（皮革、毛皮、羽毛及其制品和制鞋业）、C26（化学原料和化学制品制造业）和 C36（交通运输设备制造业）三个行业呈现弱劳动偏向性技术进步外，其他行业均表现为资本偏向性技术进步。③无论是工业行业结构合理化水平还是高度化水平，技术密集型行业基本处于较高水平，劳动密集型行业处于较低水平。C39（计算机、通信和其他电子设备制造业）的合理化水平和高度化水平均处于领先地位。D46（水的生产和供应业）的合理化水平和高度化水平处于最差梯队。④随着各工业行业资本深化，多数行业的资本与劳动技术效率比是下降的，个别行业先短暂上升后下降。资本与劳动的边际产出比是上升的，个别行业先上升后下降（2012 年以后）。

中国工业整体的要素技术效率与工业结构优化如图 3-21 所示，工业结构合理化水平呈现先上升后下降趋势，工业结构高度化基本呈现上升趋势，劳动技术效率上升，但资本技术效率下降，这与钟世川和蒋青嬗（2019）的研究结论相一致。

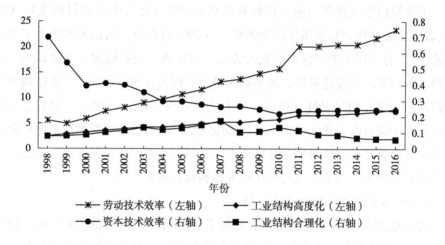

**图 3-21　中国工业要素技术效率与结构优化的变化趋势**

（资料来源：作者整理）

# 第五节　本章小结

本章首先基于 CES 生产函数构建技术进步偏向的指标体系和推导标准化供给面系统方程。技术进步偏向指标包括两部分：一是技术进步偏向指数，用以判断技术进步的要素偏向性。若技术进步偏向指数大于 0，则表现为资本偏向性技术进步。若技术进步偏向指数小于 0，则表现为劳动偏向性技术进步。二是资本技术效率、劳动技术效率、要素技术效率比和要素边际产出比，用以衡量技术进步偏向作用。标准化供给面系统方程用来估计关键参数——替代弹性，本章对替代弹性的主要估计方法进行了简要回顾与比较后发现，标准化供给面系统方程是目前最有效、最稳健的替代弹性估计方法。

运用非线性似不相关方法得到替代弹性估计结果，代入并测算技术进步偏向。通过分析发现，我国地区、产业、行业基本都是资本偏向性技术进步，要素替代弹性小于 1，劳动技术效率大于资本技术效率，资本深化是资本偏向性技术进步产生的重要原因。Acemoglu 和 Verdier（2000）与 Gollin（2002）的研究表明，受发达国家技术转移影响，发展中国家在经济转型路径上的技术进步大多呈现为资本偏向性。当替代弹性小于 1 时，技术进步使资本与劳动的边际产出比增长，因此出现资本偏向性技术进步（陈勇和柏喆，2020）。过快的资本深化是资本技术效率快速下降的主要原因，这说明资本偏向性技术进步对资本技术效率的作用被资本深化"抵减"。我国是劳动力丰裕国家，资本偏向性技术进步在提高资本相对劳动的边际产出的同时，也大幅提高了劳动技术效率。一方面资本的快速增加成为我国经济增长的主要动力，另一方面劳动技术效率的提高成为技术进步偏向促进产业结构调整的重要动力。主要结论如下：

## 一、中国地区层面典型事实

中国多数地区的劳动与资本存在互补性，即替代弹性小于 1，呈现资本偏向性技术进步。内蒙古自治区、吉林省和四川省三个地区的替代弹性大于 1，属于劳动偏向性技术进步。各地区的劳动技术效率大于资本技术效率，劳动技术效率呈增长趋势，资本技术效率呈下降趋势。随着各地区资本深化，资本与劳动技术效率比是下降的。要素边际产出比虽为正值但处于下降趋势，说明资本偏向性技术进步作用在减弱。无论是产业结构合理化水平还是产业结构高度化水平，基本为东部地区最高，西部地区最低，呈现区域差异性。

## 二、中国产业层面典型事实

中国多数产业的劳动与资本存在互补性，即替代弹性小于 1。除少数产业外，多数产业是资本偏向性技术进步。各地区第二、第三产业的劳动技术效率大于资本技术效率。第二产业的劳动技术效率和资本技术效率基本都处于下降趋势，少数产业的劳动技术效率出现增长趋势。第三产业的资本技术效率是下降的，劳动技术效率多数上升、少数下降。随着各产业资本深化，资本与劳动技术效率比处于下降趋势。其中，第二产业资本技术效率下降的幅度大于劳动技术效率下降的幅度。从发展趋势看，各地区的产业结构变迁基本符合产业演变规律，产出结构和就业结构均是向着"三二一"模式变迁，但就业结构变迁滞后于产出结构的变迁。

### 三、中国工业行业层面典型事实

中国多数工业行业的要素替代弹性小于 1，资本与劳动存在互补关系，表现为资本偏向性技术进步。C19（皮革、毛皮、羽毛及其制品和制鞋业）、C26（化学原料和化学制品制造业）和 C36（交通运输设备制造业）三个行业替代弹性大于 1，表现为劳动偏向性技术进步。多数行业的劳动技术效率大于资本技术效率，劳动技术效率总体呈上升趋势，资本技术效率呈现先上升后下降趋势。随着各工业行业资本深化，资本与劳动技术效率比是下降的，个别行业出现先短暂上升后下降的情况。无论是工业结构合理化水平还是高度化水平，技术密集型行业处于较高水平，劳动密集型行业处于较低水平，符合中国经济发展事实。

# 第四章　技术进步偏向对产业结构
# 变迁的影响机制研究

本章将从理论上探讨技术进步偏向对产业结构变迁的影响机制。产业结构变迁的影响机制，已有文献基本从两个方面展开研究：一是需求侧驱动，强调收入弹性、消费水平、需求结构变动对产业结构变迁的影响（Kongsamut 等，2001；Foellmi 和 Zweimüller，2008；Boppart，2014），统称为恩格尔效应；二是供给侧驱动，强调技术进步、要素效率通过改变产出和投入、产品相对价格作用于产业结构变迁（Ngai 和 Pissarides，2007；Acemoglu 和 Guerrieri，2008；Alvarez–Cuadrado 等，2017），统称为鲍莫尔效应。Dennis 和 Iscan（2007）基于美国近两个世纪的数据，测算了恩格尔效应、鲍莫尔效应和资本深化效应在经济工业化过程中的作用，发现恩格尔效应解释了 1950 年以前的大部分劳动重新配置过程，之后鲍莫尔效应占主导作用。本章的理论研究正是从供给侧入手，考察技术进步偏向改变资本技术效率与劳动技术效率如何影响产业结构的变迁。

## 第一节　代表性理论模型简评

在进行理论研究之前，对已有文献中关于技术进步（偏向）影响产业结构变迁的理论模型进行简评，重点关注两个方面，一是模型中部门生产函数的设定，二是影响机制的分析。Ngai 和 Pissarides（2007）构建理论模型研究全要素生产率对产业结构变迁的影响机制。通过将部门生产函数设定为 C–D 生产函数研究得出，在技术进步外生差异下，部门间全要素生产率差异改变部门间的就业比重，影响了产业结构的变迁（以下简称 NP 模型）。Acemoglu 和 Guerrieri（2008）构建两部门产业结构变迁模型，设定最终产品部门的生产函数为 CES 生产函数，而关键的中间产品部门生产函数为 C – D 生产函数，研究发现部门间资本密集度的差异使全要素生产率和资本深化不同，影响产业结构变迁和经济非均衡增长（以下简称 AG 模型）。Duarte 和 Restuccia（2010）构建三部门产业结构变迁模型，将部门生产函数设定为规模报酬不变劳动力生产函数（$Y_i = A_i L_i, i = a, m, s$），研究发现，劳动生产率的差异是影响部门间流动和产业结构变迁的重要因素，并发现制造业的劳动生产率赶超解释了一国总生产率增长的 50%（以下简称 DR 模型）。Herrendorf、Herrington 和 Valentinyi（2015）基于美国农业、制造业和服务业数据，通过采用 CES 生产函数与 C – D 生产函数分别进行计量估计，实证研究劳动增强型技术进步、资本深化和要素替代弹性对产业结构变迁的作用。发现劳动增强型技术进步（本书所说的劳动技术效率）的部门差异是推动美国产业结构变迁的主要因素，并证实了 C – D 生产函数的优越性（以下简称 HHV 模型）。Alvarez – Cuadrado、Long 和 Poschke（2017）构建了真正意义上的理论模型研究技术进步偏向与产业结构变迁。该模型设定部门生产函数为 CES 生产函数，发现技术进步偏向改变资本与劳动替代弹性，影响产业结构变迁（以下简称 ALP 模型）。尽管 ALP 模型更接近现实经济和本书研究目的，但 ALP 模型的不足也较为明显：一是没有说明技术进步的要素偏向，而是假设不同部门的技术进步只作用于劳动要素；二是没有深入研究技术进步偏向对产业结构变迁的影响机制，只是通过对替代弹性和资本份额在部门间的各种特殊假定，说明该模型的普适性，ALP 模型与 AG 模型、NP 模型可相互转化。

多数模型在理论研究中，一是将部门生产函数设定为 C – D 生产函数，二是考察了技术进步改变资本深化和全要素生产率，进而影响产业结构变迁。鉴于本书第三章是通过 CES 生产函数对技术进步偏向指标进行数理推导，个别文献已涉及技术进步偏向改变了要素技术效率或要素替代弹性，影响产业结构变迁。因此，本书的理论研究在两个方面进行了改进，一是在模型设定中，将部门生产函数设定为 CES 生产函数，这使理论模型分析更加复杂。二是在研究思路上，首次从资本技术效率与劳动技术效率视角考察技术进步偏向对产业结构变迁的影响机制。

## 第二节 技术进步对产业结构变迁的影响机制研究

### 一、模型设定与求解

无论是实践发展还是理论研究，技术进步都是促进产业结构变迁与优化的原动力。在借鉴 Ngai 和 Pissarides（2007）、陈体标（2007）基础上构建产业结构变迁的多部门模型，研究技术进步通过改变部门间的全要素生产率对产业结构变迁的影响机制。考察偏向某一产业的技术进步如何影响产业结构变迁，便于后面分析要素偏向性技术进步对产业结构变迁的影响机制。

假定一国有两个中间产品部门，分别为部门 1 和部门 2，它们生产中间产品 $Y_1$ 和 $Y_2$。中间产品部门均采用 C – D 生产函数，拥有不同技术水平 $A_1$、$A_2$，只投入资本和劳动力要素。该国有一个最终产品部门，按照霍夫曼工业化经验法则理论，最终产品分为消费品和资本品，采用 CES 生产函数由 $Y_1$ 和 $Y_2$ 作为投入要素生产最终产品。同时，为了更方便地考察部门不同的技术进步对产业结构变迁的影响，假定部门 1 和部门 2 具有相同的资本产出份额。各部门生产函数见式（4.1）、式（4.2）。

$$Y_t = \left[ \gamma Y_{1t}^{\frac{\varepsilon-1}{\varepsilon}} + (1-\gamma) Y_{2t}^{\frac{\varepsilon-1}{\varepsilon}} \right]^{\frac{\varepsilon}{\varepsilon-1}} \tag{4.1}$$

$$Y_{1t} = A_{1t} K_{1t}^{\alpha} L_{1t}^{1-\alpha} \quad Y_{2t} = A_{2t} K_{2t}^{\alpha} L_{2t}^{1-\alpha} \tag{4.2}$$

其中，$\varepsilon$ 为替代弹性，$\gamma$ 为产品密集度，$\alpha$ 为资本密集度，$K$ 和 $L$ 分别为资本和劳动力，$A_1$、$A_2$ 分别为部门 1 和部门 2 的技术进步，用全要素生产率衡量。

利用 $Y_t = F(Y_{1t}, Y_{2t})$ 求解最优化问题，见式（4.3）。

$$\max_{Y_1, Y_2} P_t Y_t - P_{1t} Y_{1t} - P_{2t} Y_{2t} = P_t \left[ \gamma Y_{1t}^{\frac{\varepsilon-1}{\varepsilon}} + (1-\gamma) Y_{2t}^{\frac{\varepsilon-1}{\varepsilon}} \right]^{\frac{\varepsilon}{\varepsilon-1}} - P_{1t} Y_{1t} - P_{2t} Y_{2t}$$

将 $P$ 标准化，即 $P=1$。得出

$$\frac{P_{1t}}{P_{2t}} = \frac{\gamma}{1-\gamma} \left( \frac{Y_{2t}}{Y_{1t}} \right)^{\frac{1}{\varepsilon}} \tag{4.3}$$

根据部门 1 和部门 2 的最优化问题，假定产业部门之间资本与劳动力自由流动，因此资本和劳动力在两个部门的边际产品价值相等且等于资本回报率 $r$

和工资 $w$。

$$\max_{K_{1t},L_{1t}}P_{1t}Y_{1t} - rK_{1t} - wL_{1t} = P_{1t}A_{1t}K_{1t}^{\alpha}L_{1t}^{1-\alpha} - rK_{1t} - wL_{1t}$$

$$\max_{K_{2t},L_{2t}}P_{2t}Y_{2t} - rK_{2t} - wL_{2t} = P_{2t}A_{2t}K_{2t}^{\alpha}L_{2t}^{1-\alpha} - rK_{2t} - wL_{2t}$$

同样得出

$$P_{1t}(1-\alpha)A_{1t}K_{1t}^{\alpha}L_{1t}^{-\alpha} = P_{2t}(1-\alpha)A_{2t}K_{2t}^{\alpha}L_{2t}^{-\alpha} = w \tag{4.4}$$

$$P_{1t}\alpha A_{1t}K_{1t}^{\alpha-1}L_{1t}^{1-\alpha} = P_{2t}\alpha A_{2t}K_{2t}^{\alpha-1}L_{2t}^{1-\alpha} = r \tag{4.5}$$

定义部门 1 的资本比重 $\kappa_t = \dfrac{K_{1t}}{K_t}$，部门 1 的劳动力比重 $\lambda_t = \dfrac{L_{1t}}{L_t}$，则 $1-\kappa_t = \dfrac{K_{2t}}{K_t}$，$1-\lambda_t = \dfrac{L_{2t}}{L_t}$。$k_t = \dfrac{K_t}{L_t}$，即人均资本，表示资本深化，因为人均资本的变化或积累就是资本深化的过程（Samuelson，1965）。

由式（4.4）、式（4.5）可得

$$\frac{w}{r} = \frac{K_{1t}}{L_{1t}} = \frac{K_{2t}}{L_{2t}}, 即\frac{K_{1t}}{L_{1t}} = \frac{K_{2t}}{L_{2t}} = \frac{K_t}{L_t} = k_t \tag{4.6}$$

可见，在中间产品部门达到均衡时，部门 1 和部门 2 的资本劳动比（资本深化）相等，等于全社会的资本劳动比。

将式（4.2）代入式（4.3），结合式（4.6）可得

$$\frac{Y_{1t}}{Y_{2t}} = \frac{A_{1t}L_{1t}}{A_{2t}L_{2t}} = \left(\frac{P_{2t}}{P_{1t}}\frac{\gamma}{1-\gamma}\right)^{\varepsilon} \tag{4.7}$$

由式（4.4）或式（4.5）可得

$$\frac{P_{1t}}{P_{2t}} = \frac{A_{2t}}{A_{1t}} \tag{4.8}$$

结合式（4.7）、式（4.8）可得

$$\frac{L_{1t}}{L_{2t}} = \left(\frac{A_{1t}}{A_{2t}}\right)^{\varepsilon-1}\left(\frac{\gamma}{1-\gamma}\right)^{\varepsilon} \tag{4.9}$$

由式（4.9）可得

$$\lambda_t = 1 - \frac{1}{\left(\dfrac{A_{1t}}{A_{2t}}\right)^{\varepsilon-1}\left(\dfrac{\gamma}{1-\gamma}\right)^{\varepsilon} + 1} \tag{4.10}$$

## 二、全要素生产率对产业结构变迁的影响机制分析

通过分析式（4.7）、式（4.8）、式（4.9）、式（4.10）背后蕴含的经济

机制，厘清技术进步通过全要素生产率改变要素投入比例和产出（比），进而影响产业结构变迁。具体分析如下：

（一）全要素生产率对产出的影响

由式（4.7）、式（4.8）可知，部门1和部门2产品价格的相对变化，取决于部门2和部门1的全要素生产率的相对高低。部门1和部门2产品的相对价格又决定着部门1和部门2的相对产出高低。因此，部门间的全要素生产率差异决定着部门间相对产出的高低。相对于部门2，若部门1的全要素生产率更高，部门1的产出更大。

（二）全要素生产率对劳动投入的影响

由式（4.9）可知，部门1和部门2的劳动之比，取决于它们全要素生产率和替代弹性。若 $0 < \varepsilon < 1$，当部门1与部门2的全要素生产率之比提高时，部门1与部门2的劳动之比下降，即劳动从部门1流向部门2。若 $\varepsilon > 1$，当部门1与部门2的全要素生产率之比提高时，部门1与部门2的劳动之比提高，即劳动从部门2流向部门1。直观来看，当部门1的全要素生产率更高，能够带来产出增加时，因为 $0 < \varepsilon < 1$（$Y_1$ 和 $Y_2$ 存在互补性），部门1产出的提高，使得部门2的产出需求增加，产品价格提高，因此部门2劳动增加。当 $\varepsilon > 1$（$Y_1$ 和 $Y_2$ 存在替代性）时，部门1产出增加，部门2产出减少，将使劳动从部门2流出。因为假定部门1和部门2具有相同的资本产出份额，各部门的资本劳动比相同，所以资本的流动方向与劳动一致。

（三）全要素生产率对劳动比重的影响

由式（4.10）可知，当部门1与部门2全要素生产率之比提高，若 $0 < \varepsilon < 1$，部门1的劳动比重是下降的；若 $\varepsilon > 1$，部门1的劳动比重是提高的。这与式（4.9）所得结论是一致的。

通过上述分析，得出：①部门全要素生产率的相对变化使得部门产出同方向变化；②部门全要素生产率差异将影响部门间劳动力流动和劳动力比重变化（劳动力占全社会总劳动力比重）。若 $0 < \varepsilon < 1$，随着部门1全要素生产率提高，劳动力从部门1流向部门2，则部门1的劳动力比重下降，产出减少。若 $\varepsilon > 1$，随着部门1全要素生产率更高，劳动力从部门2流向部门1，则部门1的劳动力比重上升，产出增加。因此，技术进步通过改变全要素生产率，改变了要素流动、要素比重和部门相对产出，影响了产业结构变迁。技术进步通过全要素生产率对产业结构变迁的影响机制，见图 4 - 1。

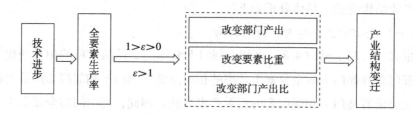

**图 4 - 1　技术进步通过全要素生产率对产业结构变迁的影响机制**

（资料来源：作者整理）

# 第三节　技术进步偏向对产业结构变迁的
# 影响机制：可变替代弹性

由本章第二节可知，基于要素替代弹性，技术进步通过改变全要素生产率，改变了产业的要素投入与相对产出，影响了产业结构变迁。由第三章可知，资本技术效率与劳动技术效率的变化最能直接体现技术进步偏向作用，因此本节继续构建产业结构变迁模型，研究技术进步偏向作用下，基于不同要素替代弹性，资本技术效率与劳动技术效率如何影响产业内和产业间要素流动和产出变化，进而影响产业结构变迁。在本节中，要素技术效率比是指资本技术效率与劳动技术效率的比值，而要素边际产出比是指资本边际产出与劳动边际产出的比值。

## 一、模型设定与求解

假设一国处于封闭经济条件下，产品和要素市场为完全竞争市场。该国有两个中间产品部门，分别为部门 1 和部门 2，它们生产中间产品 $Y_1$ 和 $Y_2$，中间产品部门按照 CES 生产函数，通过投入资本和劳动进行生产。该国有一个最终产品部门，采用 CES 生产函数，由 $Y_1$ 和 $Y_2$ 作为投入生产最终产品 $Y$。在 Alvarez - Cuadrado、Long 和 Poschke（2017）的产业结构变迁模型基础上，本模型作出两点重要改变：一是中间产品部门采用 CES 生产函数而非 C - D 生产函数进行数理分析；二是基于技术进步的"要素偏向"内涵，研究资本技术效率与劳动技术效率对产业结构变迁的影响。

$$Y_t = \left[ \gamma Y_{1t}^{\frac{\varepsilon-1}{\varepsilon}} + (1-\gamma) Y_{2t}^{\frac{\varepsilon-1}{\varepsilon}} \right]^{\frac{\varepsilon}{\varepsilon-1}} \tag{4.11}$$

$$Y_{1t} = \left[ \alpha_1 (A_{1Kt}K_{1t})^{\frac{\sigma_1-1}{\sigma_1}} + (1-\alpha_1)(A_{1Lt}L_{1t})^{\frac{\sigma_1-1}{\sigma_1}} \right]^{\frac{\sigma_1}{\sigma_1-1}} \tag{4.12}$$

$$Y_{2t} = \left[ \alpha_2 (A_{2Kt}K_{2t})^{\frac{\sigma_2-1}{\sigma_2}} + (1-\alpha_2)(A_{2Lt}L_{2t})^{\frac{\sigma_2-1}{\sigma_2}} \right]^{\frac{\sigma_2}{\sigma_2-1}} \tag{4.13}$$

其中，$\varepsilon$、$\sigma_1$、$\sigma_2$均为替代弹性。$\gamma$、$\alpha_1$、$\alpha_2$分别为各要素（产品）密集度或收入份额。$A_{1Kt}$、$A_{2Kt}$为资本增强型技术进步，简称为资本技术效率。$A_{1Lt}$、$A_{2Lt}$为劳动增强型技术进步，简称为劳动技术效率。资本技术效率和劳动技术效率是技术进步偏向在生产函数中的直接表现，也是后续研究的关键变量。$L_{1t}$、$L_{2t}$、$L_t$分别为部门1、部门2和社会总劳动力。$K_{1t}$、$K_{2t}$、$K_t$分别为部门1、部门2的资本和社会总资本。$P_{1t}$、$P_{2t}$、$P_t$分别为产品$Y_{1t}$、$Y_{2t}$、$Y_t$的价格。为了分析方便，将最终产品价格标准化处理，即$P_t = 1$。劳动力和资本在两个部门之间满足：$L_{1t} + L_{2t} = L_t$，$K_{1t} + K_{2t} = K_t$，同时$k_{1t} = K_{1t}/L_{1t}$，$k_{2t} = K_{2t}/L_{2t}$和$k_t = K_t/L_t$为部门1、部门2和全社会的资本劳动比，即资本深化。

求$Y_t = F(Y_{1t}, Y_{2t})$最优化问题，约束条件为完全竞争市场下$P_1Y_1 + P_2Y_2 \leqslant PY$。得出

$$Y_{1t} = \left(\frac{\gamma P_t}{P_{1t}}\right)^{\varepsilon} Y_t, Y_{2t} = \left(\frac{(1-\gamma)P_t}{P_{2t}}\right)^{\varepsilon} Y_t$$

$$P_{1t} = \gamma \left(\frac{Y_t}{Y_{1t}}\right)^{\frac{1}{\varepsilon}}, P_{2t} = (1-\gamma)\left(\frac{Y_t}{Y_{2t}}\right)^{\frac{1}{\varepsilon}} \tag{4.14}$$

$$\frac{P_{1t}}{P_{2t}} = \frac{\gamma}{1-\gamma}\left(\frac{Y_{2t}}{Y_{1t}}\right)^{\frac{1}{\varepsilon}} \tag{4.15}$$

求解部门1 $Y_{1t} = F(K_{1t}, L_{1t})$和部门2 $Y_{2t} = F(K_{2t}, L_{2t})$最优化问题，约束条件为在产品市场和要素市场完全竞争下，满足$w_1L_1 + r_1K_1 \leqslant P_1Y_1$和$w_2L_2 + r_2K_2 \leqslant P_2Y_2$。因为部门之间资本与劳动力自由流动，因此资本和劳动力在两个部门的边际产出相等且等于资本回报率$r$和工资$w$，即$MP_{1K} = MP_{2K} = r$，$MP_{1L} = MP_{2L} = w$。得出

$$\gamma(1-\alpha_1)\left(\frac{Y_t}{Y_{1t}}\right)^{\frac{1}{\varepsilon}}\left(\frac{Y_{1t}}{L_{1t}}\right)^{\frac{1}{\sigma_1}} = (1-\gamma)(1-\alpha_2)\left(\frac{Y_t}{Y_{2t}}\right)^{\frac{1}{\varepsilon}}\left(\frac{Y_{2t}}{L_{2t}}\right)^{\frac{1}{\sigma_2}} = w$$

$$\tag{4.16}$$

$$\gamma\alpha_1 \left(\frac{Y_t}{Y_{1t}}\right)^{\frac{1}{\varepsilon}} \left(\frac{Y_{1t}}{K_{1t}}\right)^{\frac{1}{\sigma_1}} \left(\frac{A_{1Kt}}{A_{1Lt}}\right)^{\frac{\sigma_1-1}{\sigma_1}} = (1-\gamma)\alpha_2 \left(\frac{Y_t}{Y_{2t}}\right)^{\frac{1}{\varepsilon}} \left(\frac{Y_{2t}}{K_{2t}}\right)^{\frac{1}{\sigma_2}} \left(\frac{A_{2Kt}}{A_{2Lt}}\right)^{\frac{\sigma_2-1}{\sigma_2}} = r$$

$$(4.17)$$

若资本与劳动力的边际产出比表示为 $M = \dfrac{MP_K}{MP_L}$，$M_1$ 为部门 1 资本与劳动力的边际产出比，$M_2$ 为部门 2 资本与劳动力的边际产出比。由式（4.16）、式（4.17）可得部门 1 和部门 2 的资本劳动边际产出比和资本劳动比。

$$M_{1t} = \frac{MP_k}{MP_l} = \frac{\alpha_1}{1-\alpha_1} \left(\frac{L_{1t}}{K_{1t}}\right)^{\frac{1}{\sigma_1}} \left(\frac{A_{1Kt}}{A_{1Lt}}\right)^{\frac{\sigma_1-1}{\sigma_1}} \qquad (4.18)$$

$$M_{2t} = \frac{MP_k}{MP_l} = \frac{\alpha_2}{1-\alpha_2} \left(\frac{L_{2t}}{K_{2t}}\right)^{\frac{1}{\sigma_2}} \left(\frac{A_{2Kt}}{A_{2Lt}}\right)^{\frac{\sigma_2-1}{\sigma_2}} \qquad (4.19)$$

$$\frac{K_{1t}}{L_{1t}} = \left(\frac{\alpha_1}{1-\alpha_1}\right)^{\sigma_1} \left(\frac{A_{1Kt}}{A_{1Lt}}\right)^{(\sigma_1-1)} M_{1t}^{(-\sigma_1)} \qquad (4.20)$$

$$\frac{K_{2t}}{L_{2t}} = \left(\frac{\alpha_2}{1-\alpha_2}\right)^{\sigma_2} \left(\frac{A_{2Kt}}{A_{2Lt}}\right)^{(\sigma_2-1)} M_{2t}^{(-\sigma_2)} \qquad (4.21)$$

将产业部门 1 中劳动力、资本占总量的比重进行定义，可得

$$\kappa_t = \frac{K_{1t}}{K_t}, \lambda_t = \frac{L_{1t}}{L_t}, 则 1-\kappa_t = \frac{K_{2t}}{K_t}, 1-\lambda_t = \frac{L_{2t}}{L_t} \qquad (4.22)$$

由式（4.16）、式（4.17）和式（4.22）可得

$$\frac{Y_{1t}^{\frac{1}{\sigma_1}-\frac{1}{\varepsilon}}}{Y_{2t}^{\frac{1}{\sigma_2}-\frac{1}{\varepsilon}}} = \frac{1-\gamma}{\gamma}\frac{\alpha_2}{\alpha_1} \frac{\left(\frac{A_{2Kt}}{A_{2Lt}}\right)^{\frac{\sigma_2-1}{\sigma_2}}}{\left(\frac{A_{1Kt}}{A_{1Lt}}\right)^{\frac{\sigma_1-1}{\sigma_1}}} K_t^{\frac{1}{\sigma_1}-\frac{1}{\sigma_2}} \frac{(1-\kappa_t)^{\frac{-1}{\sigma_2}}}{\kappa_t^{\frac{-1}{\sigma_1}}} \qquad (4.23)$$

$$\frac{Y_{1t}^{\frac{1}{\sigma_1}-\frac{1}{\varepsilon}}}{Y_{2t}^{\frac{1}{\sigma_2}-\frac{1}{\varepsilon}}} = \frac{1-\gamma}{\gamma}\frac{1-\alpha_2}{1-\alpha_1} L_t^{\frac{1}{\sigma_1}-\frac{1}{\sigma_2}} \frac{(1-\lambda_t)^{\frac{-1}{\sigma_2}}}{\lambda_t^{\frac{-1}{\sigma_1}}} \qquad (4.24)$$

或者

$$\frac{(1-\lambda_t)^{\frac{-1}{\sigma_2}}}{\lambda_t^{\frac{-1}{\sigma_1}}} = \frac{\alpha_2}{\alpha_1}\frac{1-\alpha_1}{1-\alpha_2} \frac{\left(\frac{A_{2Kt}}{A_{2Lt}}\right)^{\frac{\sigma_2-1}{\sigma_2}}}{\left(\frac{A_{1Kt}}{A_{1Lt}}\right)^{\frac{\sigma_1-1}{\sigma_1}}} k_t^{\frac{1}{\sigma_1}-\frac{1}{\sigma_2}} \frac{(1-\kappa_t)^{\frac{-1}{\sigma_2}}}{\kappa_t^{\frac{-1}{\sigma_1}}} \qquad (4.25)$$

## 二、要素技术效率对产业结构变迁的影响机制分析

由式（4.18）、式（4.19）可知，要素（资本与劳动力）技术效率影响要素边际产出。通过分析式（4.20）、式（4.21）、式（4.23）、式（4.24）背后蕴含的经济机制，厘清在不同要素替代弹性下，技术进步偏向改变资本技术效率与劳动技术效率，影响要素投入比例、产出等，进而影响产业结构变迁。具体分析如下：

（一）要素技术效率对部门资本劳动比的影响

由式（4.20）、式（4.21）可知，部门1或部门2的要素技术效率（比）、替代弹性、要素边际产出比等均可以影响部门的资本与劳动比。在其他条件给定的情况下，假设 $1 > \sigma_2 > \sigma_1 > 0$，若技术进步偏向使部门1资本与劳动技术效率比降低，将使该部门资本与劳动比提高。因为资本与劳动之间存在互补性，部门1资本技术效率下降，导致资本流出，劳动力减少。部门2更高的资本与劳动技术效率比将吸引资本流入，要素之间的互补性使得部门2劳动需求增加，劳动力将由部门1流向部门2。因为部门2的替代弹性大于部门1的替代弹性，所以部门1劳动力减少更快，部门1资本劳动比提高。假设 $\sigma_2 > \sigma_1 > 1$，若技术进步偏向使部门1资本与劳动技术效率比降低，将使该部门资本与劳动比下降。因为资本与劳动力之间存在替代关系，部门1资本技术效率下降，导致资本流出，劳动力增加，所以部门1资本劳动比降低。若 $1 > \sigma_1 > \sigma_2 > 0$ 或者 $\sigma_1 > \sigma_2 > 1$，结果同理可推。

（二）要素技术效率对部门产出比和劳动力比重的影响（$1 > \sigma_2 > \sigma_1 > 0$）

令 $\varepsilon = 1$。由式（4.23）或式（4.24）可知，部门1和部门2的要素技术效率、替代弹性、要素在各部门的投入比重等均可以影响部门之间的产出比。在其他条件给定的情况下，假设 $1 > \sigma_2 > \sigma_1 > 0$，若技术进步偏向使部门1的要素技术效率比较之部门2降低 ［即 $\dfrac{\left(\dfrac{A_{2Kt}}{A_{2Lt}}\right)^{\frac{\sigma_2-1}{\sigma_2}}}{\left(\dfrac{A_{1Kt}}{A_{1Lt}}\right)^{\frac{\sigma_1-1}{\sigma_1}}}$ 提高］，将使部门之间产出比提高（即 $\dfrac{Y_{1t}^{\frac{1}{\sigma_1}-\frac{1}{\varepsilon}}}{Y_{2t}^{\frac{1}{\sigma_2}-\frac{1}{\varepsilon}}}$ 提高，但 $\dfrac{Y_{1t}}{Y_{2t}}$ 未必提高）。由式（4.25）可知，随着资本深化

（$k_t = \dfrac{K_t}{L_t}$ 提高），将导致部门 1 的劳动比重提高 ［即 $\dfrac{(1-\lambda_t)^{\frac{-1}{\sigma_2}}}{\lambda_t^{\frac{-1}{\sigma_1}}}$ 提高，$\lambda_t$ 未必

提高］。随着部门 1 资本与劳动技术效率比较之部门 2 降低 ［即 $\dfrac{\left(\frac{A_{2Kt}}{A_{2Lt}}\right)^{\frac{\sigma_2-1}{\sigma_2}}}{\left(\frac{A_{1Kt}}{A_{1Lt}}\right)^{\frac{\sigma_1-1}{\sigma_1}}}$ 提

高］，同样使部门 1 劳动力比重提高 ［即 $\dfrac{(1-\lambda_t)^{\frac{-1}{\sigma_2}}}{\lambda_t^{\frac{-1}{\sigma_1}}}$ 提高，$\lambda_t$ 未必提高］。因为

资本与劳动力之间存在互补性，部门 1 相对较低的资本与劳动技术效率比将导致资本流出，劳动力减少。由式（4.15）可知，随着部门 1 总产出的减少，将导致部门 1 产品的相对价格提高，劳动力也会由部门 2 向部门 1 流动。要素技术效率的变化促进就业在部门间流动，产出的增长规模和速度发生相应变化，这种产出和就业的综合变化推动产业结构变迁。若 $1 > \sigma_1 > \sigma_2 > 0$，结果同理可推。

（三）要素技术效率对部门产出比及劳动比重的影响（$\sigma_1 > \sigma_2 > 1$）

令 $\varepsilon = 1$。在其他条件给定的情况下，由式（4.23）可知，假设 $\sigma_1 > \sigma_2 >$

1，若技术进步偏向使部门 1 要素技术效率比较之部门 2 提高 ［即 $\dfrac{\left(\frac{A_{2Kt}}{A_{2Lt}}\right)^{\frac{\sigma_2-1}{\sigma_2}}}{\left(\frac{A_{1Kt}}{A_{1Lt}}\right)^{\frac{\sigma_1-1}{\sigma_1}}}$ 降

低］，将使部门 1 相对部门 2 产出比降低 （即 $\dfrac{Y_1^{\frac{1}{\sigma_1}-\frac{1}{\varepsilon}}}{Y_2^{\frac{1}{\sigma_2}-\frac{1}{\varepsilon}}}$ 降低，但 $\dfrac{Y_{1t}}{Y_{2t}}$ 未必下降）。

由式（3.25）可知，随着资本深化（即 $k_t = \dfrac{K_t}{L_t}$ 提高），将导致部门 1 劳动力

占比降低 ［即 $\dfrac{(1-\lambda_t)^{\frac{-1}{\sigma_2}}}{\lambda_t^{\frac{-1}{\sigma_1}}}$ 减小，$\lambda_t$ 未必减小］。同时，部门 1 资本劳动技术效

率比较之部门 2 提高 ［即 $\dfrac{\left(\frac{A_{2Kt}}{A_{2Lt}}\right)^{\frac{\sigma_2-1}{\sigma_2}}}{\left(\frac{A_{1Kt}}{A_{1Lt}}\right)^{\frac{\sigma_1-1}{\sigma_1}}}$ 下降］，同样使部门 1 劳动力占比下降 ［即

$\dfrac{(1-\lambda_t)^{\frac{-1}{\sigma_2}}}{\lambda_t^{\frac{-1}{\sigma_1}}}$ 减小，$\lambda_t$ 未必减小]。部门 1 更快的资本与劳动技术效率比将吸引更多资本流入，要素之间的替代性使劳动力投入减少，导致劳动力由部门 1 流向部门 2。由式（4.15）可知，部门 1 产品相对价格提高，也会吸引劳动力流入。同样，要素技术效率变化促进部门就业和产出朝着不同方向变动，两种综合作用最终决定了劳动的部门比重，而产出和就业的变化推动产业结构变迁。若 $\sigma_2>\sigma_1>1$，结果同理可推。

可见，技术进步偏向对资本与劳动技术效率的不同作用，基于不同的要素替代弹性，影响了要素流动方向，改变了部门内的资本劳动比、产出和部门间的产出比。因此技术进步偏向通过改变要素技术效率影响了产业结构变迁。

## 第四节　技术进步偏向对产业结构变迁的<br>影响机制：不变替代弹性

在本章第三节的理论模型研究中，多部门的 CES 生产函数组合、多个替代弹性和变量使数理推导的公式和结论冗长，本节将部门 CES 生产函数的替代弹性作进一步限定，假定 $\sigma_1=\sigma_2=\sigma$，即部门 1 和部门 2 的资本与劳动替代弹性是一致的，资本与劳动或同时互补，或同时互替，第三章的替代弹性分析说明，我国不同产业间资本与劳动基本是互补关系。这样，仍然保持部门 1 和部门 2 的 CES 生产函数设定和技术进步偏向特征，但函数关系和求解思路不变，使结论更清晰。

### 一、模型设定与求解

假定 $\sigma_1=\sigma_2=\sigma$，不变替代弹性下的部门生产函数见式（4.26）、式（4.27）。

$$Y_{1t}=\left[\alpha_1(A_{1Kt}K_{1t})^{\frac{\sigma-1}{\sigma}}+(1-\alpha_1)(A_{1Lt}L_{1t})^{\frac{\sigma-1}{\sigma}}\right]^{\frac{\sigma}{\sigma-1}}\tag{4.26}$$

$$Y_{2t}=\left[\alpha_2(A_{2Kt}K_{2t})^{\frac{\sigma-1}{\sigma}}+(1-\alpha_2)(A_{2Lt}L_{2t})^{\frac{\sigma-1}{\sigma}}\right]^{\frac{\sigma}{\sigma-1}}\tag{4.27}$$

原式（4.16）和式（4.17）变为

$$\gamma(1-\alpha_1)\left(\frac{Y_t}{Y_{1t}}\right)^{\frac{1}{\varepsilon}}\left(\frac{Y_{1t}}{L_{1t}}\right)^{\frac{1}{\sigma}}=(1-\gamma)(1-\alpha_2)\left(\frac{Y_t}{Y_{2t}}\right)^{\frac{1}{\varepsilon}}\left(\frac{Y_{2t}}{L_{2t}}\right)^{\frac{1}{\sigma}}=w\,(4.28)$$

$$\gamma\alpha_1\left(\frac{Y_t}{Y_{1t}}\right)^{\frac{1}{\varepsilon}}\left(\frac{Y_{1t}}{K_{1t}}\right)^{\frac{1}{\sigma}}\left(\frac{A_{1Kt}}{A_{1Lt}}\right)^{\frac{\sigma-1}{\sigma}}=(1-\gamma)\alpha_2\left(\frac{Y_t}{Y_{2t}}\right)^{\frac{1}{\varepsilon}}\left(\frac{Y_{2t}}{K_{2t}}\right)^{\frac{1}{\sigma}}\left(\frac{A_{2Kt}}{A_{2Lt}}\right)^{\frac{\sigma-1}{\sigma}}=r$$

$$(4.29)$$

各变量符号含义不变，令 $\varepsilon=1$。由式（4.18）、式（4.19）同样得出部门 1 和部门 2 的资本与劳动边际产出比和资本劳动比。

$$M_{1t}=\frac{MP_{1kt}}{MP_{1lt}}=\frac{\alpha_1}{1-\alpha_1}\left(\frac{L_{1t}}{K_{1t}}\right)^{\frac{1}{\sigma}}\left(\frac{A_{1Kt}}{A_{1Lt}}\right)^{\frac{\sigma-1}{\sigma}}\tag{4.30}$$

$$M_{2t}=\frac{MP_{2kt}}{MP_{2lt}}=\frac{\alpha_2}{1-\alpha_2}\left(\frac{L_{2t}}{K_{2t}}\right)^{\frac{1}{\sigma}}\left(\frac{A_{2Kt}}{A_{2Lt}}\right)^{\frac{\sigma-1}{\sigma}}\tag{4.31}$$

$$\frac{K_{1t}}{L_{1t}}=\left(\frac{\alpha_1}{1-\alpha_1}\right)^{\sigma}\left(\frac{A_{1Kt}}{A_{1Lt}}\right)^{(\sigma-1)}M_{1t}^{(-\sigma)}\tag{4.32}$$

$$\frac{K_{2t}}{L_{2t}}=\left(\frac{\alpha_2}{1-\alpha_2}\right)^{\sigma}\left(\frac{A_{2Kt}}{A_{2Lt}}\right)^{(\sigma-1)}M_{2t}^{(-\sigma)}\tag{4.33}$$

令 $A_{1t}=\frac{A_{1Kt}}{A_{1Lt}}$，$A_{2t}=\frac{A_{2Kt}}{A_{2Lt}}$。由式（4.28）、式（4.29）可得

$$\kappa_t=\left[1+\left(\frac{1-\gamma}{\gamma}\right)^{\sigma}\left(\frac{\alpha_2}{\alpha_1}\right)^{\sigma}\left(\frac{A_{1t}}{A_{2t}}\right)^{1-\sigma}\left(\frac{Y_{1t}}{Y_{2t}}\right)^{\sigma-1}\right]^{-1}\tag{4.34}$$

$$\lambda_t=\left[1+\left(\frac{1-\alpha_2}{1-\alpha_1}\right)^{\sigma}\left(\frac{\alpha_1}{\alpha_2}\right)^{\sigma}\left(\frac{A_{1t}}{A_{2t}}\right)^{\sigma-1}\left(\frac{1-\kappa_t}{\kappa_t}\right)\right]^{-1}\tag{4.35}$$

$$\left(\frac{Y_{1t}}{Y_{2t}}\right)^{\sigma-1}=\left(\frac{\gamma}{1-\gamma}\right)^{\sigma}\left(\frac{\alpha_1}{\alpha_2}\right)^{\sigma}\left(\frac{A_{1t}}{A_{2t}}\right)^{\sigma-1}\left(\frac{1-\kappa_t}{\kappa_t}\right)\tag{4.36}$$

$$\left(\frac{Y_{1t}}{Y_{2t}}\right)^{\sigma}=\left(\frac{\gamma}{1-\gamma}\right)^{\sigma}\left(\frac{1-\alpha_1}{1-\alpha_2}\right)^{\sigma}\left(\frac{1-\lambda_t}{\lambda_t}\right)\left(\frac{M_{1t}}{M_{2t}}\right)^{\sigma}\tag{4.37}$$

## 二、要素技术效率对产业结构变迁的影响机制分析

通过分析式（4.32）、式（4.33）、式（4.35）、式（4.36）和式（4.37）背后蕴含的经济机制，重新梳理技术进步偏向对产业结构变迁的影响机制。具体分析如下：

（一）要素技术效率对部门资本劳动比的影响

由式（4.32）、式（4.33）可知，部门 1 或部门 2 的要素技术效率（比）、

替代弹性、边际产出比均可以影响部门的资本与劳动比。在其他条件给定的情况下，当 $1 > \sigma > 0$，若部门1（部门2）的技术进步偏向使资本与劳动技术效率比降低，将导致该部门的资本与劳动比提高。因为资本与劳动之间存在互补性，部门1资本技术效率下降，导致资本流出，劳动力减少，由部门1流向部门2。同时，部门2资本流入，要素的互补性使部门2劳动力需求增加，这将加快劳动力由部门1流向部门2，部门1劳动力减少更多，所以资本与劳动比提高。当 $\sigma > 1$，若部门1（部门2）的技术进步偏向使得资本与劳动技术效率比降低，将导致该部门资本与劳动比降低。因为要素存在替代性，部门1资本技术效率下降，资本流出，劳动力增加，使资本与劳动比降低。所以要素技术效率变动通过促进要素流动，改变部门内要素投入比例，影响产业结构变迁。

（二）要素技术效率对部门劳动比重和产出水平的影响

由式（4.35）可知，部门1的劳动比重，与部门1和部门2的要素技术效率之比、替代弹性和资本比重均有关系。在其他条件给定的情况下，当 $1 > \sigma > 0$，若部门1与部门2的技术进步偏向使要素技术效率比的部门比提高（即 $A_{1t}/A_{2t}$ 提高），即部门1资本相对劳动的技术效率更高，将导致部门1劳动比重增加，产出增加。因为部门1较高的资本技术效率吸引资本流入，资本与劳动力之间存在互补性，所以劳动力和产出都增加。当 $\sigma > 1$，若技术进步偏向使部门1与部门2的要素技术效率比的部门比提高（即 $A_{1t}/A_{2t}$ 提高），部门1资本相对劳动的技术效率更高，将导致部门1劳动比重下降，产出变化不定。因为部门1较高的资本技术效率吸引资本流入，资本与劳动力之间存在替代性，所以劳动力减少，产出不确定。直观来看，当部门1资本相对劳动技术效率更高时，资本与劳动力存在互补性（$1 > \sigma > 0$），部门1将吸引资本流入，同时要素之间的互补性使劳动力流入，劳动比重提高，这种更多资本和劳动力的匹配将带来更大的产出。反之，当资本与劳动力存在替代性（$\sigma > 1$），部门1资本技术效率更高，将吸引资本流入，在要素替代作用下，部门1劳动力将减少，劳动力比重下降，但产出变化无法确定，取决于资本与劳动力对产出的相对作用大小。所以，部门的要素技术效率比通过促进部门间要素流动带来产出变化，进而影响产业结构变迁。

（三）要素技术效率对部门间产出比的影响

由式（4.36）、式（4.37）可知，部门间产出比与部门间的技术效率之比、边际产出比、资本比重、就业比重和替代弹性均有关联。在其他条件给定的情况下，当 $1 > \sigma > 0$，若技术进步偏向使部门1与部门2的技术效率比的比值提高（$A_{1t}/A_{2t}$提高），部门1相对部门2产出增加。当 $\sigma > 1$，若技术进步偏向使部门1与部门2的技术效率比的比值提高（$A_{1t}/A_{2t}$提高），部门1相对部门2的产出比变化不确定。直观来看，当部门1资本相对劳动技术效率更高时，部门1吸引资本流入，资本与劳动力之间存在互补性（$1 > \sigma > 0$），劳动力需求增加，劳动力流入，这种更多资本和劳动力的匹配将带来更大的产出，因此部门1相对部门2产出比提高。反之，当部门1资本技术效率更高，吸引资本流入，资本与劳动力之间存在替代性（$\sigma > 1$），部门1劳动力将减少，因为部门1产出增减不确定，因此部门间产出比也不能确定。要素边际产出比对部门间产出比的作用更直接，当部门1相对部门2边际产出比更高时，按照微观经济学相关理论，部门1相对部门2的产出比更高。所以，要素技术效率比的部门差异也通过促进要素流动直接改变部门间产出比，进而影响产业结构变迁。

在其他条件给定的情况下，技术进步偏向使部门资本与劳动技术效率（比）不同，影响产业结构变迁。①若 $1 > \sigma > 0$，当技术进步偏向使部门资本与劳动技术效率比降低时，将导致该部门资本与劳动比提高，二者呈反方向变化。若 $\sigma > 1$，当技术进步偏向使部门资本与劳动技术效率比降低时，将导致该部门资本与劳动比下降，二者呈同方向变化。可见，资本与劳动技术效率比变化改变了部门内的资本劳动比，促使资本与劳动在部门间流动。技术进步偏向通过改变要素技术效率比改变了部门内要素投入比例，也改变了部门间要素比重，进而影响产业结构变迁。②若 $1 > \sigma > 0$，当技术进步偏向使部门1相对部门2的资本与劳动技术效率比更高时，部门1将吸引资本流入，劳动力增加，带来产出增加，因此劳动比重和产出均增加。若 $\sigma > 1$，当技术进步偏向使部门1相对部门2的资本与劳动技术效率比更高时，部门1将吸引资本流入，资本代替劳动力，使得与资本不匹配的劳动力流出，但劳动力的边际产出增大。产出最终的增减取决于增加的资本和减少的劳动力对边际产出的共同作用，因此劳动比重和产出变化不定。可见，随着资本与劳动技术效率比、边际产出比变化，因为要素替代弹性不同，部门内资本与劳动力流动方向不同，使部门内产出的变化不同。技术进步偏向带来要素技术效率的变化，改变各部门的要素边际产出和总产出，影响产业结构变迁。③若 $1>\sigma>0$，当部门 1 较部门 2 的资本与劳动技术效率比提高时，部门 1 与部门 2 的产出比提高；若 $\sigma>1$，当部门 1 较部门 2 的资本与劳动技术效率比提高时，部门 1 与部门 2 的最终产出之比，取决于资本与劳动边际产出的最终变化。可见，部门间要素技术效率比的相对变动，因为要素替代弹性不同，使部门间产出比的变动方向不同，进而影响产业结构变迁。

基于不同的要素替代弹性，技术进步偏向通过改变资本与劳动的技术效率、边际产出，影响了要素流动方向，改变了部门内的资本劳动比、产出和部门间的产出比，见图 4-2。技术进步偏向通过改变要素技术效率影响了产业结构变迁，后面几章的影响路径分析也是基于本章结论和第三章的事实分析，具体讨论技术进步偏向影响产业结构变迁的方向和优化与否。

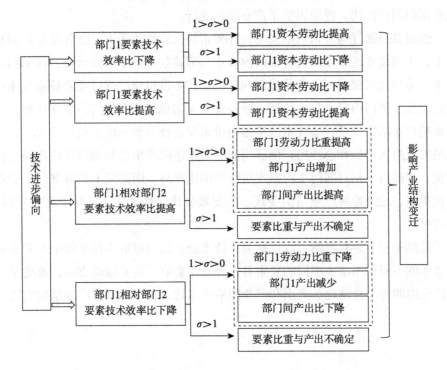

图 4-2 技术进步偏向影响产业结构变迁的八种情况

（资料来源：作者整理）

# 第五节　本章小结

本章建立的理论模型研究了技术进步偏向通过改变资本与劳动技术效率对产业结构变迁的影响机制。

首先，基于经典产业结构变迁模型，探讨了技术进步改变部门间全要素生产率，影响产业结构变迁。研究发现，全要素生产率改变了部门要素比重、产出和部门间产出比，进而影响产业结构变迁。其次，在确定了上述影响机制后，构建双层 CES 生产函数的产业结构变迁模型，探讨技术进步偏向对产业结构变迁的影响机制。研究发现，不同要素替代弹性下，技术进步偏向通过对要素技术效率的不同作用，促进了要素流动，改变了部门内的资本劳动比、产出和部门间产出比，进而影响了产业结构变迁。

经过数理演绎与逻辑归纳发现，在要素替代弹性小于 1（要素互补）的情况下，①当技术进步偏向使得部门内资本与劳动技术效率比降低时，该部门的资本与劳动比将提高，二者呈反方向变化。技术进步偏向通过要素技术效率比变化改变了部门内要素投入比例，通过要素流动也改变了部门间要素比重，进而影响产业结构变迁。②技术进步偏向带来要素技术效率的变化，改变了各部门的要素边际产出和总产出，使部门间的要素边际产出比与部门产出比同方向变化，即部门 1 相对部门 2 的要素边际产出比提高，则部门 1 相对部门 2 的产出比提高，最终影响产业结构变迁。当要素替代弹性大于 1（要素互替）时，同理可得。

总结来看，影响机制可以概括为：技术进步偏向对资本技术效率与劳动技术效率的不同作用基于不同的要素替代弹性，影响了要素流动方向，改变了三次产业内的资本劳动比、产出和产业间的产出比，最终影响了产业结构变迁。

# 第五章 技术进步偏向与产业结构变迁：基于三次产业数据的实证研究

本章基于 1998—2017 年地区三次产业面板数据，实证研究技术进步偏向对我国产业结构变迁的影响。主要内容包括：首先，通过理论分析得出影响路径和研究假说。其次，设定静态面板数据模型作为基准模型，考察技术进步偏向对我国产业结构变迁的影响程度和变迁方向。再次，通过动态面板数据模型，考察技术进步偏向对中国产业结构变迁的影响是否存在滞后效应。最后，进一步探讨技术进步偏向对产业结构变迁的影响是否存在区域异质性。主要实证结论将在基准模型的回归分析中详细阐述，后面实证的回归结果分析对相同结论将不再重复，重点关注研究的差异性分析。

自 2015 年以来，中国经济由"稳中有降"向"稳中向好"态势发展，经济总量在逐年增加，但 GDP 增速下降。20 世纪 90 年代以来，"农民工"进城帮助中国快速完成由农业向工业的产业结构变迁。自 2013 年中国产业结构呈现"三二一"模式以来，第三产业占比达到 54.5%（2020 年），距离发达国家产业结构中 70% ~ 80% 的第三产业占比还有很大上升空间。中国产业结构变迁的区域差异显著，有的地区产业结构是"三二一"模式，有的地区产业结构是"二三一"模式。要形成"一产稳、二产强、三产大"的产业结构，就要壮大服务业，做强工业制造业。既然技术进步与投入要素耦合时具有偏向性作用（Acemoglu，2002a；杨翔等，2019；丁黎黎等，2020），那么技术进步偏向影响产业结构变迁的路径有哪些？技术进步偏向对资本技术效率与劳动技术效率的不同作用，其对产业结构变迁的影响程度和作用方向如何？在产业结构变迁过程中技术进步偏向的作用有无时间滞后性、有无区域异质性？这些问题构成本章研究的主线。

# 第一节 理论分析与研究假说

第四章通过构建双层 CES 生产函数的多部门模型，研究了技术进步偏向对产业结构变迁的影响机制。经过模型推演发现，技术进步偏向改变资本与劳动的技术效率（比），基于不同的要素替代弹性，带来部门间要素流动，影响部门资本劳动比、产出和部门间产出比，进而影响产业结构变迁。这一影响机制因为要素之间存在互补性或互替性，使要素流动和产出变化方向不同，最终可能加快或者阻碍产业结构向着"三二一"模式变迁。由第三章产业层面的事实分析可知，我国绝大多数地区三次产业的要素替代弹性小于 1，表现为资本偏向性技术进步。因此，本节将依据理论模型中替代弹性小于 1（资本与劳动存在互补性）条件下得出的一系列结论，按照"技术进步偏向—要素技术效率差异—要素配置与产出变动—产业结构变迁"这一思路，关联需求侧，深入研究技术进步偏向对产业结构变迁的作用路径（见图 5-1）。

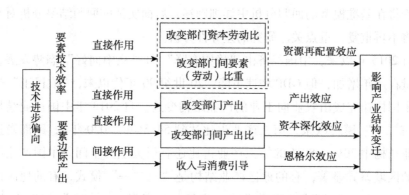

**图 5-1 技术进步偏向对产业结构变迁的影响路径**

（资料来源：作者整理）

（一）改变部门要素配置，影响产业结构变迁

要素配置过程就是要素在不同产业间流动，要素技术效率作为"催化剂"对要素流动的方向和数量产生直接影响。由理论模型可知，当技术进步偏向使得部门 1 资本与劳动技术效率比更低时，将导致部门 1 资本劳动比提高。若工业的资本劳动比高于农业，产业结构将实现工业化进程。要素生产率对产业结构变迁的作用依靠要素的自由流动实现（吴华英等，2021）。一是要素技术效

率的相对变化使部门内要素之间的投入比例发生变化，二是要素技术效率的相对变化引发要素在不同部门间流动，使部门要素比重发生变化（王林辉和袁礼，2018）。Alvarez - Cuadrado 等（2017）提出，部门间资本深化与要素替代弹性差异引发要素密集度差异，推动要素向生产率高的部门流动，这种资源配置过程带来产业结构变迁。根据第三章事实分析，我国替代弹性小于1，资本偏向性技术进步使资本与劳动技术效率比下降、资本劳动比提高，这成为理解我国持续资本深化的新论点。

假说1：当技术进步偏向使产业资本与劳动技术效率比下降时，使产业内资本与劳动比提高，二者呈反方向变化。资本与劳动技术效率比变化改变了产业内的要素配置和要素比重，影响产业结构变迁，这一路径被称为"资源再配置效应"。

（二）改变部门产出，影响产业结构变迁

当技术进步偏向通过资本技术效率与劳动技术效率非对称地影响要素边际产出时（王林辉和袁礼，2018），必然改变部门总产出。无论是资本技术效率与劳动技术效率的绝对值还是相对值发生变化，都将改变部门产出。由理论模型可知，当技术进步偏向使部门资本技术效率或资本与劳动技术效率比提高时，该部门将吸引资本流入，因为要素之间的互补性，吸引劳动力流入，这种更多资本和劳动的匹配将带来更大的部门产出。在资本与劳动互补的情况下，资本偏向性技术进步通过较高的劳动技术效率提升资本边际产出（董直庆等，2017），进而改变部门产出，影响产业结构变迁。通过第三章的事实分析，各地区第二产业的要素技术效率尽管下降，但普遍高于第一产业的要素技术效率，尤其是劳动技术效率，说明要素技术效率对第二产业产出的作用更大，技术进步偏向对我国由农业向工业的结构转型作用是显著的。可见，在资本偏向性技术进步对我国产业结构变迁的推动作用中，劳动技术效率是主要动力。

假说2：在产业内，技术进步偏向使部门要素技术效率存在差异，在要素存在互补性时，改变了部门产出水平。要素技术效率高的产业产出更大，两者呈同方向变化，影响产业结构变迁，这一路径被称为"产出效应"。

（三）改变部门产出比，影响产业结构变迁

由理论模型可知，当技术进步偏向使部门1相对于部门2的资本与劳动的技术效率比或边际产出比更高时，部门1与部门2的产出比提高。资本深化是我国资本偏向性技术进步出现的重要原因，我国经济出现资本深化与要素生产率同时提高的现象（宋建和郑江淮，2020）。Foley 和 Michel（2001）同样发现资本深化推动生产中的技术进步，提高了要素生产率。Acemoglu 和 Guerrieri（2008）发现，资本深化会导致资本密集度高的部门产出增加。Garcia - Santana 等（2016）通过考察投资需求对产业结构变迁的影响发现，当最终消费和最终投资的增加值构成存在差异时，投资率变化通过改变部门产出的相对需求，导致生产要素的跨部门转移和部门产出变化。中国工业部门持续的资本深化带来产出快速增长，加快我国工业化进程，也成为我国工农业间产出比变化快于就业比变化的重要原因。由第三章的产业层面的事实分析可知，随着我国资本深化程度加剧，资本偏向性技术进步提高了资本相对劳动的边际产出，在资本与劳动互补的情况下使部门产出比同方向变化。

假说3：技术进步偏向改变部门间要素技术效率比和要素边际产出比，使部门间产出比呈同方向变化。因此，随着资本深化和资本偏向性技术进步互相强化，产业间的要素边际产出比发生变化，导致部门间产出比随之变动，影响产业结构变迁。这一路径被称为"资本深化效应"。

（四）需求影响产业结构变迁

除了依据理论模型得到的研究假说外，很多文献从需求侧视角研究其对产业结构变迁的影响。资本偏向性技术进步提高了产出，降低了产品平均成本，产品价格优势影响要素收入和产品需求，通过收入和消费结构变化引致产出和产业结构变化。随着收入增长，恩格尔系数下降，人们的生活质量和消费结构提升，影响了供给和产业结构，这符合产业结构理论中的"恩格尔效应"。王青和张广柱（2017）研究发现，农村消费升级促进第二产业产出增加，城市消费升级促进第三产业产出增加。刘东皇等（2017）提出，恩格尔定律与配第一克拉克定理之间存在内在联系，消费结构升级将带来产业结构升级。颜色等（2018）建立了一个包含农业、工业和服务业在内的三部门一般均衡模型，通过研究由消费率、投资率和净出口率组成的需求结构影响产业结构转型的机制时发现，需求提升有利于劳动生产率提高和产业结构转型。

假说4：基于文献研究，恩格尔系数下降带来消费提升，同样影响产业结构变迁。这一路径被称为"恩格尔效应"。

# 第二节　静态面板数据模型

由理论分析可知，技术进步偏向对资本与劳动技术效率的不同作用通过资源再配置效应、产出效应、资本深化效应和恩格尔效应四条路径影响产业结构变迁。接下来，基于1998—2017年我国地区三次产业面板数据，实证研究资本技术效率和劳动技术效率对产业结构变迁的影响程度和作用方向。

## 一、模型设定和变量说明

（一）基准模型设定

结合本章研究目的，将理论模型中产出、资本劳动比和产出比的关键公式，式（4.26）、式（4.32）、式（4.36）和式（4.37）进行对数化处理，形成静态面板数据模型。

$$\ln kl_{ijt} = \alpha_0 + \alpha_1 \ln akal_{ijt} + \alpha_2 \ln m_{ijt} + \alpha_3 \ln eng_{it} + cX_{it} + \mu_t + u_j + \varepsilon_{it} \quad (5.1)$$

$$\ln y_{ijt} = \beta_0 + \beta_1 \ln k_{ijt} + \beta_2 \ln l_{ijt} + \beta_3 \ln ak_{ijt} + \beta_4 \ln al_{ijt} + \beta_5 \ln eng_{it} + cX_{it}$$
$$+ \mu_t + u_j + \varepsilon_{it} \quad (5.2)$$

$$\ln Y_{i21t} = \beta_{20} + \beta_{21} \ln \kappa_{i2t} + \beta_{22} \ln \lambda_{i2t} + \beta_{23} \ln m_{i21t} + \beta_{24} \ln eng_{it} + cX_{it}$$
$$+ \mu_t + u_i + \varepsilon_{it} \quad (5.3)$$

$$\ln Y_{i32t} = \beta_{30} + \beta_{31} \ln \kappa_{i3t} + \beta_{32} \ln \lambda_{i3t} + \beta_{33} \ln m_{i32t} + \beta_{34} \ln eng_{it} + cX_{it}$$
$$+ \mu_t + u_i + \varepsilon_{it} \quad (5.4)$$

其中，$\alpha$、$\beta$、$c$ 均为变量系数，$X$ 为控制变量集，$\mu_t$ 为时间效应，$u_j$ 为个体效应，$\varepsilon_{it}$ 为随机扰动项。式（5.1）从产业内角度考察资源再配置效应，即要素技术效率比对资本劳动比的影响。式（5.2）从产业内角度考察产出效应，即要素技术效率对产出的影响。式（5.3）和式（5.4）从第一、第二、第三产业间角度考察资本深化效应，即要素边际产出比对产出比的影响。方程整体考察恩格尔效应，即恩格尔系数对产业结构变迁的影响。

（二）数据处理和变量说明

本节基于1998—2017年中国省际三次产业面板数据，时间区间及说明与第三章第三节一致。所用数据，一部分来自第三章产业层面参数估计及指标测算时的面板数据，包括资本、劳动、产业增加值、劳动技术效率、资本技术效率、技术效率比、边际产出比等；另一部分来自各类年鉴和统计公报。为了验证研究假说，本章将样本中替代弹性大于 1 的个别产业暂且去掉。变量说明如下：

1. 核心变量。资本劳动比（$kl$），即某一产业资本与劳动的比值，资本劳动比表示资本深化，因为人均资本的变化或积累就是资本深化的过程（Samuelson，1965）。资本比重（$\kappa$），即某一产业资本占本地区资本总量的比值。劳动比重（$\lambda$），即某一产业劳动力占本地区劳动力的比重。技术进步偏向指标包括：劳动技术效率（$al$）、资本技术效率（$ak$）、资本与劳动技术效率之比（$akal$）、资本劳动边际产出比（$m$）。$akal_{ijt} = ak_{ijt}/al_{ijt}$，为某一产业的资本技术效率与劳动技术效率之比。$m_{i21t} = m_{i2t}/m_{i1t}$，为第二产业要素边际产出比与第一产业的要素边际产出比的比值。$m_{i32t} = m_{i3t}/m_{i2t}$，为第三产业要素边际产出比与第二产业要素边际产出比的比值。$y_{i21t} = Y_{i2t}/Y_{i1t}$，为第二产业与第一产业的产出比。$y_{i32t} = Y_{i3t}/Y_{i2t}$，为第三产业与第二产业的产出比。其中，$i$ 为地区，$j$ 为产业，$j=1$，2，3，$t$ 为年份。消费（$eng$），用城镇恩格尔系数表示，衡量地区消费和收入水平。

2. 控制变量。依照研究假说和相关文献，控制变量选取以下五个指标。一是研发投入（$rd$），用研发投入强度表示，即研发投入经费占 GDP 比重，研发投入的规模和比例反映了地区各产业的技术水平和创新能力。二是经济发展水平（$pgdp$），用实际的人均 GDP 表示，它反映了地区人均产出的产品和服务总量。三是贸易开放度（$trade$），用地区贸易进出口总额占 GDP 比重表示，贸易规模及占比反映了货物贸易对产业结构的影响。四是城市化水平（$city$），用城镇人口占总人口比重表示，城市化直接影响了产业间的就业和产出规模变化。五是政府宏观调控（$gov$），用财政支出总额占 GDP 比重表示，政府财政支出规模反映了地方政府对产业结构的干预和影响。各变量共同作用于产业结构，影响力不同，感应度亦不同。变量的描述性统计分析，见表 5 - 1。

表 5 - 1　　　　　　　　变量描述性统计分析　　　　单位：亿元，万人，%

| 变量分类 | 变量名称 | 均值 | 标准差 | 最小值 | 最大值 | 样本数 |
|---|---|---|---|---|---|---|
| 被解释<br>变量 | 资本劳动比（$kl$） | 10.214 | 13.409 | 0.008 | 119.493 | 1500 |
| | 产出（$y$） | 1223.449 | 1117.133 | 39.735 | 7262.445 | 1500 |
| | 第二产业与第一产业产出比（$y_{21}$） | 3.154 | 3.902 | 0.406 | 25.351 | 480 |
| | 第三产业与第二产业产出比（$y_{32}$） | 1.125 | 0.508 | 0.209 | 3.538 | 480 |

续表

| 变量分类 | 变量名称 | 均值 | 标准差 | 最小值 | 最大值 | 样本数 |
|---|---|---|---|---|---|---|
| 解释变量 | 资本（$k$） | 7471.323 | 12245.97 | 8.485 | 88001.46 | 1500 |
| | 劳动（$l$） | 840.371 | 647.604 | 31.41 | 3564 | 1500 |
| | 资本比重（$\kappa$） | 0.333 | 0.248 | 0.001 | 0.902 | 1500 |
| | 劳动比重（$\lambda$） | 0.337 | 0.145 | 0.031 | 0.830 | 1500 |
| | 资本技术效率（$ak$） | 2.08 | 15.511 | 0.004 | 471.689 | 1500 |
| | 劳动技术效率（$al$） | 2.226 | 3.123 | 0.017 | 49.697 | 1500 |
| | 要素边际产出比（$m$） | 1.658 | 4.120 | 0.001 | 56.645 | 1500 |
| | 要素技术效率比（$akal$） | 25.637 | 695.4 | 0.0001 | 28380.93 | 1500 |
| | 第二产业与第一产业的要素边际产出比的比值（$m_{21}$） | 0.176 | 0.434 | 0.000 | 4.805 | 480 |
| | 第三产业与第二产业的要素边际产出比的比值（$m_{32}$） | 3.900 | 8.950 | 0.012 | 77.653 | 480 |
| | 恩格尔系数（$eng$） | 0.36 | 0.051 | 0.198 | 0.518 | 560 |
| 控制变量 | 经济发展水平（$pgdp$） | 8485.62 | 5705.413 | 2210.792 | 33042.97 | 560 |
| | 研发投入（$rd$） | 0.013 | 0.010 | 0.001 | 0.060 | 560 |
| | 贸易开放度（$trade$） | 0.296 | 0.354 | 0.012 | 1.668 | 560 |
| | 城市化水平（$city$） | 0.477 | 0.166 | 0.140 | 0.896 | 560 |
| | 政府宏观调控（$gov$） | 0.185 | 0.090 | 0.057 | 0.627 | 560 |

资料来源：作者整理。

## 二、技术进步偏向对产业结构变迁的影响路径分析

静态面板数据模型为基准模型。为了消除异方差问题和缩小变量之间的数量级差异，对变量进行对数化处理。表5-2为产业内基准模型的回归结果。表5-3为产业间基准模型的回归结果。

表5-2　　　技术进步偏向对产业结构变迁的影响：产业内

| 模型 | FE | | FE | | FE | |
|---|---|---|---|---|---|---|
| 产业 | 第一产业 | | 第二产业 | | 第三产业 | |
| 变量 | (1) | (2) | (3) | (4) | (5) | (6) |
| | lnkl | lny | lnkl | lny | lnkl | lny |
| $lnakal$ | -0.236 *** | | -0.391 *** | | -0.504 *** | |
| | (-16.72) | | (-23.93) | | (-28.04) | |

续表

| 模型 | FE | | FE | | FE | |
|---|---|---|---|---|---|---|
| 产业 | 第一产业 | | 第二产业 | | 第三产业 | |
| 变量 | (1) | (2) | (3) | (4) | (5) | (6) |
| | lnkl | lny | lnkl | lny | lnkl | lny |
| lnm | -0.247 *** | | -0.284 *** | | -0.225 *** | |
| | ( -18.95) | | ( -19.84) | | ( -15.85) | |
| lnk | | 0.394 *** | | 0.407 *** | | 0.400 *** |
| | | (54.30) | | (69.25) | | (55.14) |
| lnl | | 0.478 *** | | 0.552 *** | | 0.539 *** |
| | | (21.14) | | (62.58) | | (51.86) |
| lnak | | 0.375 *** | | 0.410 *** | | 0.394 *** |
| | | (56.14) | | (110.44) | | (59.90) |
| lnal | | 0.478 *** | | 0.573 *** | | 0.551 *** |
| | | (50.23) | | (119.85) | | (70.70) |
| lneng | -1.385 *** | 0.072 *** | -0.227 ** | 0.030 ** | -0.384 *** | 0.017 |
| | ( -9.29) | (3.03) | ( -2.54) | (2.45) | ( -4.53) | (1.13) |
| lnpgdp | 0.988 *** | 0.102 *** | 0.334 *** | 0.047 *** | 0.561 *** | 0.047 *** |
| | (7.91) | (4.37) | (4.08) | (3.15) | (7.58) | (3.07) |
| lnrd | 0.059 | -0.004 | -0.153 *** | -0.010 * | -0.077 ** | -0.007 |
| | (0.99) | ( -0.50) | ( -4.34) | ( -1.80) | ( -2.23) | ( -1.18) |
| lntrade | -0.297 *** | -0.019 *** | -0.023 | -0.004 | -0.064 *** | -0.013 *** |
| | ( -7.01) | ( -2.97) | ( -0.94) | ( -1.09) | ( -2.74) | ( -3.43) |
| lncity | 0.142 | 0.027 * | -0.044 | 0.031 *** | -0.009 | 0.017 * |
| | (1.30) | (1.67) | ( -0.69) | (3.52) | ( -0.14) | (1.79) |
| lngov | 0.862 *** | 0.026 * | 1.092 *** | 0.015 * | 0.517 *** | 0.021 * |
| | (7.46) | (1.64) | (16.63) | (1.63) | (8.44) | (1.96) |
| C | -9.901 *** | 0.034 | -1.322 * | -0.106 | -4.283 *** | 0.006 |
| | ( -7.69) | (0.14) | ( -1.66) | ( -0.94) | ( -5.96) | (0.33) |
| 时间控制 | YES | YES | YES | YES | YES | YES |
| 个体控制 | YES | YES | YES | YES | YES | YES |
| F test | 15.35 *** | 54.11 *** | 48.21 *** | 40.73 *** | 34.20 *** | 20.15 *** |
| Hausman test | 61.23 *** | 31.54 *** | 39.37 *** | 25.39 *** | 59.79 *** | 41.95 *** |
| $R^2$ | 0.957 | 0.987 | 0.975 | 0.993 | 0.970 | 0.994 |
| N | 519 | 519 | 480 | 480 | 500 | 500 |

注：＊＊＊、＊＊、＊分别表示在1%、5%、10%的显著性水平上显著，括号内数值为 t 值。

资料来源：作者整理。

在表 5 - 2 中，第（1）、第（2）列是第一产业式（5.1）和式（5.2）的双向固定效应回归结果，第（3）、第（4）列是第二产业式（5.1）和式（5.2）的双向固定效应回归结果，第（5）、第（6）列是第三产业式（5.1）和式（5.2）的双向固定效应回归结果。

表 5 - 3　　　　　　　技术进步偏向对产业结构变迁的影响：产业间

| 模型 | FE | FE | RE | RE |
|---|---|---|---|---|
| 变量 | (1) | (2) | (3) | (4) |
| | $lny_{21}$ | $lny_{32}$ | $lny_{21}$ | $lny_{32}$ |
| $ln\kappa_2$ | 0.180 ** | | -0.034 | |
| | (2.38) | | (-0.11) | |
| $ln\lambda_2$ | -0.231 * | | 0.432 | |
| | (-1.68) | | (1.57) | |
| $ln\kappa_3$ | | 0.293 | | 0.669 *** |
| | | (1.39) | | (3.87) |
| $ln\lambda_3$ | | 0.219 *** | | 0.180 *** |
| | | (2.94) | | (2.74) |
| $lnm_{21}$ | 0.216 *** | | 0.153 *** | |
| | (4.53) | | (5.62) | |
| $lnm_{32}$ | | 0.205 *** | | 0.163 *** |
| | | (10.44) | | (9.64) |
| $lneng$ | -0.198 * | -0.269 ** | 0.239 ** | -0.335 *** |
| | (-1.87) | (-2.52) | (2.18) | (-3.21) |
| $lnpgdp$ | 0.031 | -0.431 *** | 0.276 *** | -0.071 |
| | (0.37) | (-5.11) | (3.80) | (-1.10) |
| $lnrd$ | -0.036 | 0.068 * | -0.035 | 0.079 ** |
| | (-0.92) | (1.69) | (-0.85) | (2.02) |
| $lntrade$ | 0.074 ** | 0.039 * | 0.125 *** | 0.008 |
| | (2.51) | (1.65) | (4.29) | (0.48) |
| $lncity$ | 0.119 * | 0.013 | 0.085 | 0.024 |
| | (1.62) | (0.74) | (1.10) | (0.31) |
| $lngov$ | -0.669 *** | 0.397 *** | -0.725 *** | 0.216 *** |
| | (-8.76) | (5.50) | (-10.41) | (3.65) |

| 模型 | FE | FE | RE | RE |
|---|---|---|---|---|
| 变量 | (1) | (2) | (3) | (4) |
| | $\ln y_{21}$ | $\ln y_{32}$ | $\ln y_{21}$ | $\ln y_{32}$ |
| C | $-0.521$ | $4.851^{***}$ | $-2.328^{***}$ | $1.556^{**}$ |
| | $(-0.64)$ | $(5.38)$ | $(-3.23)$ | $(2.17)$ |
| 时间控制 | YES | YES | — | — |
| 个体控制 | YES | YES | — | — |
| F test | $119.11^{***}$ | $33.82^{***}$ | — | — |
| Hausman test | $80.59^{***}$ | $49.70^{***}$ | — | — |
| $R^2$ | 0.490 | 0.568 | 0.476 | 0.545 |
| N | 480 | 480 | 480 | 480 |

注: $***$、$**$、$*$分别表示在1%、5%、10%的显著性水平上显著, 括号内的数值为 t 值 (FE) 或 z 值 (RE)。

资料来源: 作者整理。

在表5-3中, 第 (1)、第 (2) 列是式 (5.3) 和式 (5.4) 的双向固定效应回归结果, 第 (3)、第 (4) 列是式 (5.3) 和式 (5.4) 的随机效应回归结果。经过 F 检验和 Hausman 检验后, 适合使用固定效应回归, 因此直接对双向固定效应回归结果进行分析。

(一) 产业内: 资源再配置效应

从表5-2第 (1)、第 (3)、第 (5) 列的回归结果看, 资本与劳动技术效率比、边际产出比对三次产业的资本劳动比 (资本深化) 回归系数为负值, 且在1%水平上显著。产业内资本与劳动的技术效率比、边际产出比每下降1%, 资本劳动比提高0.002~0.005, 这符合研究假说1的结论。说明资本偏向性技术进步使得要素技术效率比与产业内的资本深化呈反方向变动。由第三章产业层面事实分析可知, 中国各产业资本偏向性技术进步作用在减弱 (董直庆等, 2017; 白继山和温涛, 2021), 资本与劳动技术效率比、边际产出比是下降的, 因此产业的资本劳动比提高, 资本深化加强 (陈登科和陈诗一, 2018)。从作用系数来看, 技术进步偏向对资本劳动比的提高作用, 第三产业最大, 第二产业居中, 第一产业最小。因此, 我国资本偏向性技术进步使第一、第二、第三产业的资本深化依次加大。第三产业资本劳动比较大的原因可能在于，20世纪90年代以来，我国劳动力的转移成本下降（颜色等，2021），制造业就业门槛较低，使第一产业释放的劳动力首先流向工业部门，然后又从工业流向服务业，符合配第一克拉克定理所述。可见，技术进步偏向的"资源再配置效应"推动了我国产业结构向着"三二一"模式变迁。

（二）产业内：产出效应

从表5-2第（2）、第（4）、第（6）列的回归结果看，资本和劳动投入对三次产业产出的回归系数为正值，资本技术效率和劳动技术效率对三次产业产出的回归系数为正值，且都在1%水平上显著。产业内资本技术效率、劳动技术效率提高1%，使产出增加0.004~0.006，这种对产出的促进作用符合研究假说2的结论。劳动技术效率的回归系数大于资本技术效率的回归系数，说明我国劳动技术效率对产出的贡献更大。由第三章产业层面事实分析可知，第一产业的要素技术效率普遍低于第二、第三产业，因此要素技术效率对第二、第三产业产出的作用较大。同时，第二产业的劳动技术效率、资本技术效率处于下降趋势，多数第三产业的劳动技术效率上升而资本技术效率下降，相比第二产业要素技术效率对第三产业产出的促进作用更大。因此，要素技术效率对第一、第二、第三产业产出的促进作用依次增大，技术进步偏向的"产出效应"推动我国产业结构向着"三二一"模式变迁。如何将技术进步偏向与适宜的要素禀赋相结合，继续提高要素技术效率，成为接下来产业发展与结构变迁的关键。

（三）产业间：资本深化效应

表5-2的实证结果说明资本偏向性技术进步进一步加速了我国第二、第三产业的资本深化。从表5-3第（1）、第（2）列的回归结果看，当第二产业相对第一产业的要素边际产出比提高时，能够显著提高第二产业与第一产业的产出比。当第三产业相对第二产业的要素边际产出比提高时，同样能够显著提高第三与第二产业的产出比。产业间要素边际产出比的比值提高1%，产业间产出比提高0.2%以上。产业间要素边际产出比的相对提高，带来产出比同方向变化，这既符合经济学常识，又与研究假说3的结论相一致。由第三章产业层面事实分析可知，中国第一、第二、第三产业的要素边际产出比的比值依序提高，因此产业间的产出沿着第一、第二、第三产业方向依序增加，推动了产业结构变迁。说明技术进步偏向的"资本深化效应"有利于我国产业结构

向着"三二一"模式变迁。

（四）恩格尔效应

从三次产业内的角度看，恩格尔系数对资本劳动比的回归系数为负值，说明恩格尔系数下降，产业内资本深化加深。恩格尔系数对产出的回归系数为正值，且从回归系数看，第一产业大于第二产业，第二产业大于第三产业，说明恩格尔系数下降，对第一产业产出的"减少"作用最大，第二产业次之，第三产业最小，结果是推动了产业结构向着"三二一"模式变迁，与研究假说4相符。从产业间的角度看，恩格尔系数对第二产业与第一产业的产出比作用系数为负值，对第三产业与第二产业的产出比作用系数为负值且更大，说明恩格尔系数下降，有利于产业间产出比沿着"一二三"产业方向提高。说明随着食品支出占比下降，收入效应和消费升级有利于一国产业结构变迁。综合来看，"恩格尔效应"通过恩格尔系数的下降，推动了我国产业结构向着"三二一"模式变迁。

另外，第二产业劳动比重的回归系数为负值，说明第二产业劳动比重提高不利于第二产业与第一产业的产出比提高。可见，第二产业劳动比重与产出的变化方向不一致，印证了第三章进行事实分析时提出的"我国就业结构与产出结构的变化不一致"这一观点。第二产业劳动比重过高，原因可能在于第二、第三产业间因行业异质性和企业所有制属性造成的劳动流动性较差（马草原等，2020）。从资本比重的回归系数看，第二、第三产业资本比重的提高，有利于产业结构变迁，但同时第一产业资本减少，不利于农业机械化投入和农业发展。自2004年以来，每年的中央一号文件都聚焦"三农"问题，多次强调农业技术进步和机械化投入对农民增收和农业发展的重要性。因此研究资本偏向性技术进步对农业的"资源再配置效应"和"产出效应"具有重要意义。值得注意的是，在第二、第三产业内，研发投入对资本深化的回归系数为负值且显著，说明研发投入的增加，抑制了资本深化。贸易开放度对第三、第二、第一产业产出比的回归系数为正值且显著，说明国际贸易的扩张有利于产业结构变迁。从第二、第三产业的回归结果看，城市化水平对资本深化的回归系数为负值，对产出的回归系数为正值，说明城市化水平提高不利于资本深化，但有利于产出增加。

综上所述，资本偏向性技术进步通过改变资本技术效率与劳动技术效率有利于我国产业结构向着"三二一"模式变迁，由四条路径实现：①产业内要素技术效率比或边际产出比与资本劳动比存在反方向变化，我国要素技术效率比、边际产出比下降，资本深化沿着"一二三"产业加强。这说明技术进步偏向的"资源再配置效应"推动了我国产业结构变迁。②资本技术效率和劳动技术效率对三次产业的产出存在同方向作用。结合我国三次产业的资本技术效率和劳动技术效率变动趋势，它们使第三产业的产出增加大于第二产业的产出增加，更大于第一产业的产出增加。这说明技术进步偏向的"产出效应"推动了我国产业结构变迁。③产业间要素边际产出比的比值对产业间产出比具有同方向作用。我国要素边际产出比沿着"一二三"产业方向依序提高，产出比随之同方向提高，这说明技术进步偏向的"资本深化效应"推动了我国产业结构变迁。④"恩格尔效应"通过恩格尔系数的下降，推动了我国产业结构变迁。可见，基准模型的回归结果符合理论研究中假说 1 至假说 4 的结论，技术进步偏向通过对资本与劳动技术效率的不同作用推动了我国产业结构向着"三二一"模式变迁（孙学涛，2021），与"库兹涅茨事实"描述一致。

# 第三节　动态面板数据模型

在基准模型分析之后，首先要考虑的是实证回归中经常出现的内生性问题是否会影响到上述回归结论的有效性。内生性问题生产的原因主要来自两个方面，一是模型可能遗漏关键变量，二是解释变量与被解释变量之间可能存在双向因果关系。因此本节采用动态模型和广义矩估计（GMM）继续实证研究。GMM 可以更好地解决内生性问题，同时代理变量的引入也可以较好地弥补遗漏变量问题。GMM 主要分为差分 GMM（Diff - GMM）和系统 GMM（SYS - GMM）。差分 GMM 容易被弱工具变量问题制约，而系统 GMM 方法兼顾差分 GMM 与水平 GMM 估计，可以提高估计的稳健性。另外，系统 GMM 估计分为一步法估计和两步法估计。为了有效规避序列自相关和异方差等问题，本节直接采用系统 GMM 的两步估计法，一是分析技术进步偏向对产业结构变迁的影响是否存在动态滞后效应，二是检验基准模型回归结论的稳健性。

## 一、动态模型设定

将被解释变量滞后一期纳入基准模型中，构建动态面板数据模型。依照缪尔达尔的循环累积因果理论，产业结构变迁可能存在持续性、时滞性，通过加入滞后期形成动态模型，考察技术进步偏向对产业结构变迁是否存在"惯性"作用，这一思路更符合理论研究和实践表现。模型如下：

$$\ln kl_{ijt} = \alpha_0 + \alpha_1 \ln kl_{ijt-1} + \alpha_2 \ln akal_{ijt} + \alpha_3 \ln m_{ijt} + \alpha_4 \ln eng_{it} + cX_{it} + \varepsilon_{it} \quad (5.5)$$

$$\ln y_{ijt} = \beta_0 + \beta_1 \ln y_{ijt-1} + \beta_2 \ln k_{ijt} + \beta_3 \ln l_{ijt} + \beta_4 \ln ak_{ijt} + \beta_5 \ln al_{ijt}$$
$$+ \beta_6 \ln eng_{it} + cX_{it} + \varepsilon_{it} \quad (5.6)$$

$$\ln Y_{i21t} = \beta_{20} + \beta_{21} \ln Y_{i21t-1} + \beta_{22} \ln \kappa_{i2t} + \beta_{23} \ln \lambda_{i2t} + \beta_{24} \ln m_{i21t}$$
$$+ \beta_{25} \ln eng_{it} + cX_{it} + \varepsilon_{it} \quad (5.7)$$

$$\ln Y_{i32t} = \beta_{30} + \beta_{31} \ln Y_{i32t-1} + \beta_{32} \ln \kappa_{i3t} + \beta_{33} \ln \lambda_{i3t} + \beta_{34} \ln m_{i32t}$$
$$+ \beta_{35} \ln eng_{it} + cX_{it} + \varepsilon_{it} \quad (5.8)$$

式（5.5）和式（5.6）从产业内的角度考察要素技术效率（比）对产业结构变迁的动态效应，式（5.7）和式（5.8）从产业间的角度考察要素边际产出比对产业结构变迁的动态效应，它们考察技术进步偏向对产业结构变迁的滞后作用。$\alpha$、$\beta$、$c$ 均为变量系数，$X$ 为控制变量集，$\varepsilon_{it}$ 为随机扰动项。变量符号与基准模型一致，不再赘述。

## 二、技术进步偏向影响产业结构变迁的动态效应分析

在进行动态面板模型的 SYS – GMM 估计时，需要进行相关性检验和 Hansen 检验。从表5 – 4 和表5 – 5 的回归结果看，AR（1）显著、AR（2）不显著、Hansen 检验不显著，即模型存在一阶序列相关，不存在二阶序列相关，而且 Hansen 检验的结果也表明不能拒绝原假设，说明 SYS – GMM 估计的工具变量有效且不存在过度识别问题，实证结果可信。

表5 – 4 报告了产业内动态模型的回归结果。第（1）、第（2）列是第一产业式（5.5）和式（5.6）的 SYS – GMM 回归结果，第（3）、第（4）列是第二产业式（5.5）和式（5.6）的 SYS – GMM 回归结果，第（5）、第（6）列是第三产业式（5.5）和式（5.6）的 SYS – GMM 回归结果。

**表 5 - 4　　技术进步偏向对产业结构变迁的动态影响：产业内**

| 模型 | SYS - GMM | | SYS - GMM | | SYS - GMM | |
|---|---|---|---|---|---|---|
| 产业 | 第一产业 | | 第二产业 | | 第三产业 | |
| 变量 | (1) | (2) | (3) | (4) | (5) | (6) |
| | lnkl | lny | lnkl | lny | lnkl | lny |
| L. lnkl | 0.718 *** | | 0.784 *** | | 0.798 *** | |
| | (5.56) | | (11.49) | | (14.17) | |
| L. y | | 0.213 ** | | 0.126 ** | | 0.119 ** |
| | | (2.05) | | (2.06) | | (1.98) |
| lnakal | -0.104 ** | | -0.148 *** | | -0.122 *** | |
| | (-2.43) | | (-3.76) | | (-3.68) | |
| lnm | -0.159 * | | -0.077 ** | | -0.039 ** | |
| | (-1.89) | | (-2.21) | | (-2.12) | |
| lnk | | 0.300 *** | | 0.398 *** | | 0.369 *** |
| | | (6.66) | | (9.29) | | (7.90) |
| lnl | | 0.516 *** | | 0.492 *** | | 0.526 *** |
| | | (6.65) | | (11.87) | | (10.98) |
| lnak | | 0.288 *** | | 0.384 *** | | 0.362 *** |
| | | (6.58) | | (10.04) | | (8.43) |
| lnal | | 0.432 *** | | 0.530 *** | | 0.480 *** |
| | | (8.05) | | (14.68) | | (10.92) |
| lneng | -0.328 ** | 0.136 ** | -0.468 ** | 0.037 * | -0.353 ** | 0.04 * |
| | (-2.46) | (2.40) | (-2.13) | (1.69) | (-2.53) | (1.69) |
| lnpgdp | 0.113 | 0.080 ** | 0.236 ** | 0.022 * | 0.151 *** | 0.014 |
| | (1.03) | (1.91) | (2.41) | (1.81) | (2.67) | (1.21) |
| lnrd | 0.094 | -0.020 | -0.219 ** | -0.002 | 0.011 | -0.014 * |
| | (0.82) | (-0.79) | (-2.13) | (-0.27) | (0.38) | (-1.70) |
| lntrade | -0.065 | -0.012 * | -0.045 | -0.006 | -0.222 *** | -0.003 |
| | (-0.98) | (-1.94) | (-0.86) | (-0.94) | (-3.39) | (-0.81) |
| lncity | -0.245 ** | 0.039 | 0.230 | 0.003 | -0.141 * | 0.011 |
| | (-2.01) | (0.88) | (1.48) | (0.24) | (-1.90) | (1.03) |
| lngov | 0.061 | 0.077 ** | 0.164 * | 0.006 | 0.174 ** | 0.017 |
| | (1.25) | (2.57) | (1.67) | (0.49) | (2.11) | (1.33) |

| 模型 | SYS – GMM | | SYS – GMM | | SYS – GMM | |
|---|---|---|---|---|---|---|
| 产业 | 第一产业 | | 第二产业 | | 第三产业 | |
| 变量 | （1） | （2） | （3） | （4） | （5） | （6） |
| | lnkl | lny | lnkl | lny | lnkl | lny |
| C | − 0. 849 | − 0. 833 | − 1. 156 | 0. 508 * | − 1. 471 *** | − 0. 205 |
| | （ − 0. 69） | （ − 0. 97） | （ − 1. 31） | （1. 73） | （ − 2. 58） | （ − 1. 02） |
| AR（1）– P | 0. 019 | 0. 03 | 0. 003 | 0. 001 | 0. 002 | 0. 000 |
| AR（2）– P | 0. 218 | 0. 185 | 0. 477 | 0. 452 | 0. 777 | 0. 683 |
| Hansen – P | 0. 184 | 0. 371 | 0. 266 | 0. 218 | 0. 307 | 0. 570 |
| N | 498 | 498 | 457 | 457 | 476 | 476 |

注：＊＊＊、＊＊、＊分别表示在1%、5%、10%的水平上显著，括号内的数值为 z 值，动态模型固定效应回归结果略。

资料来源：作者整理。

表 5 – 5 报告了产业间动态模型的回归结果。第（1）、第（2）列是式（5.7）和式（5.8）的动态模型固定效应回归结果，第（3）、第（4）列是式（5.7）和式（5.8）的 SYS – GMM 回归结果，且结果是在参考动态模型固定效应回归基础上得到最优的 SYS – GMM 回归结果，据此进行分析。

表 5 – 5　　　技术进步偏向对产业结构变迁的动态影响：产业间

| 模型 | FE | FE | SYS – GMM | SYS – GMM |
|---|---|---|---|---|
| 变量 | （1） | （2） | （3） | （4） |
| | $lny_{21}$ | $lny_{32}$ | $lny_{21}$ | $lny_{32}$ |
| $L. lny_{21}$ | 0. 905 *** | | 0. 926 *** | |
| | （44. 56） | | （24. 22） | |
| $L. lny_{32}$ | | 0. 854 *** | | 0. 964 *** |
| | | （36. 01） | | （7. 34） |
| $ln\kappa_2$ | 0. 136 * | | 0. 306 * | |
| | （1. 85） | | （1. 62） | |
| $ln\lambda_2$ | − 0. 040 | | − 0. 201 ** | |
| | （ − 1. 35） | | （ − 2. 32） | |
| $ln\kappa_3$ | | 0. 023 | | 0. 276 |
| | | （0. 23） | | （0. 84） |

续表

| 模型 | FE | FE | SYS – GMM | SYS – GMM |
|---|---|---|---|---|
| 变量 | (1) | (2) | (3) | (4) |
| | $lny_{21}$ | $lny_{32}$ | $lny_{21}$ | $lny_{32}$ |
| $ln\lambda_3$ | | −0.024<br>(−0.65) | | −0.217*<br>(−1.74) |
| $lnm_{21}$ | 0.012*<br>(1.79) | | 0.143*<br>(2.36) | |
| $lnm_{32}$ | | 0.026**<br>(2.31) | | 0.033*<br>(1.62) |
| $lneng$ | −0.192***<br>(−3.68) | −0.123**<br>(−2.35) | −0.141*<br>(−1.83) | −0.151**<br>(−2.46) |
| $lnpgdp$ | 0.018<br>(0.41) | −0.108**<br>(−2.56) | 0.158**<br>(2.16) | −0.084<br>(−1.41) |
| $lnrd$ | −0.005<br>(−0.21) | 0.004<br>(0.20) | −0.008<br>(−0.23) | 0.081<br>(0.93) |
| $lntrade$ | −0.011<br>(−0.75) | −0.012<br>(−0.92) | 0.036*<br>(1.66) | −0.015*<br>(−1.87) |
| $lncity$ | 0.028<br>(0.74) | 0.032<br>(1.10) | 0.089<br>(0.96) | 0.151<br>(1.11) |
| $lngov$ | −0.232***<br>(−5.11) | 0.179***<br>(4.74) | −0.171***<br>(−3.30) | 0.138*<br>(1.64) |
| C | −0.613*<br>(−1.71) | 1.169**<br>(2.55) | −1.571**<br>(−2.25) | 2.911<br>(1.24) |
| F test | 3.25*** | 4.21*** | — | — |
| AR (1) – P | — | — | 0.001 | 0.015 |
| AR (2) – P | — | — | 0.353 | 0.867 |
| Hansen – P | — | — | 0.191 | 0.519 |
| N | 457 | 476 | 457 | 476 |

注：＊＊＊、＊＊、＊分别表示在 1%、5%、10% 的显著性水平上显著，括号内的数值为 t 值（FE）或 z 值（SYS – GMM）。

资料来源：作者整理。

动态效应分析。从表 5 - 4 回归结果看，被解释变量的滞后项回归系数为正值且显著，说明三次产业内资本与劳动比和产出的滞后一期确实对当期值有正向"惯性"作用。资本与劳动比的滞后项系数比产出的滞后项系数更大，说明前期的资本与劳动投入比例对当期的要素配置影响更大，符合经济实践。解释变量的回归结果与基准模型回归结果一致。从表5-5第（3）、（4）列的回归结果看，被解释变量的滞后项回归系数为正值且显著，说明产业间产出比的滞后一期同样对当期值有强化"惯性"。可见，技术进步偏向对产业结构变迁存在正向滞后作用，保障了产业结构变迁的持续性。值得注意的是，在存在被解释变量滞后项的情况下，第三产业的劳动比重对产出比的回归系数由正值变为负值。第三产业劳动比重对当期产出比的作用发生"逆反"，说明在产业结构变迁中，它们存在时变性。

综上所述，与基准模型相比，以下重要结论依然可以从动态模型的回归结果得到：①要素技术效率比与资本劳动比呈反方向变化，资本偏向性技术进步提高了三次产业的资本深化，通过"资源再配置效应"推动了我国产业结构变迁。②资本技术效率和劳动技术效率对三次产业产出存在同向作用，资本偏向性技术进步提高了三次产业的产出水平，通过"产出效应"推动了我国产业结构变迁。③产业间要素边际产出比的比值对产业间产出比具有同向作用，资本偏向性技术进步提高了三次产业间产出比，通过"资本深化效应"推动了我国产业结构变迁。④恩格尔系数下降带来产业内和产业间产出比沿着"一二三"产业方向增加，说明"恩格尔效应"同样有利于产业结构变迁。总体来看，技术进步偏向对产业结构变迁具有滞后效应，存在正向"惯性"作用（王瑞瑜和王森，2020）。在存在被解释变量滞后项的动态模型中，技术进步偏向对要素技术效率、要素边际产出比的不同作用仍然能够促进产业结构向着"三二一"模式变迁。

## 第四节　稳健性检验

鉴于动态面板模型中部分控制变量的显著性水平发生变化，为了进一步验证研究结论的稳健性，接下来进行稳健性检验。一般而言，稳健性检验主要从三个方面深入讨论：一是更换数据样本，二是更换变量指标或代理变量，三是更换估计方法或模型。在依次进行了静态面板模型与动态面板模型分析后，本节稳健性检验方式包括一是运用代理公式计算新的技术进步偏向指标；二是更换估计方法，即通过使用可行的广义最小二乘法（FGLS）重新回归。

## 一、稳健性检验 I：替换技术进步偏向指标

本节将计算新的要素技术效率和边际产出比，原来由式（3.4）、式（3.9）、式（3.10）和式（3.11）测算资本和劳动的技术效率、要素技术效率比和边际产出比，现在采用 BOX - COX 形式的要素技术效率公式，形成新的技术进步偏向指标（lnakal - new、lnm - new、lnak - new、lnal - new）进行稳健性检验 I。原有指标是在最优化原则下得到的均衡解，经济学意义更强。经过 BOX - COX 转换后的指标减少了不可观测的误差项和变量相关性，统计学意义更优。

表 5 - 6 报告了在采用新的技术进步偏向指标后，三次产业内式（5.1）和式（5.2）的回归结果。本结果经过 F 检验和 Hausman 检验后，适合使用固定效应估计，因此直接列出双向固定效应模型回归结果并进行分析。

表 5 - 6　　　　　采用新的技术进步偏向指标后回归结果：产业内

| 模型 | FE | | FE | | FE | |
|---|---|---|---|---|---|---|
| 产业 | 第一产业 | | 第二产业 | | 第三产业 | |
| 变量 | (1) | (2) | (3) | (4) | (5) | (6) |
| | lnkl | lny | lnkl | lny | lnkl | lny |
| $lnakal - new$ | -0.104*** | | -0.107*** | | -0.312*** | |
| | (-12.99) | | (-9.61) | | (-21.76) | |
| $lnm - new$ | -0.102*** | | -0.106*** | | -0.306*** | |
| | (-12.83) | | (-9.57) | | (-21.76) | |
| $lnk$ | | 0.080*** | | 0.278*** | | 0.102*** |
| | | (6.64) | | (8.84) | | (6.22) |
| $lnl$ | | -0.079* | | 0.285*** | | 0.253*** |
| | | (-1.61) | | (7.98) | | (7.53) |
| $lnak - new$ | | 0.007*** | | 0.346*** | | 0.006* |
| | | (5.41) | | (16.70) | | (1.63) |
| $lnal - new$ | | 0.007*** | | 0.008*** | | 0.012** |
| | | (5.24) | | (8.90) | | (2.28) |

| 模型 | FE | | FE | | FE | |
|---|---|---|---|---|---|---|
| 产业 | 第一产业 | | 第二产业 | | 第三产业 | |
| 变量 | (1) | (2) | (3) | (4) | (5) | (6) |
| | lnkl | lny | lnkl | lny | lnkl | lny |
| *lneng* | −2.307 *** | 0.131 ** | −0.908 *** | 0.019 | −0.550 *** | 0.124 ** |
| | (−12.41) | (2.02) | (−6.52) | (0.27) | (−5.18) | (2.10) |
| *lnpgdp* | 1.321 *** | 0.894 *** | 0.962 *** | 0.902 *** | 0.837 *** | 0.629 *** |
| | (8.17) | (16.67) | (6.77) | (12.69) | (9.44) | (12.11) |
| *lnrd* | 0.184 ** | −0.022 | −0.131 ** | −0.086 *** | −0.098 ** | −0.055 ** |
| | (2.40) | (−0.92) | (−2.24) | (−2.80) | (−2.23) | (−2.43) |
| *lntrade* | −0.038 | −0.073 *** | −0.053 | −0.054 *** | −0.023 | −0.035 ** |
| | (−0.68) | (−4.26) | (−1.36) | (−2.80) | (−0.79) | (−2.49) |
| *lncity* | 0.068 | −0.087 ** | −0.062 | 0.393 *** | −0.006 | 0.053 |
| | (0.51) | (−2.14) | (−0.60) | (8.12) | (−0.08) | (1.47) |
| *lngov* | 1.791 *** | 0.219 *** | 1.052 *** | 0.043 | 0.505 *** | −0.108 ** |
| | (12.37) | (4.51) | (9.45) | (0.72) | (6.33) | (−2.30) |
| C | −12.24 *** | −1.308 ** | −10.624 *** | −2.333 *** | −6.149 *** | −1.367 *** |
| | (−7.32) | (−1.95) | (−8.91) | (−3.76) | (−7.19) | (−3.13) |
| 时间控制 | YES | YES | YES | YES | YES | YES |
| 个体控制 | YES | YES | YES | YES | YES | YES |
| F test | 31.77 *** | 89.74 *** | 47.33 *** | 34.41 *** | 54.61 *** | 46.05 *** |
| Hausman test | 65.64 *** | 238.16 *** | 58.06 *** | 145.86 *** | 109.51 *** | 174.57 *** |
| $R^2$ | 0.927 | 0.898 | 0.936 | 0.779 | 0.952 | 0.914 |
| N | 520 | 520 | 460 | 460 | 480 | 480 |

注：***、**、*分别表示在1%、5%、10%的显著性水平上显著，括号内的数值为 t 值。

资料来源：作者整理。

表 5 - 7 显示了采用新的技术进步偏向指标后，产业间式（5.3）和式（5.4）的回归结果。本结果经过 F 检验和 Hausman 检验后，适合使用固定效应估计，因此直接对双向固定效应回归结果进行分析。

**表 5 - 7　　　　采用新的技术进步偏向指标后回归结果：产业间**

| 模型 | FE | FE | RE | RE |
|---|---|---|---|---|
| | (1) | (2) | (3) | (4) |
| 变量 | $lny_{21}$ | $lny_{32}$ | $lny_{21}$ | $lny_{32}$ |
| $ln\kappa_2$ | 0.044 | | -1.345 *** | |
| | (0.56) | | (-4.17) | |
| $ln\lambda_2$ | -0.208 *** | | -0.079 | |
| | (-3.37) | | (-0.30) | |
| $ln\kappa_3$ | | 0.260 | | 1.586 *** |
| | | (1.43) | | (5.27) |
| $ln\lambda_3$ | | 0.263 *** | | 1.528 *** |
| | | (3.93) | | (5.19) |
| $lnm_{21} - new$ | 0.004 ** | | 0.001 | |
| | (2.13) | | (0.03) | |
| $lnm_{32} - new$ | | 0.003 *** | | 0.011 *** |
| | | (8.15) | | (15.46) |
| $lneng$ | -0.218 * | -0.643 *** | 0.402 *** | -0.477 *** |
| | (-1.72) | (-5.79) | (3.60) | (-4.30) |
| $lnpgdp$ | 1.075 *** | -0.582 *** | 0.376 *** | -0.014 |
| | (8.87) | (-6.30) | (5.35) | (-0.19) |
| $lnrd$ | -0.082 | -0.096 ** | -0.043 | 0.061 |
| | (-1.59) | (-2.49) | (-0.92) | (1.42) |
| $lntrade$ | 0.099 *** | 0.002 | 0.133 *** | 0.046 |
| | (2.75) | (0.41) | (4.14) | (1.59) |
| $lncity$ | 0.143 * | -0.232 *** | 0.078 | -0.333 *** |
| | (1.65) | (-3.65) | (0.92) | (-4.42) |
| $lngov$ | -0.578 *** | 0.228 *** | -0.718 *** | 0.362 *** |
| | (-6.34) | (3.01) | (-9.90) | (5.33) |
| C | -9.192 *** | 4.477 *** | -2.596 ** | -1.307 * |
| | (-8.03) | (5.16) | (-3.48) | (-1.87) |
| 时间控制 | YES | YES | — | — |
| 个体控制 | YES | YES | — | — |
| F test | 125.37 *** | 47.77 *** | — | — |
| Hausman test | 139.54 *** | 63.77 *** | — | — |
| $R^2$ | 0.642 | 0.676 | 0.596 | 0.648 |
| N | 460 | 480 | 460 | 480 |

　　注：***、**、*分别表示在1%、5%、10%的显著性水平上显著，括号内的数值为 t 值（FE）或 z 值（RE）。

　　资料来源：作者整理。

从表5-6回归结果看，新的解释变量的回归结果与基准模型基本一致，但资本与劳动技术效率对三次产业产出的作用系数变小。原因可能在于，新的要素技术效率公式中，通过指数函数的"放大"效应，缩小了变量的回归系数。从表5-7第（1）、第（2）列的回归结果看，除个别变量回归结果变得不显著外，新的解释变量对产业间产出比的回归结果与基准模型基本一致。可见，采用新的技术进步偏向指标后，回归结果与基准模型基本一致，证明了基准模型结论的稳健性。

## 二、稳健性检验II：更换估计方法

采用可行的广义最小二乘法（FGLS）进行稳健性检验II。全面 FGLS 估计同时考虑组内自相关、组间异方差和同期相关这三个问题，使估计结果更有效。

表5-8报告了采用新的估计方法后，三次产业内式（5.1）和式（5.2）的回归结果。表5-9报告了在采用新的估计方法后，产业间式（5.3）和式（5.4）的回归结果，以普通最小二乘法回归结果为参考。

表5-8    采用可行的广义最小二乘法（**FGLS**）后回归结果：产业内

| 模型 | FGLS | | FGLS | | FGLS | |
|---|---|---|---|---|---|---|
| 产业 | 第一产业 | | 第二产业 | | 第三产业 | |
| 变量 | （1） | （2） | （3） | （4） | （5） | （6） |
| | lnkl | lny | lnkl | lny | lnkl | lny |
| lnakal | -0.083 *** | | -0.313 *** | | -0.430 *** | |
| | (-20.42) | | (-64.96) | | (-122.10) | |
| lnm | -0.389 *** | | -0.365 *** | | -0.324 *** | |
| | (-47.35) | | (-63.29) | | (-88.12) | |
| lnk | | 0.088 *** | | 0.399 *** | | 0.419 *** |
| | | (19.98) | | (53.20) | | (183.70) |
| lnl | | 0.022 | | 0.558 *** | | 0.519 *** |
| | | (1.26) | | (33.66) | | (186.07) |
| lnak | | 0.019 *** | | 0.403 *** | | 0.406 * ** |
| | | (9.67) | | (97.97) | | (212.20) |
| lnal | | 0.048 *** | | 0.570 *** | | 0.537 *** |
| | | (11.86) | | (79.68) | | (267.02) |

续表

| 模型 | FGLS | | FGLS | | FGLS | |
|---|---|---|---|---|---|---|
| 产业 | 第一产业 | | 第二产业 | | 第三产业 | |
| 变量 | (1) | (2) | (3) | (4) | (5) | (6) |
| | lnkl | lny | lnkl | lny | lnkl | lny |
| lneng | −1.256*** | 0.183*** | −0.274*** | 0.022*** | −0.338*** | 0.014*** |
| | (−21.42) | (10.90) | (−9.84) | (13.18) | (−28.36) | (3.84) |
| lnpgdp | 1.634*** | 0.880*** | 0.644*** | 0.057*** | 0.644*** | 0.032*** |
| | (29.93) | (37.65) | (19.80) | (19.17) | (34.89) | (7.09) |
| lnrd | 0.163*** | 0.010** | −0.024*** | −0.002*** | 0.015*** | −0.003*** |
| | (9.79) | (2.10) | (−3.04) | (−3.06) | (3.26) | (−2.88) |
| lntrade | −0.085 | −0.043*** | −0.029*** | −0.001*** | −0.042*** | −0.009*** |
| | (−6.03) | (−8.33) | (−4.37) | (−3.35) | (−11.60) | (−9.15) |
| lncity | 0.126 | −0.040*** | −0.002 | 0.012*** | 0.016** | 0.019*** |
| | (2.77) | (−3.43) | (−0.16) | (10.87) | (2.34) | (10.98) |
| lngov | 0.826*** | 0.095*** | 0.626*** | 0.007*** | 0.352*** | 0.003 |
| | (21.32) | (6.87) | (24.39) | (6.50) | (36.65) | (1.60) |
| C | −15.956*** | −4.305*** | −5.297*** | −0.262*** | −1.865*** | 0.125*** |
| | (−28.71) | (−17.59) | (−16.53) | (−9.40) | (−13.33) | (3.27) |
| 时间控制 | YES | YES | YES | YES | YES | YES |
| 个体控制 | YES | YES | YES | YES | YES | YES |
| N | 520 | 520 | 460 | 460 | 480 | 480 |

注：***、**、*分别表示在1%、5%、10%的显著性水平上显著，括号内的数值为z值。

资料来源：作者整理。

表5-9 采用可行的广义最小二乘法（FGLS）后回归结果：产业间

| 模型 | FGLS | FGLS | OLS | OLS |
|---|---|---|---|---|
| 变量 | (1) | (2) | (3) | (4) |
| | $lny_{21}$ | $lny_{32}$ | $lny_{21}$ | $lny_{32}$ |
| $ln\kappa_2$ | 0.270*** | | 0.516*** | |
| | (11.72) | | (6.03) | |
| $ln\lambda_2$ | −0.089*** | | −0.218** | |
| | (−7.07) | | (−2.45) | |

续表

| 模型 | FGLS | FGLS | OLS | OLS |
|---|---|---|---|---|
| 变量 | (1) | (2) | (3) | (4) |
| | $\ln y_{21}$ | $\ln y_{32}$ | $\ln y_{21}$ | $\ln y_{32}$ |
| $\ln\kappa_3$ | | 0.259 *** | | 0.893 *** |
| | | (6.10) | | (8.21) |
| $\ln\lambda_3$ | | 0.185 *** | | −0.085 ** |
| | | (13.68) | | (−2.09) |
| $\ln m_{21}$ | 0.123 *** | | 0.136 *** | |
| | (33.03) | | (9.22) | |
| $\ln m_{32}$ | | 0.130 *** | | 0.074 *** |
| | | (25.30) | | (7.77) |
| $\ln pgdp$ | 1.202 *** | −0.249 *** | 1.216 *** | 0.116 ** |
| | (49.80) | (−13.98) | (13.29) | (1.98) |
| $\ln eng$ | −0.205 *** | −0.301 *** | −2.100 *** | 0.889 *** |
| | (−15.87) | (−20.91) | (−10.53) | (5.38) |
| $\ln rd$ | 0.113 *** | 0.014 *** | 0.213 *** | 0.043 |
| | (13.93) | (2.64) | (4.60) | (1.42) |
| $\ln trade$ | 0.033 *** | −0.066 *** | 0.098 *** | −0.024 |
| | (5.40) | (−14.34) | (2.92) | (−1.02) |
| $\ln city$ | −0.029 ** | 0.048 *** | −0.141 | 0.190 ** |
| | (−2.53) | (6.02) | (−1.32) | (2.53) |
| $\ln gov$ | 0.133 *** | 0.242 *** | 0.263 *** | 0.116 *** |
| | (8.94) | (19.58) | (3.80) | (2.84) |
| C | −8.525 *** | 3.716 *** | −8.960 *** | 0.647 |
| | (−38.68) | (17.50) | (−10.29) | (1.11) |
| 时间控制 | YES | YES | YES | YES |
| 个体控制 | YES | YES | NO | NO |
| N | 460 | 480 | 460 | 480 |

注: ***、**、*分别表示在1%、5%、10%的显著性水平上显著，括号内的数值为z值。

资料来源：作者整理。

从表5－8和表5－9第（1）、第（2）列的回归结果看，除了个别变量的回归系数变得稍小外，解释变量的回归结果与基准模型一致，控制变量的回归系数与基准模型基本一致。总体来看，采用新的估计方法后，无论是解释变量还是控制变量的回归系数与基准模型基本一致，通过更换估计方法证明了模型和回归结果的稳健性。

可见，两类稳健性检验的回归结果同样符合理论假说，证实资本偏向性技术进步对要素技术效率和要素边际产出比的不同作用，通过资源再配置效应、产出效应、资本深化效应和恩格尔效应推动了我国产业结构向着"三二一"模式变迁。

# 第五节　进一步研究：区域异质性

动态面板模型的回归结果说明技术进步偏向对产业结构变迁的影响存在时间上的滞后效应。从地区比较看，由于资源禀赋、地理区位和营商环境等存在差异，我国东部、中部、西部地区在经济增长和产业结构上存在显著区域差异。东部地区作为较发达地区，经济发展水平和劳动力素质较高，处于工业化中后期，技术进步与创新处于全国领先水平，"北上广"的部分技术与产业已属于世界前沿水平。中部地区作为追赶地区，在国家"中部崛起"战略指导下，承接东部产业转移，发挥自身优势加快发展。西部地区作为欠发达地区，在国家"西部大开发"战略指导下，尽管经济总体较为落后，资本和技术较为匮乏，但近些年依靠地区比较优势，经济呈现飞快发展。本节接下来考察技术进步偏向对产业结构变迁的影响是否存在区域异质性。

## 一、异质性研究 I：产业内

表 5 - 10 报告了在东部地区三次产业内式（5.1）和式（5.2）的回归结果。本结果经过 F 检验和 Hausman 检验后，适合使用固定效应估计，因此直接列出双向固定效应回归结果并进行分析，其他回归结果略去。

从表 5 - 10 的回归结果看，解释变量的回归结果与基准模型相一致，多数控制变量的回归系数与基准模型保持一致，不再重复分析。政府宏观调控对第三产业产出的回归系数由正值变为负值且在 1% 水平上显著。这说明在东部较发达地区，政府宏观调控下降 1%，第三产业产出将增加约 0.05%。原因可能在于，中国东部地区第三产业发展较快，市场机制较为健全，因此政府宏观干预的减少，提高了市场活力和要素流动，带来产出增加。《中华人民共和国国民经济和社会发展第十四个五年规划和 2035 年远景目标纲要》提出"深入推进服务业综合改革试点……促进服务业繁荣发展"，东部地区可以成为服务业发展改革试验的"排头兵"。

表 5 - 10    技术进步偏向对产业结构变迁的影响：东部地区产业内

| 模型 | FE | | FE | | FE | |
|---|---|---|---|---|---|---|
| 产业 | 第一产业 | | 第二产业 | | 第三产业 | |
| 变量 | (1) | (2) | (3) | (4) | (5) | (6) |
| | lnkl | lny | lnkl | lny | lnkl | lny |
| lnakal | -0.231 *** | | -0.360 *** | | -0.462 *** | |
| | (-8.99) | | (-21.66) | | (-15.77) | |
| lnm | -0.291 *** | | -0.501 *** | | -0.211 *** | |
| | (-8.65) | | (-22.16) | | (-6.82) | |
| lnk | | 0.401 *** | | 0.450 *** | | 0.525 *** |
| | | (27.27) | | (43.23) | | (55.59) |
| lnl | | 0.394 *** | | 0.488 *** | | 0.481 *** |
| | | (10.13) | | (44.97) | | (48.66) |
| lnak | | 0.396 *** | | 0.464 *** | | 0.525 *** |
| | | (28.01) | | (51.72) | | (69.41) |
| lnal | | 0.436 *** | | 0.464 *** | | 0.491 *** |
| | | (24.31) | | (51.83) | | (71.63) |
| lneng | -0.885 *** | 0.042 * | -0.132 * | 0.015 * | 0.351 ** | 0.002 |
| | (-3.38) | (1.78) | (-1.76) | (1.68) | (2.53) | (0.14) |
| lnpgdp | 0.950 *** | 0.035 | 0.054 | 0.096 *** | 0.167 | 0.002 |
| | (3.17) | (0.70) | (0.56) | (4.71) | (1.06) | (0.01) |
| lnrd | -0.141 | 0.048 ** | 0.041 | 0.005 | 0.054 | 0.025 *** |
| | (-1.08) | (2.47) | (1.21) | (1.01) | (0.82) | (3.77) |
| lntrade | -0.639 *** | -0.033 *** | -0.005 | -0.006 * | -0.176 *** | -0.014 *** |
| | (-8.04) | (-3.22) | (-0.18) | (-1.71) | (-3.98) | (-2.92) |
| lncity | 0.728 *** | 0.031 | -0.132 ** | 0.010 * | 0.285 *** | 0.008 |
| | (4.00) | (1.11) | (-2.52) | (1.71) | (2.68) | (0.78) |
| lngov | 1.261 *** | 0.045 | 0.400 *** | 0.009 | 0.810 *** | -0.045 *** |
| | (5.42) | (1.20) | (4.50) | (0.85) | (5.94) | (-3.13) |

续表

| 模型 | FE | | FE | | FE | |
|---|---|---|---|---|---|---|
| 产业 | 第一产业 | | 第二产业 | | 第三产业 | |
| 变量 | (1) | (2) | (3) | (4) | (5) | (6) |
| | lnkl | lny | lnkl | lny | lnkl | lny |
| C | −7.949 ** | 1.223 *** | 1.632 * | −0.370 *** | 1.172 | −0.036 |
| | (−2.51) | (3.46) | (1.72) | (−3.18) | (0.85) | (−0.94) |
| 时间控制 | YES | YES | YES | YES | YES | YES |
| 个体控制 | YES | YES | YES | YES | YES | YES |
| F test | 11.76 *** | 10.81 *** | 179.52 *** | 137.00 *** | 22.59 *** | 23.51 *** |
| Hausman test | 61.60 *** | 62.26 *** | 135.48 *** | 129.78 *** | 79.03 *** | 64.40 *** |
| $R^2$ | 0.948 | 0.976 | 0.991 | 0.994 | 0.964 | 0.999 |
| N | 200 | 200 | 160 | 160 | 180 | 180 |

注：***、**、*分别表示在1%、5%、10%的水平上显著，括号内的数值为 t 值。

资料来源：作者整理。

表 5 - 11 报告了在中部地区三次产业内式（5.1）和式（5.2）的回归结果。本结果经过 F 检验和 Hausman 检验后，适合使用固定效应估计，因此直接列出双向固定效应回归结果并进行分析。从表 5 - 11 的回归结果看，解释变量的回归结果与基准模型相一致，多数控制变量的回归系数与基准模型保持一致。

**表 5 - 11  技术进步偏向对产业结构变迁的影响：中部地区产业内**

| 模型 | FE | | FE | | FE | |
|---|---|---|---|---|---|---|
| 产业 | 第一产业 | | 第二产业 | | 第三产业 | |
| 变量 | (1) | (2) | (3) | (4) | (5) | (6) |
| | lnkl | lny | lnkl | lny | lnkl | lny |
| *lnakal* | −0.300 *** | | −0.302 *** | | −0.462 *** | |
| | (−10.52) | | (−13.48) | | (−31.11) | |
| *lnm* | −0.317 *** | | −0.349 *** | | −0.518 *** | |
| | (−9.63) | | (−18.06) | | (−30.60) | |
| *lnk* | | 0.398 *** | | 0.387 *** | | 0.396 *** |
| | | (71.67) | | (73.75) | | (72.22) |

| 模型 | FE | | FE | | FE | |
|---|---|---|---|---|---|---|
| 产业 | 第一产业 | | 第二产业 | | 第三产业 | |
| 变量 | (1) | (2) | (3) | (4) | (5) | (6) |
| | lnkl | lny | lnkl | lny | lnkl | lny |
| lnl | | 0.626 *** | | 0.573 *** | | 0.572 *** |
| | | (30.22) | | (50.27) | | (57.68) |
| lnak | | 0.391 *** | | 0.395 *** | | 0.396 *** |
| | | (77.78) | | (133.14) | | (80.26) |
| lnal | | 0.552 *** | | 0.599 *** | | 0.570 *** |
| | | (69.64) | | (152.27) | | (84.48) |
| lneng | −1.101 *** | 0.054 ** | −1.075 *** | 0.041 *** | −0.020 | 0.010 |
| | (−3.87) | (2.48) | (−8.08) | (2.79) | (−0.25) | (0.80) |
| lnpgdp | 0.647 *** | 0.087 *** | 1.056 *** | 0.031 * | 0.171 *** | 0.041 *** |
| | (2.69) | (4.31) | (8.96) | (1.95) | (2.66) | (3.54) |
| lnrd | 0.042 | 0.009 | −0.121 * | −0.005 | −0.168 *** | −0.009 * |
| | (0.32) | (1.01) | (−1.87) | (−0.75) | (−4.53) | (−1.62) |
| lntrade | −0.308 *** | −0.022 *** | −0.088 ** | −0.014 *** | −0.050 ** | −0.009 *** |
| | (−3.74) | (−3.50) | (−2.33) | (−3.76) | (−2.35) | (−2.93) |
| lncity | 0.297 | 0.053 ** | −0.256 * | 0.071 *** | −0.038 | 0.031 *** |
| | (1.00) | (2.37) | (−1.86) | (4.23) | (−0.50) | (2.77) |
| lngov | 0.952 *** | 0.021 | 0.689 *** | 0.008 | 0.216 *** | 0.005 |
| | (4.50) | (1.20) | (6.71) | (0.69) | (3.93) | (0.56) |
| C | −6.136 ** | −0.906 *** | −9.364 *** | 0.120 | −2.014 *** | −0.131 |
| | (−2.57) | (−4.01) | (−7.89) | (0.82) | (−3.19) | (−1.25) |
| 时间控制 | YES | YES | YES | YES | YES | YES |
| 个体控制 | YES | YES | YES | YES | YES | YES |
| F test | 7.78 *** | 64.37 *** | 52.96 *** | 34.79 *** | 7.80 *** | 61.45 *** |
| Hausman test | 46.97 *** | 125.87 *** | 108.75 *** | 94.12 *** | 35.69 *** | 96.73 *** |
| $R^2$ | 0.970 | 0.998 | 0.991 | 0.999 | 0.997 | 0.999 |
| N | 176 | 175 | 160 | 160 | 140 | 140 |

注：***、**、*分别表示在1%、5%、10%的水平上显著，括号内的数值为t值。

资料来源：作者整理。

表 5 - 12 报告了在西部地区三次产业内式（5.1）和式（5.2）的回归结果。本结果经过 F 检验和 Hausman 检验后，适合使用固定效应估计，因此直接列出双向固定效应回归结果并进行分析。从表 5 - 12 的回归结果看，解释变量的回归结果与基准模型回归结果是一致的。

表 5 - 12　　技术进步偏向对产业结构变迁的影响：西部地区产业内

| 模型 | FE | | FE | | FE | |
|---|---|---|---|---|---|---|
| 产业 | 第一产业 | | 第二产业 | | 第三产业 | |
| 变量 | (1) | (2) | (3) | (4) | (5) | (6) |
| | lnkl | lny | lnkl | lny | lnkl | lny |
| lnakal | -0. 154 *** | | -0. 392 *** | | -0. 417 *** | |
| | ( -7. 48) | | ( -10. 01) | | ( -13. 01) | |
| lnm | -0. 254 *** | | -0. 237 *** | | -0. 149 *** | |
| | ( -8. 14) | | ( -6. 73) | | ( -6. 20) | |
| lnk | | 0. 367 *** | | 0. 387 *** | | 0. 335 *** |
| | | (29. 64) | | (27. 55) | | (35. 44) |
| lnl | | 0. 602 *** | | 0. 602 *** | | 0. 586 *** |
| | | (15. 79) | | (33. 58) | | (42. 57) |
| lnak | | 0. 348 *** | | 0. 384 *** | | 0. 347 *** |
| | | (29. 20) | | (38. 51) | | (47. 36) |
| lnal | | 0. 498 *** | | 0. 600 *** | | 0. 620 *** |
| | | (29. 56) | | (42. 27) | | (60. 02) |
| lneng | -2. 416 *** | 0. 062 | -0. 517 ** | 0. 030 * | -1. 215 *** | 0. 031 |
| | ( -9. 99) | (1. 63) | ( -2. 25) | (1. 63) | ( -7. 61) | (1. 20) |
| lnpgdp | 1. 708 *** | 0. 154 *** | 0. 338 * | 0. 030 | 0. 946 *** | 0. 069 *** |
| | (9. 81) | (4. 16) | (1. 66) | (0. 94) | (8. 20) | (3. 41) |
| lnrd | 0. 078 | -0. 011 | -0. 069 | -0. 017 *** | -0. 005 | -0. 020 *** |
| | (0. 98) | ( -1. 18) | ( -0. 92) | ( -5. 41) | ( -0. 08) | ( -2. 81) |
| lntrade | 0. 073 | -0. 017 ** | 0. 046 | -0. 005 | 0. 028 | -0. 014 *** |
| | (1. 11) | ( -2. 32) | (1. 00) | ( -1. 26) | (0. 77) | ( -3. 19) |
| lncity | -0. 101 | 0. 046 *** | -0. 026 | 0. 015 | 0. 012 | 0. 029 *** |
| | ( -0. 75) | (2. 74) | ( -0. 18) | (1. 25) | (0. 13) | (2. 63) |

| 模型 | FE | | FE | | FE | |
|---|---|---|---|---|---|---|
| 产业 | 第一产业 | | 第二产业 | | 第三产业 | |
| 变量 | (1) | (2) | (3) | (4) | (5) | (6) |
| | lnkl | lny | lnkl | lny | lnkl | lny |
| *lngov* | 0.735 *** | 0.006 | 1.131 *** | −0.024 * | 0.435 *** | 0.008 |
| | (5.20) | (0.31) | (8.09) | (−1.82) | (4.79) | (0.68) |
| C | −16.951 *** | −1.152 *** | −0.701 | −0.187 | −7.396 *** | −0.124 |
| | (−10.40) | (−3.79) | (−0.39) | (−1.40) | (−7.52) | (−0.90) |
| 时间控制 | YES | YES | YES | YES | YES | YES |
| 个体控制 | YES | YES | YES | YES | YES | YES |
| F test | 19.21 *** | 116.22 *** | 32.75 *** | 4.35 *** | 31.62 *** | 26.34 *** |
| Hausman test | 71.10 *** | 120.33 *** | 80.06 *** | 22.56 *** | 71.90 ** | 95.80 *** |
| $R^2$ | 0.973 | 0.996 | 0.966 | 0.994 | 0.975 | 0.997 |
| N | 152 | 151 | 140 | 140 | 180 | 180 |

注：***、**、*分别表示在1%、5%、10%的水平上显著，括号内的数值为 t 值。

资料来源：作者整理。

## 二、异质性研究Ⅱ：产业间

表5-13 显示了在东部、中部、西部地区产业间式（5.3）和式（5.4）的回归结果。本结果经过 F 检验和 Hausman 检验后，适合使用固定效应估计，因此直接列出双向固定效应回归结果并进行分析。从表5-13 回归结果看，中西部地区部分解释变量的回归系数变得不显著，多数解释变量对产出比的回归结果与基准模型相一致。值得注意的是，东部、中部、西部地区劳动比重对产业间产出比的回归系数基本为负值，这说明中国就业结构与产业结构的变动不一致是普遍存在的问题，部门间的要素价格和要素流动性差异可能是其主要原因，要加快要素市场化改革。

表5－13　　技术进步偏向对产业结构变迁的影响：东部、中部、
西部地区产业间

| 模型 | FE | | FE | | FE | |
|---|---|---|---|---|---|---|
| 地区 | 东部地区 | | 中部地区 | | 西部地区 | |
| 变量 | (1) | (2) | (3) | (4) | (5) | (6) |
| | $lny_{21}$ | $lny_{32}$ | $lny_{21}$ | $lny_{32}$ | $lny_{21}$ | $lny_{32}$ |
| $ln\kappa_2$ | 0.403 *** | | 0.314 | | 0.188 ** | |
| | (3.14) | | (0.73) | | (2.67) | |
| $ln\lambda_2$ | -0.165 *** | | -0.665 | | -0.069 | |
| | (-4.52) | | (-1.30) | | (-0.96) | |
| $ln\kappa_3$ | | 0.974 *** | | 2.257 *** | | 0.187 * |
| | | (4.34) | | (5.42) | | (1.70) |
| $ln\lambda_3$ | | -0.013 | | -0.567 * | | 0.233 *** |
| | | (-1.40) | | (-1.68) | | (3.95) |
| $lnm_{21}$ | 0.051 *** | | 0.164 *** | | 0.019 | |
| | (3.43) | | (4.21) | | (0.87) | |
| $lnm_{32}$ | | 0.111 *** | | 0.704 *** | | 0.076 ** |
| | | (3.86) | | (12.15) | | (2.31) |
| $lneng$ | -0.345 * | -0.445 ** | -0.179 *** | -0.692 *** | -0.678 *** | -0.874 *** |
| | (-2.06) | (-2.56) | (-4.60) | (-3.81) | (-5.60) | (-5.67) |
| $lnpgdp$ | 0.035 ** | 0.621 *** | 0.545 * | -0.243 | 0.390 *** | -0.073 |
| | (2.70) | (5.48) | (1.64) | (-1.40) | (3.86) | (-0.79) |
| $lnrd$ | -0.064 | 0.102 ** | 0.478 ** | -0.220 ** | -0.065 | 0.062 |
| | (-1.29) | (2.21) | (2.46) | (-2.22) | (-1.60) | (1.33) |
| $lntrade$ | 0.090 *** | -0.266 *** | 0.056 | 0.005 | 0.124 *** | 0.015 |
| | (2.43) | (-9.41) | (0.43) | (0.44) | (4.52) | (0.54) |
| $lncity$ | 0.123 | -0.134 * | 0.089 | 0.405 ** | -0.176 *** | 0.153 ** |
| | (1.58) | (-1.95) | (0.18) | (2.09) | (-2.74) | (2.15) |
| $lngov$ | -0.670 ** | 0.267 *** | -1.425 *** | 0.443 *** | -0.115 | 0.065 |
| | (-6.62) | (3.32) | (-4.92) | (2.87) | (-1.40) | (0.77) |
| C | -0.098 | -4.786 *** | -4.514 * | 2.513 | 4.601 *** | 0.180 |
| | (-0.57) | (-3.83) | (-1.85) | (1.42) | (6.83) | (0.21) |
| 时间控制 | YES | YES | YES | YES | YES | YES |

| 模型 | FE | | FE | | FE | |
|---|---|---|---|---|---|---|
| 地区 | 东部地区 | | 中部地区 | | 西部地区 | |
| 变量 | (1) | (2) | (3) | (4) | (5) | (6) |
| | $lny_{21}$ | $lny_{32}$ | $lny_{21}$ | $lny_{32}$ | $lny_{21}$ | $lny_{32}$ |
| 个体控制 | YES | YES | YES | YES | YES | YES |
| F test | 322.72 *** | 44.93 *** | 23.30 *** | 24.85 *** | 148.75 *** | 15.73 *** |
| Hausman test | 141.07 *** | 105.76 *** | 79.44 *** | 70.06 *** | 113.69 *** | 74.32 *** |
| $R^2$ | 0.805 | 0.870 | 0.382 | 0.802 | 0.832 | 0.713 |
| N | 160 | 180 | 160 | 140 | 140 | 180 |

注：***、**、*分别表示在1%、5%、10%的显著性水平上显著，括号内的数值为 t 值。

资料来源：作者整理。

从表5-10、表5-11、表5-12和表5-13回归结果看，东部、中部和西部地区的回归结果与基准模型是比较一致的。相较基准模型，从资本与劳动技术效率对三次产业产出的作用来看，东部地区各产业资本技术效率的作用系数变大，劳动技术效率的作用系数变小。中部、西部地区各产业资本技术效率的作用系数变小，劳动技术效率的作用系数变大。这说明技术进步偏向通过资本与劳动技术效率对产业结构变迁的作用确实存在区域异质性，较发达地区产业资本技术效率的作用更大，欠发达地区产业劳动技术效率的作用更大。原因可能在于，东部地区资本、技能劳动较为丰裕，因此资本偏向性技术进步尽管使得资本技术效率下降，但仍然高于中西部地区。中西部地区产业的资本较为匮乏，资本偏向性技术进步的使用提高了劳动技术效率，甚至部分地区产业由资本偏向性技术进步转向劳动偏向性技术进步，这与第三章产业层面事实分析的结论相一致。尽管要素技术效率的作用系数在不同区域的产业出现差异，但从回归结果看，在东部、中部、西部地区，技术进步偏向对资本与劳动技术效率的不同作用，通过资源再配置效应、产出效应、资本深化效应和恩格尔效应四条路径推动我国产业结构向着"三二一"模式变迁。

# 第六节　本章小结

　　本章基于1998—2017年中国地区三次产业面板数据，从理论分析与实证研究两个方面考察了技术进步偏向对产业结构变迁的影响。按照前面事实分析，我国三次产业的技术进步偏向是资本偏向性技术进步，技术进步偏向作用下资本与劳动的技术效率对三次产业的作用大小和变化趋势均存在差异。基于理论模型的研究结论，技术进步偏向对资本技术效率与劳动技术效率的不同作用，改变了部门要素配置、部门产出、部门间产出比，进而影响了产业结构变迁。通过理论分析发现，技术进步偏向使产业的资本与劳动的技术效率比下降，提高了资本与劳动比，改变了产业内的要素配置和要素比重，这一路径为"资源再配置效应"。技术进步偏向通过部门资本与劳动技术效率变动，使各部门产出增量不同，这一路径为"产出效应"。技术进步偏向通过部门间要素边际产出比变化，使部门间产出比同方向变化时，这一路径为"资本深化效应"。最后，"恩格尔效应"通过恩格尔系数的下降，同样影响产业结构变迁。所以技术进步偏向对资本技术效率与劳动技术效率的不同作用，通过资源再配置效应、产出效应、资本深化效应和恩格尔效应四条路径，影响产业结构变迁。

在实证部分，基于理论模型结论设定计量模型。在对基准模型即静态面板模型进行回归分析后得出：技术进步偏向通过"资源再配置效应"，使产业的资本深化加强程度不同，资本更多从第一产业流向第二、第三产业，具有互补性的劳动也随之流动，推动了我国产业结构变迁。技术进步偏向通过"产出效应"，使劳动技术效率与资本技术效率对第三产业产出的增强作用更大，第二产业次之，第一产业最小，推动了我国产业结构变迁。技术进步偏向通过"资本深化效应"，使第一、第二、第三产业的产出沿着"一二三"产业方向依序增加，推动了产业结构变迁。技术进步偏向通过"恩格尔效应"同样有利于产业结构变迁。基准模型的回归结果证实，技术进步偏向对资本技术效率与劳动技术效率的不同作用，确实通过四条作用路径推动了我国产业结构向着"三二一"模式变迁。而且，从作用系数看，资源再配置效应路径和产出效应路径对推动产业结构变迁起到主导作用。

通过建立动态面板数据模型考察技术进步偏向对产业结构变迁的影响是否存在滞后效应时发现，在技术进步偏向作用下产业结构变迁滞后项对当期值存在正向"惯性"作用，具有引致效应。动态模型表明，在修正内生性问题后实证结论依然成立。通过采用替换技术进步偏向指标和更换估计方法进行的稳健性检验证明了模型设定和回归结果的稳健性。当考察技术进步偏向对产业结构变迁的影响是否存在区域异质性时发现，在东部地区资本技术效率对产业结构变迁的作用更大，在中西部地区劳动技术效率对产业结构变迁的作用更大。总体来看，东部地区技术进步偏向使要素技术效率更高，产业结构变迁快于中西部地区。

　　无论采用何种计量模型和回归方法，本章的实证研究均表明，技术进步偏向对资本与劳动技术效率的不同作用，通过资源再配置效应、产出效应、资本深化效应和恩格尔效应四条路径促进了我国产业结构向着"三二一"模式变迁。要加快我国产业结构变迁，就要通过技术进步偏向提高我国要素技术效率，尤其是劳动技术效率。因此有两个问题是值得探讨的，一是如何利用技术进步提高资本与劳动的技术效率，加快产业结构变迁。国家正在实施科教兴国战略和创新驱动发展战略，技术进步既要依靠企业的研发积极性，又要依靠政府的研发导向与政策支持。二是正视东部与中西部的要素技术效率存在差异的事实，东部地区资本相对比较丰裕，要通过适度资本深化提高资本技术效率，并发展资本技术密集型产业。中西部地区可通过技术进步偏向提高劳动技术效率，优先发展符合地区比较优势的劳动密集型产业，这有助于国家的区域协调发展战略加快推进。

# 第六章　技术进步偏向与产业结构优化：基于省际数据的实证研究

本章基于 1998—2017 年省际面板数据，实证研究技术进步偏向对产业结构优化的影响。主要内容包括：首先是理论分析和研究假说。其次是设定静态面板数据模型作为基准模型进行回归分析，通过动态面板数据模型考察技术进步偏向对产业结构优化的动态影响，通过替换核心变量和估计方法进行稳健性检验。最后是进行异质性分析和空间溢出效应分析。主要实证结论在基准模型的回归分析中详细阐述，后面对实证的回归结果分析将重点关注与基准模型结论相关的差异性分析。

在经济由中高速增长转为高质量发展时，经济结构的升级成为必然（于斌斌，2015；余泳泽等，2019），中国正处于追求结构转型和高质量发展阶段。自 2015 年实施供给侧结构性改革以来，中国经济发展的视角从需求侧转向供给侧，一方面进行体制机制改革，另一方面依照"去产能、去库存、去杠杆、降成本、补短板"进行供给侧改革。在我国经济"转方式、调结构"的关键阶段，技术进步发挥着重要作用，既提升供给，又引致需求；既加快产业结构优化，又带来经济高质量发展。2020 年出现的新冠疫情考验着我国经济的供给侧。疫情对第三产业和第二产业的制造业冲击最大，在疫情持续、经济下行和复工复产的多重压力下，产业需要通过技术进步优化要素配置、增强要素效率、提高有效产出，以适应供给侧和需求侧的双重变化。既然技术进步存在偏向性，其对资本技术效率和劳动技术效率具有不同作用，那么这种技术进步偏向对产业结构优化的影响路径有哪些？要素技术效率的变化对产业结构合理化与高度化的作用如何？随着时间变化有无滞后性，随着空间移动有无溢出效应，厘清这些问题，对于加快我国经济高质量发展是重要的。

# 第一节　理论分析与研究假说

　　产业结构优化包含产业结构的合理化与产业结构的高度化。由第三章的地区层面事实分析可知，我国多数地区属于资本偏向性技术进步，要素替代弹性小于1，资本技术效率小于劳动技术效率，劳动技术效率处在上升过程中，资本技术效率基本处于下降趋势。接下来，在理论模型基础上同时关联需求侧，从资本与劳动技术效率改变要素投入、全要素生产率、产出、收入与消费、技术的国际传导五个方面，深入研究技术进步偏向对产业结构优化的作用路径。本章所称技术进步偏向是资本偏向性技术进步（见图6－1）。

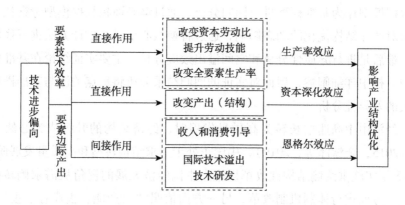

**图6－1　技术进步偏向对产业结构优化的影响路径**

(资料来源：作者整理)

　　（一）直接改变要素投入比例，影响产业结构优化

　　1. 技术进步偏向改变产业内和产业间的要素配置。按照理论模型，当资本与劳动技术效率比下降时，依据要素替代弹性不同（王班班和齐绍洲，2014)，将提高或降低部门的资本劳动比，影响资本深化水平。一方面，如Acemoglu所言，在价格效应和市场规模效应两种作用下，技术进步或偏向于价格较高的要素或偏向于资源丰富的要素。因此技术进步偏向对资本与劳动技术效率的不同作用，直接改变要素流动和要素相对价格，从而影响要素投入比例和产出水平。另一方面，技术进步偏向通常伴随机器设备的革新更替，也同样改变资本与劳动的配置比例（王士香和董直庆，2015)。由第三章的地区层

面事实分析可知，部门资本相对劳动技术效率是下降的，因此资本劳动比提高。因为资本与劳动存在互补性，将使得与资本匹配的劳动增加，如资本和技能劳动的结合必然影响产业结构优化。

2. 技术进步偏向改变劳动技能和人力资本水平。技术进步偏向因要素替代弹性不同最终带来劳动和资本的合理匹配。当资本与劳动之间存在互补性时，资本偏向性技术进步通过"干中学"对劳动进行技能培训或技能倒逼，促进劳动力素质提高。当资本与劳动之间存在替代性时，只有与资本偏向性技术进步相匹配的劳动才能适应技术要求。资本偏向性技术进步促进资本深化，在要素替代弹性小于1的情况下，吸引更多劳动就业（刘国晖等，2016）。技术进步偏向提高劳动技能和人力资本，人力资本积累带来的技术溢出效应、技能溢价效应，又强化了技术进步偏向的要素配置作用，使收入和产出共同变化，促进产业结构优化。人力资本提高带来的收入效应对产业结构优化的作用，后面将详细阐述。

（二）直接改变全要素生产率，影响产业结构优化

技术进步偏向通过改变要素技术效率（王林辉和韩丽娜，2012），影响要素投入和产出。要素技术效率对产业结构优化的作用通过要素流动实现（吴华英等，2021）。无论技术进步偏向哪一类要素，技术进步偏向必然直接影响全要素生产率，已被文献证实（汪克亮等，2014；涂正革和陈立，2019）。全要素生产率影响产品相对价格，产业实现提升或重组，影响产业结构优化。由产业结构理论可知，当生产要素由生产率低的部门流向生产率高的部门，这种部门间的要素流动可以带来产业结构高度化（杨天宇和刘贺贺，2012）。

假说1：技术进步偏向对资本与劳动技术效率的不同作用，改变了要素配置，直接或间接影响了全要素生产率，进而影响产业结构优化。技术进步偏向通过不同要素生产率变动（董直庆等，2013），影响产业内和产业间要素流动，影响了产业结构优化，这一路径被称为"生产率效应"。

（三）直接改变产出，影响产业结构优化

1. 技术进步偏向改变相对产出。按照理论模型，要素替代弹性小于1时，当部门1较之部门2的资本与劳动技术效率比提高，则部门1较之部门2的产出比将提高，二者呈同方向变化，进而影响产业结构优化。由第三章的地区层面事实分析可知，我国资本偏向性技术进步和资本深化，使资本技术效率下

降，劳动技术效率上升，资本与劳动的技术效率比下降，因此要素技术效率比在产业间的相对变化影响着产业结构优化。资本深化带来资本偏向性技术进步，资本偏向性技术进步又进一步影响资本深化和要素技术效率，这体现了理论与实践的一致性。

2. 技术进步偏向改变供给结构。通过技术创新或技术引进方式产生的技术进步偏向，在与生产要素耦合后或者产生新产品或者改善原产品。一方面，新技术、新产品会形成新产业，直接改变产业结构。另一方面，新工艺、新材料、新组织方式会改变原有产出数量和质量，使原有产业收缩或扩张。技术进步偏向改变供给结构，直接影响产业结构优化。技术进步形成新的产品或新的产业，这对产业结构优化尤为重要，因为新产业有可能发展成为主导产业，主导产业具有关联扩散效应，能够显著提升产业结构的高度化水平，加快产业结构优化（罗斯托，1998）。

总而言之，技术进步偏向对资本与劳动技术效率的非对称作用促进要素合理配置，影响全要素生产率，进而影响产业结构优化（孔宪丽等，2015）。通过要素生产率、产出和产品相对价格的变化影响产业结构优化，这符合产业结构变迁理论中的"鲍莫尔效应"（Baumol，1967）。

假说2：技术进步偏向和资本深化通过影响资本与劳动技术效率的相对变动改变了产出水平，同时技术进步通过引导新产业改变供给结构，它们影响了产业结构优化。资本深化和技术进步偏向相互强化，改变了产业产出水平，影响了产业结构优化，这一路径被称为"资本深化效应"。

（四）对收入与消费的间接引导，影响产业结构优化

收入效应和消费升级，降低了恩格尔系数，引导供给结构作出改变，影响产业结构优化（Herrendorf等，2014）。从短期来看，技术进步偏向通过影响要素配置改变要素价格和收入，通过需求弹性和收入效应带来消费变化。如技能溢价带来消费增量，为适应人们需求变化尤其是对高品质产品的需求，通过技术与要素匹配，提供有效供给，进而影响产业结构优化。从供给侧来看，基于"厂商追求利润最大化"，产业将要素更多地投入需求收入弹性高的产品，不但改变了供给，还可能因为资源的稀缺性形成产业部门的新旧更替，带来产业结构高度化。从长期来看，按照马斯洛需求层次理论，劳动技能和人力资本提升引导消费升级，当生存型需求转向享受型、发展型需求时，需求多样化和

需求结构变迁刺激供给结构变化，推动产业结构优化（颜色等，2018）。同时，消费的差异性影响了不同产业的利润与投资（Garcia-Santana 等，2016），技术进步偏向强化了这一过程，推动产业结构优化。

总而言之，技术进步偏向通过影响收入和消费影响产业结构优化。收入效应、需求弹性、消费升级等影响产业结构优化，这符合产业结构变迁理论中的"恩格尔效应"（Kongsamut 等，2001）。

（五）技术的国际传导，影响产业结构优化

不同发展级差的国家间通过直接投资形成产业梯度转移，改变了发达国家和发展中国家的产业结构。在发达国家出现的技术进步偏向不可避免地通过外包、投资等方式转移到发展中国家（陈欢和王燕，2015；朱轶和曾春琼，2016）。

1. 技术进步偏向通过国际产业转移影响一国产业结构。按照赤松要的"雁形"形态理论，东道国在工业化初期承接发达国家具有偏向性技术进步的生产或产品，改变东道国的就业结构和供给结构。工业化中期，随着要素成本上升和产品需求升级，比较优势开始减弱，生产慢慢向其他地区转移。如果东道国未能在技术和产品上"未雨绸缪"，则本国相关产业将面临收缩甚至停滞。工业化后期，那些能够及时转型、依靠技术进步和创新实现可持续发展的产业，成长为产业结构的"生力军"。从这一过程来看，一国产业结构可能在两个阶段发生"质变"。第一阶段，接受直接投资或外包引进技术和生产线，改善本国产业结构（王林辉和董直庆，2012）；第二阶段，在使用承载技术进步偏向的机器设备过程中，对技术进行吸收、模仿、再创新，提高要素生产率，实现产业结构升级（钱水土和李正茂，2018）。对多数发展中国家来说，这是一条加快本国产业结构变迁与优化的"必由之路"。

2. 技术进步偏向通过技术溢出和技术研发影响产业结构。对外直接投资主要是技术先进国出于资源和环境约束把生产转移到其他地区。无论是采用技术使用许可方式还是生产经营合作方式，偏向性技术与该地区的要素结合的过程中，会形成技术溢出效应，提升劳动者技能，改变就业和产出，有利于产业结构合理化。另外，很多企业为了更好地开发与东道国资源、生产相适宜的技术，会与当地研发机构、科研院所合作研发定向技术和工艺，形成知识共享、利益共享，这种技术成果的市场化有利于产业结构高度化。

假说3：技术进步偏向改变了短期和长期的收入和消费，改变了供给结构，进而影响了产业结构优化，这一路径被称为"恩格尔效应"。另外，技术研发与技术溢出，同样影响了产业结构优化。

# 第二节　静态面板数据模型

由理论分析可知，技术进步偏向改变了资本与劳动技术效率，通过生产率效应、资本深化效应和恩格尔效应三条路径影响产业结构优化。接下来，基于1998—2017年我国地区面板数据，实证研究资本技术效率与劳动技术效率对产业结构优化的影响程度和作用方向。

## 一、模型设定和变量说明

（一）基准模型设定

按照理论分析的思路，基于要素技术效率的相对变动和绝对变动两个维度分别考察产业结构的合理化与高度化，建立静态面板数据模型。

$$\ln tl_{it} = \alpha_0 + \alpha_1 \ln kl_{it} + \alpha_2 \ln akal_{it} + \alpha_3 \ln m_{it} + \alpha_4 \ln eng_{it} + cX_{it}$$
$$+ \mu_t + u_i + \varepsilon_{it} \tag{6.1}$$

$$\ln h_{it} = \beta_0 + \beta_1 \ln kl_{it} + \beta_2 \ln akal_{it} + \beta_3 \ln m_{it} + \beta_4 \ln eng_{it} + cX_{it}$$
$$+ \mu_t + u_i + \varepsilon_{it} \tag{6.2}$$

$$\ln tl_{it} = a + a_1 \ln k_{it} + a_2 \ln l_{it} + a_3 \ln ak_{it} + a_4 \ln al_{it} + a_5 \ln eng_{it} + cX_{it}$$
$$+ \mu_t + u_i + \varepsilon_{it} \tag{6.3}$$

$$\ln h_{it} = b + b_1 \ln k_{it} + b_2 \ln l_{it} + b_3 \ln ak_{it} + b_4 \ln al_{it} + b_5 \ln eng_{it} + cX_{it}$$
$$+ \mu_t + u_i + \varepsilon_{it} \tag{6.4}$$

式（6.1）、式（6.2）考察资本深化效应，即资本劳动比和要素技术效率比对产业结构合理化和高度化的影响。式（6.3）、式（6.4）考察生产率效应，即要素技术效率对产业结构合理化和高度化的影响。方程整体考察恩格尔效应，即恩格尔系数对产业结构合理化和高度化的影响。其中，$\alpha$、$\beta$、$a$、$b$、$c$均为变量系数，$X$为控制变量集，$\mu_t$为时间效应，$u_i$为个体效应，$\varepsilon_{it}$为随机扰动项。

（二）数据处理和变量说明

本节基于1998—2017年中国省际面板数据，时间区间及说明与第三章第二节一致。所用数据，一部分来自第三章的地区层面参数估计及指标测算时所用到数据：资本、劳动、地区实际 GDP、劳动技术效率、资本技术效率、技术效率比、边际产出比等；另一部分来自各类年鉴和统计公报，包括《中国统计年鉴》《中国劳动统计年鉴》《中国工业统计年鉴》《中国科技统计年鉴》和各省（区、市）统计年鉴等。控制变量与第五章一致，不再赘述。为了验证研究假说将样本中替代弹性大于 1 的个别地区去掉。主要变量说明如下：

1. 被解释变量。与地区产业结构优化的事实分析一致，采用泰尔指数衡量产业结构合理化，泰尔指数（$tl$）越大，产业结构越不合理。采用第三产业与第二产业增加值之比衡量产业结构高度化，$h$ 越大，产业结构越高级。

2. 解释变量。资本劳动比（$kl$），表示资本深化。技术进步偏向指标：劳动技术效率（$al$）、资本技术效率（$ak$）、资本与劳动技术效率之比（$akal$）、资本与劳动边际产出比（$m$）。$akal_{it} = ak_{it}/al_{it} = A_{Kit}/A_{Lit}$，为资本技术效率与劳动技术效率之比。其中，$i$ 为地区，$t$ 为年份。各变量的描述性统计分析见表 6-1。

表 6-1　　　　　　变量描述性统计分析　　　单位：亿元，万人，%

| 变量分类 | 变量名称 | 均值 | 标准差 | 最小值 | 最大值 | 样本数 |
|---|---|---|---|---|---|---|
| 被解释变量 | 产业结构合理化（$tl$） | 0.254 | 0.151 | 0.017 | 0.880 | 520 |
| | 产业结构高度化（$h$） | 1.002 | 0.487 | 0.497 | 4.237 | 520 |
| 解释变量 | 资本与劳动比（$kl$） | 11.165 | 11.419 | 0.048 | 66.676 | 520 |
| | 要素技术效率比（$akal$） | 0.969 | 9.885 | 0.005 | 232.793 | 520 |
| | 要素边际产出比（$m$） | 0.305 | 0.465 | 0.014 | 6.824 | 520 |
| | 资本（$k$） | 0.034 | 0.025 | 0.003 | 0.133 | 520 |
| | 劳动（$l$） | 0.034 | 0.022 | 0.004 | 0.084 | 520 |
| | 资本技术效率（$ak$） | 0.699 | 1.993 | 0.057 | 42.586 | 520 |
| | 劳动技术效率（$al$） | 4.731 | 3.745 | 0.183 | 23.191 | 520 |
| | 恩格尔系数（$eng$） | 0.363 | 0.053 | 0.198 | 0.550 | 520 |
| 控制变量 | 经济发展水平（$pgdp$） | 8428.63 | 5618.96 | 2210.79 | 33042.97 | 520 |
| | 研发投入（$rd$） | 0.013 | 0.010 | 0.001 | 0.060 | 520 |
| | 贸易开放度（$trade$） | 0.295 | 0.348 | 0.012 | 1.668 | 520 |
| | 城市化水平（$city$） | 0.477 | 0.164 | 0.140 | 0.896 | 520 |
| | 政府宏观调控（$gov$） | 0.187 | 0.090 | 0.057 | 0.627 | 520 |

资料来源：作者整理。

## 二、技术进步偏向对产业结构优化的影响路径分析

基准模型即静态面板数据模型。为了减少内生性、消除异方差问题，同时缩小变量之间的数量级差异，对变量进行对数化处理。通过 F 检验、Hausman 检验等方法判定采用固定效应回归（FE）还是随机效应回归（RE）进行分析。

表 6-2 报告了基准模型回归结果。其中，第（1）列是式（6.1）的回归结果，第（2）列是式（6.2）的回归结果，第（3）列是式（6.3）的回归结果，第（4）列是式（6.4）的回归结果。本结果是经过 F 检验和 Hausman 检验后，适合使用固定效应回归，因此略去混合回归和随机效应回归结果，直接列出双向固定效应的回归结果并进行分析。

表6-2　　　　　　　　技术进步偏向对产业结构优化的影响

| 模型 | FE | FE | FE | FE |
|---|---|---|---|---|
| 变量 | （1） | （2） | （3） | （4） |
| | lntl | lnh | lntl | lnh |
| lnkl | 0.281 *** | − 0.119 *** | | |
| | (6.97) | （− 4.58） | | |
| lnakal | 0.035 *** | − 0.017 ** | | |
| | (2.67) | （− 2.06） | | |
| lnm | 0.078 ** | − 0.046 ** | | |
| | (2.38) | （− 2.19） | | |
| lnk | | | 0.150 *** | − 0.040 * |
| | | | (4.74) | （− 1.90） |
| lnl | | | − 1.073 *** | 0.397 *** |
| | | | （− 9.26） | (5.10) |
| lnak | | | − 0.228 *** | 0.141 *** |
| | | | （− 5.68） | (5.25) |
| lnal | | | − 0.377 *** | 0.199 *** |
| | | | （− 7.44） | (5.83) |
| lneng | 0.777 *** | − 0.920 *** | 0.370 *** | − 0.762 *** |
| | (5.97) | （− 11.17） | (2.96) | （− 9.09） |

| 模型 | FE | FE | FE | FE |
|---|---|---|---|---|
| 变量 | (1) | (2) | (3) | (4) |
|  | lntl | lnh | lntl | lnh |
| lnrd | −0.304*** | 0.043* | −0.180*** | 0.018 |
|  | (−6.31) | (1.90) | (−3.84) | (0.58) |
| lnpgdp | −0.240** | −0.535*** | −0.313*** | −0.855*** |
|  | (−2.07) | (−7.28) | (−2.58) | (−10.52) |
| lntrade | 0.078** | −0.097*** | 0.056* | −0.104*** |
|  | (2.24) | (−4.39) | (1.76) | (−4.86) |
| lncity | −0.069 | −0.148*** | −0.126 | −0.019 |
|  | (−0.77) | (−2.60) | (−1.53) | (−0.35) |
| lngov | −0.503*** | 0.373*** | −0.359*** | 0.308*** |
|  | (−5.39) | (6.32) | (−4.15) | (5.32) |
| C | −1.074 | 4.392*** | 1.504 | 4.419*** |
|  | (−1.00) | (6.44) | (1.16) | (5.10) |
| 时间控制 | YES | YES | YES | YES |
| 个体控制 | YES | YES | YES | YES |
| F test | 38.11*** | 54.98*** | 49.43*** | 60.26*** |
| Hausman test | 63.64*** | 91.97*** | 104.43*** | 105.85*** |
| $R^2$ | 0.516 | 0.607 | 0.520 | 0.616 |
| N | 520 | 520 | 520 | 520 |

注：***、**、*分别表示在1%、5%、10%的显著性水平上显著，括号内的数值为t值。

资料来源：作者整理。

（一）资本深化效应

从表6-2第（1）、第（2）列的回归结果看，资本与劳动的技术效率比、边际产出比，对产业结构合理化的回归系数为正值且显著，对产业结构高度化的回归系数为负值且显著。这说明若要素技术效率比和边际产出比下降1%，产业结构的合理化与高度化将提升0.02%~0.08%。依照地区层面的事实分析，各地区资本深化带来了资本偏向性技术进步且技术进步偏向的作用在减弱，使得资本相对劳动的技术效率比、边际产出比下降。因此，资本深化带来资本偏向性技术进步，推动了我国产业结构合理化与高度化。技术进步偏向通过"资本深化效应"促进了我国产业结构优化，技术进步偏向对劳动技术效率的大幅提高是资本深化效应的主要驱动力。结合地区层面事实分析和第五章实证研究结论可知，产业的要素替代弹性小于1，资本偏向性技术进步使得资本深化加强，部门产出沿着"一二三"产业方向变化，有利于产业结构变迁与产业结构优化，呈现"鲍莫尔效应"。

（二）生产率效应

从表6-2第（3）、第（4）列的回归结果看，劳动、劳动技术效率和资本技术效率对产业结构合理化的回归系数为负值且显著，对产业结构高度化的回归系数为正值且显著。可见，劳动增加、劳动技术效率和资本技术效率的提高，有利于产业结构的合理化与高度化。劳动技术效率的回归系数大于资本技术效率的回归系数，尽管我国各地区资本技术效率缓慢下降，但上升的劳动技术效率对产业结构优化的作用更大，我国产业结构总体趋于合理化与高度化。资本偏向性技术进步能够促进产业结构的合理化与高度化（黄红梅，2014；孔宪丽，2015）。劳动提高有利于产业结构的合理化与高度化，原因可能在于，我国巨大的"人口红利"和不断提高的人力资本都对地区产业结构优化起到正向作用，这与多数学者观点相一致（苏杭等，2017；阳立高等，2017）。技术进步偏向通过资本与劳动技术效率，提升了劳动技能和全要素生产率（李小平和李小克，2018；涂正革和陈立，2019），有利于产业结构优化。可见，技术进步偏向通过"生产率效应"促进了我国产业结构优化，劳动和劳动技术效率对产业结构优化起着主导作用。

（三）恩格尔效应

从表6-2的回归结果看，恩格尔系数对产业结构合理化的回归系数为正值且显著，对产业结构高度化的回归系数为负值且显著。恩格尔系数的下降，有利于产业结构合理化与高度化。恩格尔系数下降，通过消费和收入效应影响产出规模和产出质量，有利于产业结构优化。另外，研发投入加大同样有利于产业结构合理化与高度化。产业结构高度化主要依靠技术进步和创新，因此研发投入能够加快技术的研发与转化，有利于产业结构优化（李政和杨思莹，2016；姚战琪和夏杰长，2021）。通过"恩格尔效应"和技术研发投入，推动了我国产业结构合理化与高度化。

值得注意的是，从回归结果看，资本增加和资本深化均不利于产业结构的合理化与高度化，这与部分学者的研究结论一致，即过度资本深化产生的资本错配易造成资本生产率下滑（贺京同和何蕾，2016）。资本深化使全要素生产率或劳动生产率下降，成为抑制中国产业结构优化的重要因素（张军，2002；杨校美和谭人友，2017；陈汝影和余东华，2020）。资本与劳动比提高（资本深化）可以带来投入增多和产出增大（郭凯明等，2020），但未必对供给（结构）优化产生正向作用，中国经济发展中出现的产能过剩和结构性问题正是持续资本深化的一个"反馈"。政府宏观调控加大有利于产业结构合理化与高度化。国际贸易的扩大不利于产业结构合理化与高度化。地区人均 GDP 的提高有利于产业结构合理化但不利于产业结构高度化。城市化水平对产业结构合理化与高度化的作用系数不显著。

综上所述，资本偏向性技术进步对资本与劳动技术效率的不同作用，通过三条路径促进了我国产业结构优化。①相比资本技术效率，资本深化、资本偏向性技术进步极大地提高了我国劳动技术效率。资本与劳动的技术效率比或边际产出比下降，有利于我国产业结构合理化和高度化。可见，技术进步偏向通过"资本深化效应"推动了我国产业结构优化。②劳动增加、劳动技术效率提高，尽管资本技术效率下降，但产业结构总体趋于合理化与高度化，这说明技术进步偏向通过"生产率效应"推动了我国产业结构优化。③随着恩格尔系数的下降、研发投入的加大，产业结构趋于合理化与高度化。这说明技术进步偏向通过"恩格尔效应"同样促进了产业结构合理化与高度化。可见，基准模型的回归结果符合理论研究中假说 1 至假说 3 的结论，技术进步偏向能够加快产业结构优化。当资本偏向性技术进步与更多技能劳动匹配时，能够大幅提高劳动技术效率与资本技术效率，加快产业结构的合理化与高度化。

## 第三节　动态面板数据模型

在静态面板模型基础上，本节采用广义矩估计即 SYS – GMM 对动态面板模型进行实证分析。一是为了有效规避内生性、序列自相关和异方差等问题，从而提高估计的有效性；二是借助动态模型考察技术进步偏向对产业结构优化的影响是否存在滞后效应，下面直接采用 SYS – GMM 的两步估计法。

## 一、动态模型设定

与第五章的动态面板数据模型构建思路相一致，将被解释变量滞后一期纳入基准模型中，动态面板数据模型如下：

$$\ln tl_{it} = \alpha_0 + \alpha_1 \ln tl_{it-1} + \alpha_2 \ln kl_{it} + \alpha_3 \ln akal_{it} + \alpha_4 \ln m_{it} + \alpha_5 \ln eng_{it} + cX_{it} + \varepsilon_{it}$$

$$(6.5)$$

$$\ln h_{it} = \beta_0 + \beta_1 \ln h_{it-1} + \beta_2 \ln kl_{it} + \beta_3 \ln akal_{it} + \beta_4 \ln m_{it} + \beta_5 \ln eng_{it} + cX_{it} + \varepsilon_{it}$$

$$(6.6)$$

$$\ln tl_{it} = a + a_1 tl_{it-1} + a_2 \ln k_{it} + a_3 \ln l_{it} + a_4 \ln ak_{it} + a_5 \ln al_{it} + a_6 \ln eng_{it} + cX_{it} + \varepsilon_{it}$$

$$(6.7)$$

$$\ln h_{it} = b_0 + b_1 h_{it-1} + b_2 \ln k_{it} + b_3 \ln l_{it} + b_4 \ln ak_{it} + b_5 \ln al_{it} + b_6 \ln eng_{it} + cX_{it} + \varepsilon_{it}$$

$$(6.8)$$

加入滞后一期的被解释变量后，式（6.5）和式（6.6）考察要素技术效率比的变动对产业结构合理化与高度化的动态效应。式（6.7）和式（6.8）考察要素技术效率的变动对产业结构合理化与高度化的动态效应。其中，$\alpha$、$\beta$、$a$、$b$、$c$ 均为变量系数，$X$ 为控制变量集，$\varepsilon_{it}$ 为随机扰动项。变量符号与基准模型一致，不再赘述。

## 二、技术进步偏向影响产业结构优化的动态效应分析

表6-3 报告了动态模型回归结果。其中，第（1）、第（2）列是式（6.5）和式（6.6）的回归结果，第（3）、第（4）列是式（6.7）和式（6.8）的回归结果。在参考动态模型固定效应回归基础上得到最优 SYS – GMM 实证结果，据此进行分析。从表6-3 的回归结果来看，AR（1）显著、AR（2）不显著、Hansen 检验不显著，即模型方程存在一阶序列相关，不存在二阶序列相关，且 Hansen 检验的结果也表明不能拒绝原假设，说明 SYS – GMM 估计的工具变量有效且不存在过度识别问题，实证结果可信。

表6－3　　　　　　　技术进步偏向对产业结构优化的动态影响

| 模型 | SYS－GMM | SYS－GMM | SYS－GMM | SYS－GMM |
|---|---|---|---|---|
| 变量 | (1) | (2) | (3) | (4) |
| | lntl | lnh | lntl | lnh |
| L. lntl | 0.472 *** | | 0.506 *** | |
| | (3.38) | | (2.87) | |
| L. lnh | | 1.066 *** | | 0.920 *** |
| | | (10.09) | | (9.00) |
| lnkl | 0.441 ** | －0.033 | | |
| | (2.26) | (－0.69) | | |
| lnakal | 0.084 * | －0.017 ** | | |
| | (1.87) | (－2.04) | | |
| lnm | 0.527 ** | －0.054 * | | |
| | (2.03) | (－1.75) | | |
| lnk | | | 0.188 * | －0.088 ** |
| | | | (1.86) | (－2.00) |
| lnl | | | －0.388 * | 0.089 |
| | | | (－1.63) | (0.91) |
| lnak | | | －0.244 * | 0.270 *** |
| | | | (－1.77) | (2.92) |
| lnal | | | －0.359 ** | 0.352 *** |
| | | | (－1.99) | (3.19) |
| lneng | 0.504 | －0.242 | 0.296 | －0.253 * |
| | (0.72) | (－0.96) | (1.03) | (－1.74) |
| lnrd | －0.219 * | 0.163 * | －0.023 | 0.024 |
| | (－1.79) | (1.66) | (－0.20) | (0.49) |
| lnpgdp | －0.561 * | －0.199 ** | －0.385 | －0.202 |
| | (－1.61) | (－2.05) | (－1.44) | (－1.24) |
| lntrade | 0.070 | －0.165 *** | －0.213 * | －0.002 |
| | (0.40) | (－2.58) | (－1.62) | (－0.06) |
| lncity | －0.208 | －0.143 | －0.043 | －0.010 |
| | (－0.85) | (－1.21) | (－0.16) | (－0.09) |

159

| 模型 | SYS - GMM | SYS - GMM | SYS - GMM | SYS - GMM |
|------|-----------|-----------|-----------|-----------|
| 变量 | (1) | (2) | (3) | (4) |
|  | lntl | lnh | lntl | lnh |
| *lngov* | - 0.078 | 0.258 | - 0.673 ** | 0.290 *** |
|  | ( - 0.27) | (1.45) | ( - 2.43) | (2.60) |
| C | 4.214 | - 2.427 ** | 2.812 | 2.022 |
|  | (1.33) | ( - 2.49) | (0.99) | (1.22) |
| AR (1) - P | 0.058 | 0.002 | 0.051 | 0.001 |
| AR (2) - P | 0.867 | 0.453 | 0.168 | 0.208 |
| Hansen - P | 0.207 | 0.216 | 0.532 | 0.406 |
| N | 491 | 491 | 491 | 491 |

注：***、**、*分别表示在1%、5%、10%的显著性水平上显著，括号内的数值为 z 值。

资料来源：作者整理。

动态效应分析。从表 6 - 3 回归结果看，被解释变量滞后项回归系数为正值且显著，说明技术进步偏向对产业结构合理化与高度化存在滞后效应，对当期值有正向"惯性"作用。这一结论符合工业化"中国方案"的内在逻辑，"稳中求进"可以保持产业的持续成长和工业化的持续深化（黄群慧，2018）。模型加入被解释变量滞后项之后，解释变量对产业结构合理化和产业结构高度化的回归结果与基准模型基本一致，个别变量的回归系数显著性水平下降，如劳动对产业结构高度化的回归系数虽仍为正值但不显著。

综上所述，与基准模型相比，动态模型的 SYS - GMM 回归结果依然可以得到以下重要结论：①要素技术效率比、边际产出比与产业结构优化呈反方向变化，资本偏向性技术进步降低了资本与劳动的技术效率比和边际产出比，通过"资本深化效应"推动了我国产业结构合理化与高度化。②资本技术效率和劳动技术效率的提高对产业结构优化存在正向作用，技术进步偏向提高劳动技术效率，通过"生产率效应"推动了我国产业结构合理化与高度化。③随着恩格尔系数的下降、研发投入的加大，产业结构趋于合理化与高度化。说明"恩格尔效应"推动了我国产业结构合理化与高度化。总体来看，技术进步偏向对产业结构优化存在正向"惯性"作用（李爱和盖骁敏，2021）。在存在被解释变量滞后项的动态模型中，技术进步偏向仍然能够通过上述三条路径促进我国产业结构优化。

# 第四节 稳健性检验

稳健性检验主要从两个方面进行：一是运用新指标替换核心变量，包括被解释变量和解释变量，检验基准模型的回归结果是否稳健；二是更换估计方法，通过使用可行的广义最小二乘法（FGLS）估计，检验回归结果是否依然稳健。

## 一、稳健性检验 I：替换核心变量

1. 替换被解释变量。采用产业结构系数（h - new）衡量产业结构高度化，见式（2.6）。h - new 取值区间为（1，3），h - new 值越大，产业结构越高级。

表 6 - 4 报告了采用新的产业结构高度化指标后，式（6.2）和式（6.4）的回归结果。本结果经过 F 检验和 Hausman 检验后，均适合使用固定效应回归，因此直接列出双向固定效应的模型回归结果进行分析。解释变量对新的产业结构高度化指标的回归结果与基准模型基本一致，除了个别变量的回归系数变得不显著。

表 6 - 4　　　采用新的产业结构高度化指标后的回归结果

| 模型 | FE | FE |
|---|---|---|
| 变量 | (1) | (2) |
| | lnh - new | lnh - new |
| *lnkl* | -0.015 ** | |
| | (-2.28) | |
| *lnakal* | -0.004 ** | |
| | (-2.04) | |
| *lnm* | -0.004 | |
| | (-1.59) | |
| *lnk* | | -0.005 ** |
| | | (-2.32) |
| *lnl* | | 0.011 |
| | | (1.42) |

| 模型 | FE | FE |
|---|---|---|
| 变量 | (1) | (2) |
| | lnh – new | lnh – new |
| lnak | | 0. 009 *** |
| | | (3. 35) |
| lnal | | 0. 010 *** |
| | | (3. 17) |
| lneng | − 0. 018 | − 0. 068 *** |
| | ( − 1. 50) | ( − 8. 14) |
| lnrd | 0. 012 *** | 0. 011 *** |
| | (4. 44) | (3. 58) |
| lnpgdp | − 0. 008 | − 0. 038 *** |
| | ( − 0. 57) | ( − 4. 63) |
| lntrade | 0. 004 ** | − 0. 001 |
| | (2. 08) | ( − 0. 07) |
| lncity | − 0. 005 | 0. 016 *** |
| | ( − 0. 88) | (2. 96) |
| lngov | 0. 029 *** | 0. 033 *** |
| | (4. 35) | (5. 80) |
| C | 0. 916 *** | 1. 037 *** |
| | (13. 16) | (12. 48) |
| 时间控制 | YES | YES |
| 个体控制 | YES | YES |
| F test | 34. 63 *** | 29. 32 *** |
| Hausman test | 27. 44 *** | 44. 32 *** |
| $R^2$ | 0. 769 | 0. 769 |
| N | 520 | 520 |

注：***、**、*分别表示在1%、5%、10%的显著性水平上显著，括号内的数值为 t 值。

资料来源：作者整理。

2. 替换解释变量。与第五章稳健性检验 I 的思路一致，本节通过重新测算得到新的技术进步偏向指标（lnakal – new、lnm – new、lnak – new、lnal – new），然后进行稳健性检验。

表6-5报告了采用新的技术进步偏向指标后，式（6.1）、式（6.2）、式（6.3）和式（6.4）的回归结果。本结果经过F检验和Hausman检验后，均适合使用固定效应回归，因此直接列出双向固定效应的模型回归结果进行分析。新的解释变量指标对产业结构合理化与高度化的回归结果与基准模型一致。

表6-5 采用新的技术进步偏向指标后的回归结果

| 模型 | FE | FE | FE | FE |
|---|---|---|---|---|
| 变量 | (1) | (2) | (3) | (4) |
| | lntl | lnh | lntl | lnh |
| lnkl | 0.434 *** | -0.198 *** | | |
| | (9.03) | (-6.69) | | |
| lnakal - new | 0.041 ** | -0.038 *** | | |
| | (2.45) | (-3.71) | | |
| lnm - new | 0.285 *** | -0.165 *** | | |
| | (7.38) | (-6.93) | | |
| lnk | | | 0.183 *** | -0.035 |
| | | | (5.07) | (-1.50) |
| lnl | | | -1.177 *** | 0.229 ** |
| | | | (-8.42) | (2.53) |
| lnak - new | | | -0.243 *** | 0.147 *** |
| | | | (-4.63) | (4.33) |
| lnal - new | | | -0.298 *** | 0.146 *** |
| | | | (-4.92) | (3.72) |
| lneng | 0.653 *** | -0.783 *** | 0.438 *** | -0.723 *** |
| | (4.68) | (-9.10) | (2.99) | (-7.60) |
| lnrd | -0.239 *** | 0.039 | -0.172 *** | 0.061 * |
| | (-5.05) | (1.33) | (-3.39) | (1.84) |
| lnpgdp | -0.134 | -0.751 *** | -0.048 | -0.803 *** |
| | (-1.12) | (-10.19) | (-0.36) | (-9.40) |
| lntrade | 0.070 ** | -0.113 *** | 0.060 * | -0.115 *** |
| | (1.98) | (-5.17) | (1.74) | (-5.11) |
| lncity | -0.024 | -0.082 | -0.212 ** | -0.020 |
| | (-0.27) | (-1.49) | (-2.31) | (-0.33) |

| 模型 | FE | FE | FE | FE |
|---|---|---|---|---|
| 变量 | (1) | (2) | (3) | (4) |
|  | lntl | lnh | lntl | lnh |
| *lngov* | -0.369*** | 0.284*** | -0.374*** | 0.351*** |
|  | (-3.92) | (4.89) | (-3.99) | (5.77) |
| C | -0.383 | 5.942*** | 5.069*** | 5.249*** |
|  | (-0.34) | (8.64) | (3.35) | (5.35) |
| 时间控制 | YES | YES | YES | YES |
| 个体控制 | YES | YES | YES | YES |
| F test | 41.00*** | 54.51*** | 36.39*** | 50.39*** |
| Hausman test | 76.62*** | 154.22*** | 89.89*** | 110.48*** |
| $R^2$ | 0.397 | 0.492 | 0.413 | 0.466 |
| N | 502 | 502 | 502 | 502 |

注：***、**、*分别表示在1%、5%、10%的显著性水平上显著。括号内的数值为t值。

资料来源：作者整理。

从表6-4和表6-5回归结果可见，采用新的代理指标衡量产业结构高度化和技术进步偏向后，回归结果与基准模型基本一致。通过替换核心变量，证明了模型和回归结果的稳健性。

## 二、稳健性检验Ⅱ：更换估计方法

表6-6报告了在采用新的估计方法后的回归结果。第（1）列是式（6.1）的回归结果，第（2）列是式（6.2）的回归结果，第（3）列是式（6.3）的回归结果，第（4）列是式（6.4）的回归结果。除了回归系数变得稍小外，表6-6的回归结果与基准模型基本一致。通过更换估计方法证明了模型和回归结果的稳健性。

**表6-6　采用可行的广义最小二乘法（FGLS）后的回归结果**

| 模型 | FGLS | FGLS | FGLS | FGLS |
|---|---|---|---|---|
| 变量 | (1) | (2) | (3) | (4) |
|  | lntl | lnh | lntl | lnh |
| *lnkl* | 0.107*** | -0.002*** |  |  |
|  | (5.02) | (-5.83) |  |  |

续表

| 模型 | FGLS | FGLS | FGLS | FGLS |
|---|---|---|---|---|
| 变量 | (1) | (2) | (3) | (4) |
| | lntl | lnh | lntl | lnh |
| lnakal | 0.009 *** | −0.001 *** | | |
| | (3.11) | (−3.49) | | |
| lnm | 0.004 *** | −0.042 *** | | |
| | (4.80) | (−8.12) | | |
| lnk | | | 0.050 *** | −0.045 *** |
| | | | (2.88) | (−6.33) |
| lnl | | | −1.286 *** | 0.403 *** |
| | | | (−20.64) | (17.27) |
| lnak | | | −0.206 *** | 0.107 *** |
| | | | (−9.66) | (11.73) |
| lnal | | | −0.288 *** | 0.145 *** |
| | | | (−11.84) | (11.93) |
| lneng | 0.249 *** | −0.287 *** | 0.065 | −0.247 *** |
| | (4.30) | (−8.87) | (1.01) | (−11.21) |
| lnrd | −0.101 *** | 0.023 *** | −0.063 *** | 0.035 *** |
| | (−6.71) | (3.08) | (−3.64) | (4.94) |
| lnpgdp | −0.261 *** | −0.616 *** | −0.347 *** | −0.814 *** |
| | (−6.08) | (−19.25) | (−4.47) | (−25.05) |
| lntrade | 0.063 *** | −0.069 *** | 0.027 ** | −0.073 *** |
| | (4.77) | (−10.40) | (2.10) | (−12.26) |
| lncity | −0.152 *** | −0.029 * | −0.180 *** | −0.014 |
| | (−7.86) | (−1.70) | (−6.34) | (−0.24) |
| lngov | −0.223 *** | 0.203 *** | −0.166 *** | 0.151 *** |
| | (−7.37) | (10.46) | (−4.17) | (6.53) |
| C | −1.252 *** | 7.143 *** | 1.306 * | 5.709 *** |
| | (−2.92) | (22.03) | (1.66) | (18.14) |
| 时间控制 | YES | YES | YES | YES |
| 个体控制 | YES | YES | YES | YES |
| N | 520 | 520 | 520 | 520 |

注：***、**、*分别表示在1%、5%、10%的显著性水平上显著，括号内的数值为z值。

资料来源：作者整理。

综合来看，两类稳健性检验均符合理论假说1到假说3的结论，证实了基准模型回归结果的稳健性，即资本偏向型技术进步改变资本与劳动技术效率，通过资本深化效应、生产率效应和恩格尔效应三条路径促进了我国产业结构优化。

# 第五节 进一步研究：异质性与空间效应

## 一、区域异质性

动态面板模型的回归结果说明技术进步偏向对产业结构优化的影响存在正向动态滞后效应。鉴于中国地区间经济增长和产业结构存在明显差异，本节考察当样本呈现区域差异时，技术进步偏向对产业结构优化的影响是否存在区域异质性问题。首先，将中国经济区域分为东部地区、中部地区和西部地区，模型设定和回归方法与基准模型相同。

表6-7报告了东部地区基准模型的回归结果。解释变量对产业结构合理化与高度化的回归结果与基准模型一致，个别变量作用系数变得不显著。相较基准模型，东部地区要素投入对产业结构合理化与高度化的作用系数变小，资本与劳动技术效率对产业结构合理化与高度化的作用系数变大。这说明在东部地区的产业结构优化中，相比要素投入驱动，技术进步偏向的驱动作用更显著。东部地区要继续通过技术进步与创新引领我国经济发展，这符合高质量发展的内在要求。

表6-7　　　　　技术进步偏向对产业结构优化的影响：东部地区

| 模型 | FE | FE | FE | FE |
|---|---|---|---|---|
| 变量 | (1) | (2) | (3) | (4) |
| | lntl | lnh | lntl | lnh |
| lnkl | 0.671*** | -0.238*** | | |
| | (5.75) | (-3.37) | | |
| lnakal | 0.059** | -0.014 | | |
| | (2.45) | (-0.99) | | |
| lnm | 0.519*** | -0.035 | | |
| | (5.91) | (-0.65) | | |

续表

| 模型 | FE | FE | FE | FE |
|---|---|---|---|---|
| 变量 | (1) | (2) | (3) | (4) |
| | lntl | lnh | lntl | lnh |
| lnk | | | 0.091 *<br>(1.65) | - 0.172 ***<br>( - 4.32) |
| lnl | | | - 0.762 ***<br>( - 4.33) | 0.136 *<br>(1.65) |
| lnak | | | - 0.690 ***<br>( - 8.38) | 0.253 ***<br>(4.96) |
| lnal | | | - 0.735 ***<br>( - 8.46) | 0.282 ***<br>(5.24) |
| lneng | 0.948 ***<br>(5.64) | - 0.770 ***<br>( - 7.59) | 0.056<br>(0.35) | - 0.587 ***<br>( - 5.99) |
| lnrd | - 0.402 ***<br>( - 4.86) | 0.211 ***<br>(4.22) | - 0.518 ***<br>( - 7.20) | 0.220 ***<br>(4.93) |
| lnpgdp | - 1.770 ***<br>( - 6.89) | - 0.370 **<br>( - 2.39) | - 0.175<br>( - 0.70) | - 0.068<br>( - 0.44) |
| lntrade | 0.030<br>(0.47) | - 0.246 ***<br>( - 6.51) | 0.107 *<br>(1.89) | - 0.271 ***<br>( - 7.73) |
| lncity | - 0.146<br>( - 1.13) | - 0.075<br>( - 0.97) | - 0.345 ***<br>( - 2.66) | - 0.087<br>( - 1.08) |
| lngov | - 0.417 ***<br>( - 2.63) | 0.334 ***<br>(3.50) | - 0.041<br>( - 0.32) | 0.346 ***<br>(4.36) |
| C | 16.170 ***<br>(6.29) | - 3.382 **<br>( - 2.18) | 1.835<br>(0.88) | - 0.294<br>( - 0.23) |
| 时间控制 | YES | YES | YES | YES |
| 个体控制 | YES | YES | YES | YES |
| F test | 24.30 *** | 50.30 *** | 29.29 *** | 78.69 *** |
| Hausman test | 103.91 *** | 129.78 *** | 112.32 *** | 150.70 *** |
| $R^2$ | 0.782 | 0.701 | 0.822 | 0.742 |
| N | 200 | 200 | 200 | 200 |

注：***、**、*分别表示在1%、5%、10%的显著性水平上显著，括号内的数值为t值。

资料来源：作者整理。

表6-8显示了中部地区基准模型的回归结果。解释变量对产业结构合理化与高度化的回归结果与基准模型基本一致。相比基准模型，中部地区的资本与劳动技术效率对产业结构合理化与高度化的作用系数变小。

表6-8　　　　　技术进步偏向对产业结构优化的影响：中部地区

| 模型 | FE | FE | FE | FE |
|---|---|---|---|---|
| 变量 | (1) | (2) | (3) | (4) |
| | lntl | lnh | lntl | lnh |
| lnkl | 0.249 *** | -0.151 *** | | |
| | (3.30) | (-2.70) | | |
| lnakal | 0.050 *** | -0.009 | | |
| | (2.80) | (-0.68) | | |
| lnm | 0.062 | -0.060 *** | | |
| | (0.81) | (-2.85) | | |
| lnk | | | 0.134 ** | -0.012 |
| | | | (2.55) | (-0.29) |
| lnl | | | -1.751 *** | 0.239 |
| | | | (-4.05) | (0.70) |
| lnak | | | -0.177 ** | 0.121 ** |
| | | | (-2.35) | (2.03) |
| lnal | | | -0.243 *** | 0.185 ** |
| | | | (-3.50) | (2.39) |
| lneng | 0.074 | -0.605 *** | 0.436 * | -0.477 ** |
| | (0.30) | (-3.30) | (1.66) | (-2.31) |
| lnrd | -0.140 | 0.129 | -0.041 | 0.054 |
| | (-1.23) | (-1.54) | (-0.37) | (0.64) |
| lnpgdp | -0.801 *** | -1.153 ** | -1.492 *** | -1.513 *** |
| | (-3.67) | (-7.16) | (-5.83) | (-7.49) |
| lntrade | 0.227 *** | -0.066 | 0.276 *** | -0.151 *** |
| | (2.83) | (-1.11) | (4.17) | (-2.90) |
| lncity | -0.551 ** | -0.155 | -0.770 *** | -0.089 |
| | (-2.28) | (-0.86) | (-3.29) | (-0.48) |

续表

| 模型 | FE | FE | FE | FE |
|---|---|---|---|---|
| 变量 | (1) | (2) | (3) | (4) |
|  | lntl | lnh | lntl | lnh |
| lngov | −1.135*** | 0.659*** | −0.702*** | 0.593*** |
|  | (−5.49) | (4.31) | (−3.23) | (3.45) |
| C | −10.622*** | 10.118*** | −3.518 | 11.110*** |
|  | (−4.88) | (6.29) | (−1.00) | (4.00) |
| 时间控制 | YES | YES | YES | YES |
| 个体控制 | YES | YES | YES | YES |
| F test | 23.40*** | 21.88*** | 31.09*** | 21.83*** |
| Hausman test | 91.13*** | 88.28*** | 102.58*** | 87.94*** |
| $R^2$ | 0.401 | 0.592 | 0.467 | 0.586 |
| N | 160 | 160 | 160 | 160 |

注：***、**、*分别表示在1%、5%、10%的显著性水平上显著，括号内的数值为t值。

资料来源：作者整理。

表6−9报告了西部地区基准模型的回归结果。解释变量对产业结构合理化与高度化的回归结果与基准模型基本一致。但是，西部地区的资本深化有利于产业结构合理化，原因可能在于，当西部地区资本不足时，加强资本深化有利于优化要素配置和提高产出水平。相较基准模型，西部地区资本与劳动技术效率对产业结构合理化与高度化的作用系数较小，原因可能为技术和资本的缺乏。

**表6−9　　技术进步偏向对产业结构优化的影响：西部地区**

| 模型 | FE | FE | FE | FE |
|---|---|---|---|---|
| 变量 | (1) | (2) | (3) | (4) |
|  | lntl | lnh | lntl | lnh |
| lnkl | −0.069** | −0.084** |  |  |
|  | (−1.98) | (−2.06) |  |  |
| lnakal | 0.016** | −0.027* |  |  |
|  | (1.99) | (−1.65) |  |  |
| lnm | −0.087 | −0.059*** |  |  |
|  | (−1.56) | (−3.20) |  |  |

| 模型 | FE | FE | FE | FE |
|---|---|---|---|---|
| 变量 | (1) | (2) | (3) | (4) |
| | lntl | lnh | lntl | lnh |
| lnk | | | 0.169 ** | -0.034 |
| | | | (2.19) | (-0.79) |
| lnl | | | -0.227 ** | 0.052 |
| | | | (-2.02) | (0.28) |
| lnak | | | -0.063 | 0.064 * |
| | | | (-1.11) | (1.75) |
| lnal | | | -0.118 * | 0.125 ** |
| | | | (-1.70) | (2.30) |
| lneng | 0.549 ** | -0.839 *** | 0.085 | -0.852 *** |
| | (2.54) | (-6.01) | (0.31) | (-5.80) |
| lnrd | -0.101 | 0.069 | -0.110 *** | 0.054 |
| | (-1.44) | (1.51) | (-2.72) | (1.12) |
| lnpgdp | -0.675 *** | -0.554 *** | -0.580 *** | -0.632 *** |
| | (-3.11) | (-5.06) | (-3.18) | (-4.78) |
| lntrade | -0.023 | -0.016 | -0.018 | -0.022 |
| | (-0.54) | (-0.57) | (-0.37) | (-0.76) |
| lncity | 0.097 | 0.038 | 0.155 | 0.135 * |
| | (0.74) | (0.45) | (1.19) | (1.61) |
| lngov | -0.649 *** | 0.161 ** | -0.316 ** | 0.082 |
| | (-3.04) | (1.97) | (-2.42) | (0.97) |
| C | 2.252 | 3.970 *** | 2.428 | 4.491 *** |
| | (1.40) | (4.34) | (0.95) | (2.71) |
| 时间控制 | YES | YES | YES | YES |
| 个体控制 | YES | YES | YES | YES |
| F test | 21.72 *** | 6.78 *** | 21.38 *** | 5.35 *** |
| Hausman test | 98.65 *** | 47.89 *** | 97.66 *** | 39.91 *** |
| $R^2$ | 0.563 | 0.424 | 0.574 | 0.412 |
| N | 160 | 160 | 160 | 160 |

注：***、**、*分别表示在1%、5%、10%的显著性水平上显著。括号内的数值为t值。

资料来源：作者整理。

表 6-7、表 6-8 和表 6-9 的回归结果与基准模型是比较一致的。相较基准模型，技术进步偏向对产业结构优化的作用确实存在区域异质性，在较发达地区要素技术效率对产业结构优化的作用变大，在欠发达地区作用变小（孙学涛等，2017）。原因可能在于，东部地区市场化水平和劳动力素质较高，技术进步偏向对资本与劳动技术效率的"偏向作用"更大。既然在欠发达地区技术进步偏向对产业结构合理化与高度化的作用系数较小，那么要充分发挥技术进步偏向作用，就要做到：一要加快完善地区营商环境，通过产业政策有效地引导资本、技术向欠发达地区转移；二要基于本地区资源禀赋和比较优势发展特色产业，通过缪尔达尔的"扩散效应"或"涓滴效应"缩小区域差距。综合来看，尽管要素技术效率的作用存在区域异质性，但从各区域样本的回归结果看，技术进步偏向对资本技术效率与劳动技术效率的不同作用，通过资本深化效应、生产率效应和恩格尔效应三条路径推动了我国产业结构优化。

## 二、空间计量模型

前面依次讨论了技术进步偏向对产业结构优化的静态影响、动态影响和区域异质性问题，本节继续考察技术进步偏向对产业结构优化的空间效应。技术的研发与利用存在空间溢出效应，距离在技术溢出和产业转移中起到重要作用。Young（1991）认为，技术溢出是有界的，"干中学"可以促进新产品开发。潘文卿等（2017）认为，地区间的技术扩散就是技术进步偏向的空间扩散。孙学涛等（2017）、段瑞君（2018）运用空间计量模型考察了我国地区（城市）层面技术进步或技术进步偏向指数对产业结构优化的作用。那么，技术进步偏向改变要素技术效率时是否具有空间溢出效应，对"相邻"地区的产业结构优化影响如何，偏向性技术扩散的方向和作用成为本节研究的重点。

### （一）空间相关性检验

空间计量分析的前提，一是建立空间权重矩阵，二是检验变量是否存在空间相关性。首先，依据"相邻"与否建立相邻距离权重矩阵 $W_1$；其次，使用人均实际 GDP 均值的差额作为测算地区间"经济距离"指标，构建经济距离权重矩阵 $W_2$。在相邻距离权重矩阵 $W_1$ 下，运用全局莫兰指数（Global Moran's I）检验空间相关性，见表 6-10。莫兰指数接近 1，表示变量之间存在正的空间自相关；莫兰指数接近 -1，则变量之间存在负的空间自相关；莫兰指数接近0，则表明不存在空间自相关。由表6-10可知，产业结构合理化都在1%水平上显著，产业结构高度化多数在5%水平上显著，均存在空间正相关关系，可以进行空间计量分析。

表6-10　　　　　　　　空间相关性检验：全局莫兰指数

| 年份 | tl | h | 年份 | tl | h |
|------|------|------|------|------|------|
| 1998 | 0.376 *** | 0.239 ** | 2008 | 0.451 *** | 0.164 * |
| | (3.58) | (2.37) | | (4.07) | (1.87) |
| 1999 | 0.409 *** | 0.189 ** | 2009 | 0.442 *** | 0.179 ** |
| | (3.77) | (1.94) | | (4.02) | (1.99) |
| 2000 | 0.305 *** | 0.180 * | 2010 | 0.524 *** | 0.217 ** |
| | (2.86) | (1.88) | | (4.60) | (2.33) |
| 2001 | 0.327 *** | 0.159 * | 2011 | 0.527 *** | 0.221 ** |
| | (3.15) | (1.71) | | (4.61) | (2.36) |
| 2002 | 0.327 *** | 0.164 * | 2012 | 0.571 *** | 0.225 ** |
| | (3.24) | (1.79) | | (4.39) | (2.38) |
| 2003 | 0.346 *** | 0.148 * | 2013 | 0.554 *** | 0.197 ** |
| | (3.35) | (1.68) | | (4.81) | (2.11) |
| 2004 | 0.361 *** | 0.131 | 2014 | 0.567 *** | 0.205 ** |
| | (3.53) | (1.53) | | (4.89) | (2.19) |
| 2005 | 0.397 *** | 0.149 * | 2015 | 0.569 *** | 0.190 ** |
| | (3.72) | (1.71) | | (4.87) | (2.04) |
| 2006 | 0.409 *** | 0.151 * | 2016 | 0.553 *** | 0.205 ** |
| | (3.81) | (1.76) | | (4.75) | (2.15) |
| 2007 | 0.410 *** | 0.147 * | 2017 | 0.518 *** | 0.235 ** |
| | (3.78) | (1.72) | | (4.47) | (2.44) |

注：***、**、*分别表示在1%、5%、10%的显著性水平上显著，括号内为z值。

资料来源：作者整理。

（二）空间计量模型设定

考虑到解释变量和被解释变量可能同时存在空间依赖性。建立一般空间杜宾模型（SDM）：

$$\ln tl_{it} = \alpha_0 + \rho_1 \sum_{j=1}^{n} w_{ij} \ln tl_{it} + \alpha_1 \ln al_{it} + \alpha_2 \ln ak_{it} + a_1 \sum_{j=1}^{n} w_{ij} \ln al_{it}$$

$$+ a_2 \sum_{j=1}^{n} w_{ij} \ln ak_{it} + \sum_{m=1}^{7} \gamma_m C_{it} + u_i + \varepsilon_{it} \tag{6.9}$$

$$\ln h_{it} = \beta_0 + \rho_2 \sum_{j=1}^{n} w_{ij} \ln h_{it} + \beta_1 \ln al_{it} + \beta_2 \ln ak_{it} + b_1 \sum_{j=1}^{n} w_{ij} \ln al_{it}$$

$$+ b_2 \sum_{j=1}^{n} w_{ij} \ln ak_{it} + \sum_{m=1}^{7} \gamma_m C_{it} + u_i + \varepsilon_{it} \tag{6.10}$$

式（6.9）和式（6.10）考察资本与劳动技术效率对产业结构合理化与高度化的空间效应。其中，$W_{ij}$ 为空间权重矩阵，$\rho$ 为空间自相关系数，$a_1$、$a_2$、$b_1$、$b_2$ 均为解释变量的空间滞后系数。其他变量符号与前面一致，不再赘述。分别在 $W_1$ 和 $W_2$ 下对模型进行 Wald 检验，通过表 6-11 可知，只有在 $W_1$ 下，无论是 $tl$ 还是 $h$，均拒绝了原假设（SAR 或者 SEM），选取 SDM 进行回归分析。同时，$W_1$ 下的拟合优度稍高于 $W_2$。$W_1$ 下的空间自相关系数 $\rho$ 均在 1% 水平上显著，且高于 $W_2$ 下的空间自相关系数，这说明产业结构优化存在显著的空间依赖性。因此基于 $W_1$ 下空间杜宾模型（SDM）的回归结果进行分析。

（三）空间效应分析

由表 6-11 可知，对产业结构合理化来说，资本技术效率有利于本地区（回归系数为 -0.079）和"相邻"地区（回归系数为 -0.325）的产业结构合理化。但劳动技术效率对本地区（回归系数为 0.018）产业结构合理化的作用不显著，对"相邻"地区（回归系数为 -0.337）的产业结构合理化有显著促进作用。对产业结构高度化来说，资本技术效率提高了本地区（回归系数为 0.006）的产业结构高度化，劳动技术效率也提高了本地区（回归系数为 0.004）的产业结构高度化。但资本技术效率降低了"相邻"地区（回归系数为 -0.013）的产业结构高度化，劳动技术效率也降低了"相邻"地区（回归系数为 -0.002）的产业结构高度化。可见，技术进步偏向存在显著的空间溢出效应（孙学涛等，2017）。资本与劳动技术效率推动了本地区产业结构合理化与高度化，这与前面静态模型和动态模型的结论相一致。另外，资本与劳动技术效率对"相邻"地区的产业结构合理化形成正的空间溢出效应，对"相邻"地区的产业结构高度化形成负的空间溢出效应，这说明技术进步偏向对"相邻"地区的产业结构高度化存在抑制作用。

表6–11                   技术进步偏向对产业结构优化的空间影响

| 变量 | W₁ | | W₂ | |
|---|---|---|---|---|
| | lntl | lnh | lntl | lnh |
| lnal | 0.018 | 0.004 ** | −0.042 | 0.004 ** |
| | (0.52) | (2.17) | (−1.41) | (2.04) |
| lnak | −0.079 *** | 0.006 *** | −0.015 | 0.006 *** |
| | (−2.64) | (3.89) | (−0.47) | (3.00) |
| lneng | −0.201 * | −0.001 | −0.009 | 0.001 |
| | (−1.75) | (−0.10) | (−0.05) | (0.52) |
| lnrd | −0.03 | 0.008 *** | −0.298 *** | 0.011 *** |
| | (−0.62) | (2.59) | (−6.77) | (3.67) |
| lnpgdp | 0.716 *** | −0.026 *** | 0.019 | −0.026 *** |
| | (4.99) | (−3.12) | (0.13) | (−3.25) |
| lntrade | 0.093 *** | 0.001 | −0.011 | −0.001 |
| | (2.59) | (0.73) | (−0.31) | (−0.52) |
| lncity | 0.101 | 0.016 *** | 0.056 | 0.013 *** |
| | (1.20) | (3.40) | (0.66) | (2.63) |
| lngov | −0.428 *** | 0.006 | −0.477 *** | 0.007 |
| | (−3.79) | (0.88) | (−4.15) | (1.41) |
| W × lnal | −0.337 *** | −0.002 | −0.162 *** | 0.004 |
| | (−5.55) | (−0.50) | (−2.89) | (1.33) |
| w × lnak | −0.325 *** | −0.013 *** | −0.504 *** | 0.001 |
| | (−5.97) | (−4.47) | (−9.69) | (0.33) |
| ρ | 0.327 *** | 0.245 *** | 0.216 *** | 0.114 ** |
| | (6.37) | (4.61) | (4.01) | (2.15) |
| Wald (SAR test) | 45.25 *** | 22.34 *** | 96.40 *** | 1.35 |
| Wald (SEM test) | 50.20 *** | 18.38 *** | 106.06 *** | 1.64 |
| $R^2$ | 0.550 | 0.817 | 0.464 | 0.816 |
| N | 520 | 520 | 520 | 520 |

注：***、**、*分别表示在1%、5%、10%的显著性水平上显著，括号内为z值。
资料来源：作者整理。

（四）空间效应分解分析

由表6–12的回归结果看，对产业结构合理化来说，除了劳动技术效率的直接效应不显著之外，资本与劳动技术效率对产业结构合理化的总效应都是正向且显著的。从间接效应来看，资本和劳动技术效率对"相邻"地区的产业结构合理化存在促进作用。对产业结构高度化来说，劳动技术效率的总效应是正向且显著的，资本技术效率带来的总效应是负向且显著的。从间接效应来看，资本和劳动技术效率对"相邻"地区的产业结构高度化作用为负向。因此劳动和资本技术效率对"相邻"地区的产业结构合理化存在正向的空间溢出效应，对"相邻"地区的产业结构高度化存在负向的空间溢出效应，与表6-11分析结果一致。这可以尝试用缪尔达尔的"扩散效应"和"极化效应"加以解释。"扩散效应"表现为本地区通过要素流动和产业转移对"相邻"地区形成正向的技术外溢效应，而"极化效应"表现为本地区通过经济优势吸引资本、技术、人才流入使"相邻"地区要素流失和发展滞后，形成负向的技术溢出效应。

表6-12　　　　　　空间效应：直接效应、间接效应和总效应

| 变量 | lntl | | | lnh | | |
|---|---|---|---|---|---|---|
| | 直接效应 | 间接效应 | 总效应 | 直接效应 | 间接效应 | 总效应 |
| lnal | -0.01 (-0.28) | -0.464*** (-5.59) | -0.474*** (-5.12) | 0.004** (2.17) | -0.001 (-0.19) | 0.003* (1.74) |
| lnak | -0.110*** (-3.86) | -0.493*** (-7.18) | -0.603*** (-7.68) | 0.006*** (3.89) | -0.014*** (-4.07) | -0.008** (-2.18) |
| lnpgdp | 0.761*** (5.57) | 0.484* (1.79) | 1.245*** (4.09) | -0.025*** (-3.12) | -0.008 (-0.60) | -0.033** (-2.18) |
| lneng | -0.159* (-1.63) | 0.666** (2.34) | 0.507* (1.84) | -0.005 (-0.10) | -0.091*** (-5.82) | -0.096*** (-6.65) |
| lnrd | -0.052 (-1.11) | -0.366*** (-3.61) | -0.417*** (-3.63) | 0.008*** (2.59) | 0.008 (1.57) | 0.015*** (2.71) |
| lntrade | 0.085** (2.36) | -0.169** (-1.98) | -0.084 (-0.88) | 0.001 (0.73) | -0.004 (-0.87) | -0.002* (-0.48) |
| lncity | 0.076 (0.86) | -0.349* (-1.68) | -0.273 (-1.15) | 0.014*** (3.40) | -0.035*** (-3.18) | -0.021* (-1.66) |
| lngov | -0.410*** (-4.09) | 0.341* (1.61) | -0.069 (-0.32) | 0.007 (0.89) | 0.039*** (3.51) | 0.046*** (4.13) |

注：***、**、*分别表示在1%、5%、10%的显著性水平上显著，括号内为z值。

资料来源：作者整理。

综上所述，技术进步偏向改变要素技术效率，对产业结构优化存在显著空间溢出效应。技术进步偏向有利于本地区的产业结构合理化与高度化，对"相邻"地区产业结构优化的作用方向不同。对"相邻"地区的产业结构合理化存在正向溢出效应，对"相邻"地区的产业结构高度化存在负向溢出效应。这说明技术进步偏向通过促进要素流动使"相邻"地区的要素配置优化，但对"相邻"地区的产业结构升级没有显著改善，可能跟邻地的资本水平和市场化程度有关，技术进步偏向的"扩散效应"对"相邻"地区的产业结构高度化作用没有得到发挥。要缓解空间溢出的负效应，"相邻"地区就要为技术进步的有效"扩散"创造条件，包括改善营商环境，吸引资本和人才流入等。

# 第六节　本章小结

本章基于 1998—2017 年中国省际面板数据，从理论分析与实证研究两个方面考察技术进步偏向对产业结构优化的影响。在理论分析部分，基于理论模型的研究结论，将资本技术效率与劳动技术效率对产业结构优化的作用总结为五个方面：改变要素投入，改变全要素生产率，改变产出（供给），对收入与消费的间接作用和技术的国际传导作用。从要素投入到要素效率，从供给到需求，通过微观、宏观和国际视野的全面分析，得出技术进步偏向影响产业结构优化的三个路径：资本深化效应、生产率效应和恩格尔效应。

在实证部分，通过对基准模型即静态面板数据模型进行回归分析后得出，通过资本深化效应，资本偏向性技术进步提高了资本深化，使资本与劳动的技术效率比下降，推动了我国产业结构合理化和高度化。通过生产率效应，技术进步偏向提高了劳动技术效率，尽管资本技术效率下降，但总体推动了我国产业结构合理化与高度化。通过恩格尔效应，提升消费水平和加大技术研发，同样促进我国产业结构合理化与高度化。这说明基准模型的回归结果符合理论分析结论，技术进步偏向对资本与劳动技术效率的不同作用，确实通过资本深化效应、生产率效应和恩格尔效应三条路径推动了我国产业结构优化。而且，从作用系数来看，恩格尔效应路径和生产率效应路径对产业结构优化的作用大于资本深化效应路径。

通过建立动态面板数据模型考察技术进步偏向对产业结构优化的影响是否

存在动态滞后效应时发现，技术进步偏向对产业结构优化存在正向"惯性"作用，具有引致效应。动态模型表明，在修正内生性问题后，实证结论依然成立。通过替换被解释变量和解释变量、更换估计方法进行的稳健性检验证明了基准模型回归结果的稳健性。当考察技术进步偏向对产业结构优化的影响是否存在区域异质性时发现，在较发达地区要素技术效率对产业结构优化的作用更大，在欠发达地区作用较小。这说明技术进步偏向通过改变要素技术效率对产业结构优化的影响程度确实存在区域异质性，但尽管如此，在东部、中部、西部地区技术进步偏向对产业结构优化的影响路径是稳健的。要充分发挥技术进步偏向对中西部地区产业结构合理化与高度化的作用，就要通过合理利用要素禀赋和改善地区营商环境大幅提高要素技术效率。当考察技术进步偏向对产业结构优化的影响是否存在空间溢出效应时发现，技术进步偏向在推动本地区产业结构合理化与高度化的同时，对"相邻"地区的产业结构合理化存在正向溢出效应，对"相邻"地区的产业结构高度化存在负向溢出效应。

　　无论采用何种计量模型和回归方法，本章的实证研究均表明，技术进步偏向对资本技术效率与劳动技术效率的不同作用，通过生产率效应、资本深化效应和恩格尔效应三条路径促进了我国产业结构优化。值得注意的是，各地区资本的持续深化对资本技术效率产生抑制作用，劳动技术效率的提高是促进产业结构优化的主要动力源。从侧面说明中国经济初具"资本—技能"互补优势，可以通过提升劳动技能水平、增加人力资本投资加快产业结构优化。从长期来看，技术进步只有与人力资本相匹配，才能形成"资本—技能"互补优势，持续促进产业结构优化。在中国制定宏观经济政策提出"六稳、六保"时，始终把"就业"放在首位，重点关注高校毕业生的就业问题，体现了理论与实践的统一性。改革开放40多年来，中国从"资本稀缺"向"资本丰裕"转变，义务教育的持续投入和高等教育的规模扩张极大地增加了中国的人力资本积累，也激发了技能偏向性技术进步和资本偏向性技术进步的共同作用。

# 第七章 技术进步偏向与工业结构优化：基于行业数据的实证研究

本章基于 1998—2016 年中国工业行业面板数据，研究技术进步偏向对工业结构优化的影响。主要内容包括：首先设定静态面板数据模型作为基准模型进行回归分析。其次设定动态面板数据模型继续考察技术进步偏向影响工业结构优化的动态效应。最后进行影响路径的中介效应检验。主要结论将在基准模型回归结果分析中详细阐述，其他实证研究重点关注结论的差异性。

## 第一节 引言

改革开放 40 多年来，中国依靠投资拉动式和资源消耗式的增长方式，经济总量跃居世界第二。作为世界第一制造大国，工业是我国经济发展的支柱，工业的供给规模和供给能力，成为我国高质量发展的重要引擎和有力支撑。2020 年，我国工业增加值占 GDP 比重为 37.8%，制造业增加值占工业增加值的比重为 84.9%，所以很多文献在研究工业的转型与发展时，直接考察制造业。近年来，尽管我国工业增加值保持上升趋势，但增长速度连年下降，2019 年增速降为 4.8%。多数发达国家经济下行、竞争力下降，各国纷纷认识到，工业作为最主要的物质生产部门是一国发展之根本。随着制造业竞争加剧，《美国先进制造业领导战略》《德国工业 4.0 战略》《英国工业 2050》《新工业法国计划》等一系列制造业重构计划加快实施，工业强国成为各国加快发展的主要目标和手段。中国要实现"制造大国"向"制造强国"的转变，工业结构的转型与升级成为必然。

技术进步成为促进我国工业快速发展和结构优化的原动力。一方面，伴随工业的持续投资，资本深化带来资本偏向性技术进步，并互相强化，共同作用于工业结构；另一方面，技术进步偏向与投入要素结合时，对资本与劳动技术效率存在不同作用，改变了工业的要素配置和产出水平，并通过要素收入影响需求与消费，对供给形成引致效应。既然技术进步偏向同样影响工业结构优化，那么技术进步偏向对工业结构优化的路径作用如何？与产业结构优化的作用是否一致？随着时间变化有无滞后性，哪个路径对工业结构优化影响最大？这是本章要解决的主要问题。

本章与第六章基于不同面板数据研究技术进步偏向对产业结构优化的影响，因此理论分析和研究假说相一致，由于分行业样本中缺少消费和恩格尔系数数据，本章暂不讨论"恩格尔效应"对工业结构优化的影响。

## 第二节 静态面板数据模型

由理论分析可知，技术进步偏向对资本与劳动技术效率的不同作用通过生产率效应、资本深化效应，还有技术研发的作用影响工业结构优化。接下来实证研究要素技术效率对工业结构优化的影响程度和作用方向。

### 一、模型设定和变量说明

（一）基准模型设定

和第六章研究思路一致，首先建立静态面板数据模型如下：

$$\ln r_{it} = \alpha_0 + \alpha_1 \ln kl_{it} + \alpha_2 \ln akal_{it} + \alpha_3 \ln m_{it} + cX_{it} + \mu_t + u_i + \varepsilon_{it} \quad (7.1)$$

$$\ln h_{it} = \beta_0 + \beta_1 \ln kl_{it} + \beta_2 \ln akal_{it} + \beta_3 \ln m_{it} + cX_{it} + \mu_t + u_i + \varepsilon_{it} \quad (7.2)$$

$$\ln r_{it} = a + a_1 \ln k_{it} + a_2 \ln l_{it} + a_3 \ln ak_{it} + a_4 \ln al_{it} + cX_{it} + \mu_t + u_i + \varepsilon_{it}$$
$$(7.3)$$

$$\ln h_{it} = b + b_1 \ln k_{it} + b_2 \ln l_{it} + b_3 \ln ak_{it} + b_4 \ln al_{it} + cX_{it} + \mu_t + u_i + \varepsilon_{it} (7.4)$$

其中，$\alpha$、$\beta$、$a$、$b$、$c$ 均为变量系数，$X$ 为控制变量集，$\mu_t$ 为时间效应，$u_i$ 为个体效应，$\varepsilon_{it}$ 为随机扰动项。式（7.1）、式（7.2）考察资本深化效应，即资本劳动比和要素技术效率比的变动对工业结构合理化与高度化的影响。式（7.3）、式（7.4）考察生产率效应，即要素技术效率的变动对工业结构合理化与高度化的影响。

（二）数据处理和变量说明

本节基于1998—2016年中国工业行业面板数据，时间区间及说明与第三章第四节一致。所用数据，一部分来自前面行业层面参数估计及指标测算时所用到数据：资本、劳动、行业增加值、劳动技术效率、资本技术效率、技术效率比、边际产出比等；另一部分来自各类年鉴和统计公报，包括《中国统计年鉴》《中国城市（镇）生活与价格年鉴》《中国工业统计年鉴》《中国价格统计年鉴》《中国科技统计年鉴》等。基于所有变量数据可得性，同时去掉要素替代弹性大于 1 的个别行业，面板数据为 32 个中类行业，共计 608 个样本。本章解释变量与第六章相同，不再赘述。新增变量说明如下：

1. 被解释变量。与第三章的行业层面事实分析相一致，借鉴任碧云和贾贺敬（2019）的研究，工业结构合理化（$r$）采用行业增加值增速衡量，$r_{it} = (Y_{it} - Y_{it-1})/Y_{it-1}$。工业结构高度化（$h$）借鉴刘伟等（2008）采用加权劳动生产率衡量，$h_{it} = (Y_{it}/Y_t) \times LP_{it}$，$LP_{it}$ 为劳动生产率。$r$ 越大，工业结构越合理，或者工业结构合理化水平越高。$h$ 越大，工业结构越高级，或者工业结构高度化水平越高。其中，$i$ 表示行业，$t$ 表示时间。

2. 控制变量。一是研发投入（$rd$），采用研发经费内部支出与主营业务收入的比值衡量。二是人力资本水平（$hr$），采用 R&D 人员平均人数占工业企业平均从业人员比值衡量。三是贸易开放度（$trade$），采用行业出口交货值与行业总产值的比值衡量。四是所有制结构（$soe$），采用国有控股工业企业的平均从业人员数占全部规模以上工业企业平均从业人员数的比重衡量。五是平均行业规模（$scale$），采用行业资产总数与企业数的比值衡量。各变量共同作用于工业结构，影响力不同，感应度也不同。描述性统计分析见表 7-1。

表 7-1　　　　　　　　　　描述性统计分析　　　　　　单位：亿元，万人，%

| 变量分类 | 变量名称 | 均值 | 标准差 | 最小值 | 最大值 | 样本数 |
|---|---|---|---|---|---|---|
| 被解释变量 | 工业结构合理化（r） | 0.168 | 0.143 | -1.766 | 2.137 | 608 |
| | 工业结构高度化（h） | 0.554 | 0.978 | 0.001 | 6.861 | 608 |
| 解释变量 | 资本劳动比（kl） | 18.573 | 23.316 | 1.938 | 196.578 | 608 |
| | 要素技术效率比（akal） | 0.896 | 4.821 | 0.003 | 80.158 | 608 |
| | 要素边际产出比（m） | 0.263 | 0.224 | 0.004 | 1.385 | 608 |
| | 行业资本（k） | 0.028 | 0.038 | 0.002 | 0.245 | 608 |
| | 行业劳动（l） | 0.028 | 0.022 | 0.002 | 0.092 | 608 |
| | 行业资本技术效率（ak） | 1.835 | 2.828 | 0.111 | 25.887 | 608 |
| | 行业劳动技术效率（al） | 10.917 | 10.499 | 0.015 | 58.508 | 608 |

续表

| 变量分类 | 变量名称 | 均值 | 标准差 | 最小值 | 最大值 | 样本数 |
|---|---|---|---|---|---|---|
| 控制变量 | 人力资本水平（hr） | 0.025 | 0.019 | 0.002 | 0.094 | 608 |
| | 研发投入（rd） | 0.005 | 0.004 | 0.003 | 0.021 | 608 |
| | 贸易开放度（trade） | 0.133 | 0.157 | 0.001 | 0.669 | 608 |
| | 所有制结构（soe） | 0.346 | 0.299 | 0.003 | 0.994 | 608 |
| | 行业规模（scale） | 4.686 | 15.202 | 0.203 | 147.027 | 608 |

资料来源：作者整理。

## 二、技术进步偏向对工业结构优化的影响路径分析

基准模型即静态面板数据模型。为了减少内生性、消除异方差问题和缩小变量之间的数量级差异，对变量进行对数化处理。

表 7-2 报告了基准模型回归结果。第（1）列是对式（7.1）的回归结果，第（2）列是对式（7.2）的回归结果，第（3）列是对式（7.3）的回归结果，第（4）列是对式（7.4）的回归结果。本结果经过 F 检验和 Hausman 检验后适合使用固定效应回归，因此直接列出双向固定效应的回归结果并进行分析，略去混合回归和随机效应回归结果。

表 7-2 　　　　　　　技术进步偏向对工业结构优化的影响

| 模型 | FE | FE | FE | FE |
|---|---|---|---|---|
| 变量 | （1） | （2） | （3） | （4） |
| | lnr | lnh | lnr | lnh |
| *lnkl* | -0.341 *** | 0.050 *** | | |
| | （-4.75） | （5.49） | | |
| *lnakal* | -0.037 ** | -0.006 *** | | |
| | （-2.16） | （-3.91） | | |
| *lnm* | 0.052 *** | 0.023 *** | | |
| | （4.64） | （5.57） | | |
| *lnk* | | | -0.395 ** | 0.067 *** |
| | | | （-2.51） | （12.83） |
| *lnl* | | | 0.262 *** | 0.169 *** |
| | | | （3.78） | （3.96） |

181

| 模型 | FE | FE | FE | FE |
|---|---|---|---|---|
| 变量 | (1) | (2) | (3) | (4) |
| | lnr | lnh | lnr | lnh |
| lnak | | | 0.093 *** | 0.156 *** |
| | | | (3.71) | (9.51) |
| lnal | | | 0.161 * | 0.163 *** |
| | | | (1.80) | (8.79) |
| lnrd | 0.007 | 0.091 * | 0.033 *** | 0.146 *** |
| | (0.65) | (1.67) | (2.68) | (3.97) |
| lnhr | -0.033 | 0.130 *** | -0.015 | 0.151 *** |
| | (-0.31) | (2.64) | (-1.04) | (2.67) |
| lntrade | 0.027 *** | 0.152 | 0.011 * | 0.122 *** |
| | (4.36) | (0.38) | (1.84) | (9.98) |
| lnscale | -0.155 * | 0.027 | -0.159 * | 0.103 ** |
| | (-1.69) | (0.36) | (-1.90) | (2.07) |
| lnsoe | 0.315 *** | 0.026 *** | 0.252 *** | 0.096 *** |
| | (3.77) | (4.27) | (3.02) | (4.50) |
| C | -1.523 *** | 0.108 *** | -1.168 | -1.479 *** |
| | (-2.62) | (7.18) | (-1.40) | (-6.90) |
| 时间控制 | YES | YES | YES | YES |
| 个体控制 | YES | YES | YES | YES |
| F test | 5.28 *** | 136.90 *** | 4.84 *** | 61.57 *** |
| Hausman test | 19.91 ** | 63.96 ** | 77.00 *** | 147.27 *** |
| $R^2$ | 0.546 | 0.628 | 0.549 | 0.725 |
| N | 608 | 608 | 608 | 608 |

注：***、**、*分别表示在1%、5%、10%的显著性水平上显著，括号内的数值为t值。
资料来源：作者整理。

（一）资本深化效应

从表7-2第（1）、第（2）列的回归结果看，资本与劳动的技术效率比对工业结构合理化与高度化的回归系数为负值且显著，资本与劳动的边际产出比对工业结构合理化与高度化的回归系数为正值且显著，而且要素边际产出比的作用系数大于要素技术效率比。这说明要素技术效率比提高不利于工业结构合理化与高度化，要素边际产出比提高有利于工业结构的合理化与高度化，且要素边际产出比的作用更大。依照前面行业层面的事实分析可知，我国工业行业的资本偏向性技术进步使行业的资本与劳动技术效率比下降、边际产出比上升，所以我国工业结构趋于合理化与高度化。可见，从"资本深化效应"路径看，我国资本偏向性技术进步使资本与劳动技术效率比降低、边际产出比提高，对工业结构合理化与高度化起到了促进作用。

（二）生产率效应

从表7-2第（3）、第（4）列的回归结果看，劳动、劳动技术效率和资本技术效率对工业结构合理化与高度化的回归系数为正值且显著。这说明劳动力增加、劳动技术效率和资本技术效率提高，有利于工业结构的合理化与高度化。由行业层面的事实分析可知，技术进步偏向使得行业的劳动技术效率提高，多数行业的资本技术效率提高，劳动技术效率大于资本技术效率。尽管部分行业的资本技术效率在2012年后出现下降，但总体促进工业结构优化。可见，从"生产率效应"路径看，技术进步偏向提高劳动技术效率和资本技术效率促进了我国工业结构合理化与高度化。相比资本技术效率，劳动和劳动技术效率对工业结构优化的促进作用占主导地位，这与地区产业结构优化的实证结果相一致。

另外，从回归结果看，研发投入加大有利于工业结构合理化与高度化。资本与资本深化不利于工业结构合理化但有利于工业结构高度化。原因可能在于，资本深化提高了劳动生产率，带来工业高度化水平提高，这与部分学者的研究结论相一致（黄先海等，2012；李小平和李小克，2018）。行业的人力资本水平提高，不利于工业结构合理化但有利于工业结构高度化（刘志勇等，2018）。国际贸易扩大有利于工业结构合理化与高度化。国有企业增多有利于工业结构合理化与高度化。

综上所述，技术进步偏向总体推动了我国工业结构优化。①技术进步偏向通过"资本深化效应"有利于我国工业结构合理化与高度化。从作用系数来看，资本与劳动的技术效率比下降，资本与劳动的边际产出比上升，工业结构趋于合理化与高度化。②技术进步偏向通过"生产率效应"推动了我国产业结构合理化与高度化。劳动增加、劳动技术效率和资本技术效率提高对产业结构合理化与高度化具有正向促进作用。③随着研发投入的加大，产业结构趋于合理化与高度化。因此，基准模型的回归结果基本符合理论研究假说，技术进步偏向对资本技术效率与劳动技术效率的不同作用通过资本深化效应和生产率效应，还有技术研发作用共同推动了产业结构优化。与地区产业结构优化分析相一致，相比资本技术效率，劳动技术效率对工业结构优化的促进作用更大。

（三）与地区产业结构优化的回归结果比较分析

资本技术效率和劳动技术效率的提高均可以带来地区产业结构优化和工业结构优化，劳动尤其技能劳动增加同样促进地区产业结构优化和工业结构优化（李磊等，2019）。它们对产业结构优化与工业结构优化的正向作用是一致的。不同的是，资本和资本深化不利于地区产业结构合理化与高度化，也不利于工业结构合理化，但有利于工业结构高度化。尽管资本深化对地区经济发展的贡献在减小，但对部分工业行业来说，从劳动密集型向资本密集型转变，资本体现式技术进步仍是发展所急需的，这从"融资难、用工荒"问题中可见一斑。近几年，我国制造业普遍面临招工困难与结构转型压力，只有"双循环"下的技术和人力资本投资才是解决之道。工业行业的资本偏向性技术进步需要人力资本匹配，才能持续提高资本与劳动技术效率，加快工业结构优化。

# 第三节　动态面板数据模型

本节通过动态面板模型和广义矩估计（GMM）进行实证分析，直接采用SYS - GMM 的两步估计法。一是为了减少内生性有效规避序列自相关和异方差等问题，二是为了考察技术进步偏向对工业结构优化的影响是否存在动态效应。

## 一、动态模型设定

将被解释变量滞后一期纳入基准模型中构建动态面板数据模型。模型如下：

$$\ln r_{it} = \alpha_0 + \alpha_1 \ln r_{it-1} + \alpha_2 \ln kl_{it} + \alpha_3 \ln akal_{it} + \alpha_4 \ln m_{it} + cX_{it} + \varepsilon_{it} \quad (7.5)$$

$$\ln h_{it} = \beta_0 + \beta_1 \ln h_{it-1} + \beta_2 \ln kl_{it} + \beta_3 \ln akal_{it} + \beta_4 \ln m_{it} + cX_{it} + \varepsilon_{it} \quad (7.6)$$

$$\ln r_{it} = a + a_1 \ln r_{it-1} + a_2 \ln k_{it} + a_3 \ln l_{it} + a_4 \ln ak_{it} + a_5 \ln al_{it} + cX_{it} + \varepsilon_{it}$$

$$(7.7)$$

$$\ln h_{it} = b_0 + b_1 \ln h_{it-1} + b_2 \ln k_{it} + b_3 \ln l_{it} + b_4 \ln ak_{it} + b_5 \ln al_{it} + cX_{it} + \varepsilon_{it}$$

$$(7.8)$$

加入滞后一期的被解释变量后，式（7.5）和式（7.6）考察要素技术效率比的变动对工业结构合理化与高度化的动态效应。式（7.7）和式（7.8）考察要素技术效率的变动对工业结构合理化与高度化的动态效应。其中，$\alpha$、$\beta$、$a$、$b$、$c$ 均为变量系数，$X$ 为控制变量集，$\varepsilon_{it}$ 为随机扰动项。变量符号与基准模型一致，不再赘述。

## 二、技术进步偏向影响工业结构优化的动态效应分析

表7－3报告了动态模型回归结果。首先进行相关性检验和 Hansen 检验。从回归结果来看，AR（1）显著、AR（2）不显著、Hansen 检验不显著，即模型均存在一阶序列相关，不存在二阶序列相关，且 Hansen 检验的结果也表明 SYS－GMM 的工具变量有效且不存在过度识别问题，实证结果可信。第（1）、（2）列是式（7.5）和式（7.6）SYS－GMM 回归的结果，第（3）、（4）列是式（7.7）和式（7.8）SYS－GMM 回归结果。在参考动态模型固定效应回归基础上得到了最优的 SYS－GMM 实证结果并据此进行分析。

表7－3　　　　　　　　技术进步偏向对工业结构优化的动态影响

| 模型 | SYS－GMM | SYS－GMM | SYS－GMM | SYS－GMM |
|---|---|---|---|---|
| 变量 | （1） | （2） | （3） | （4） |
| | lnr | lnh | lnr | lnh |
| L. lnr | 0. 270 ** | | 0. 200 ** | |
| | （2. 19） | | （1. 99） | |
| L. lnh | | 0. 720 *** | | 0. 954 *** |
| | | （6. 83） | | （4. 55） |
| lnkl | －0. 785 | 0. 075 ** | | |
| | （－0. 78） | （2. 30） | | |
| lnakal | －0. 056 | －0. 004 | | |
| | （－0. 60） | （－0. 16） | | |
| lnm | 0. 053 *** | 0. 024 *** | | |
| | （3. 15） | （3. 61） | | |

185

续表

| 模型 | SYS – GMM | SYS – GMM | SYS – GMM | SYS – GMM |
|---|---|---|---|---|
| | (1) | (2) | (3) | (4) |
| 变量 | lnr | lnh | lnr | lnh |
| lnk | | | − 1. 282 \*\*\* | 0. 155 \*\* |
| | | | ( − 3. 31) | (2. 46) |
| lnl | | | 1. 818 \*\*\* | 0. 122 \*\*\* |
| | | | (3. 01) | (2. 57) |
| lnak | | | 1. 795 \*\*\* | 0. 074 \*\*\* |
| | | | (2. 86) | (2. 76) |
| lnal | | | 0. 901 \*\*\* | 0. 027 \*\* |
| | | | (3. 47) | (2. 37) |
| lnrd | 0. 256 \* | 0. 025 \* | 0. 121 \*\* | 0. 035 \*\* |
| | (1. 70) | (1. 60) | (2. 29) | (2. 57) |
| lnhr | − 0. 495 \* | 0. 017 \*\* | − 0. 443 \*\*\* | 0. 057 \*\* |
| | ( − 1. 88) | (1. 95) | ( − 2. 97) | (2. 38) |
| lntrade | 0. 258 \* | 0. 005 | 0. 043 | 0. 010 |
| | (1. 65) | (0. 07) | (1. 20) | (0. 93) |
| lnscale | − 0. 256 \* | − 0. 042 \* | − 0. 163 \*\* | − 0. 037 \* |
| | ( − 1. 92) | ( − 1. 79) | ( − 2. 29) | ( − 1. 94) |
| lnsoe | 0. 069 \* | 0. 003 | 0. 669 \*\* | 0. 013 |
| | (1. 83) | (0. 79) | (2. 45) | (1. 05) |
| C | − 3. 584 \*\* | − 0. 035 | − 4. 403 \*\*\* | − 0. 528 \*\* |
| | ( − 2. 20) | ( − 0. 86) | ( − 2. 60) | ( − 2. 08) |
| AR (1) − P | 0. 043 | 0. 019 | 0. 009 | 0. 032 |
| AR (2) − P | 0. 874 | 0. 412 | 0. 720 | 0. 716 |
| Hansen − P | 0. 315 | 0. 428 | 0. 686 | 0. 365 |
| N | 600 | 600 | 600 | 600 |

注: \*\*\* 、 \*\* 、 \*分别表示在1%、5%、10%的显著性水平上显著,括号内的数值为 z 值。
资料来源:作者整理。

动态效应分析。从表7 – 3回归结果看,被解释变量滞后项回归系数为正值且显著,说明技术进步偏向对工业结构合理化与高度化存在滞后效应,表现为正向促进作用。模型加入被解释变量滞后项之后,解释变量对产业结构合理化和产业结构高度化的回归结果与基准模型基本一致，除了个别变量回归系数变得不显著。但与基准模型不同的是，资本与劳动的技术效率对工业结构合理化的作用大于工业结构高度化，说明在存在被解释变量滞后项的情况下，技术进步偏向对要素投入和产出的推动作用更大。

综上所述，与基准模型相比，动态模型的 SYS – GMM 回归结果依然可以得到以下重要结论：①要素技术效率比对工业结构合理化与高度化存在反向作用，要素边际产出比对工业结构的合理化与高度化存在正向作用，资本深化和资本偏向性技术进步使资本与劳动的技术效率比下降，资本与劳动的边际产出比上升，通过"资本深化效应"推动了我国工业结构合理化与高度化。②劳动技术效率和资本技术效率对工业结构合理化与高度化存在正向作用，技术进步偏向提高了劳动技术效率和资本技术效率，通过"生产率效应"推动我国工业结构优化。③随着研发投入的加大，工业结构趋于合理化与高度化。因此，技术进步偏向对工业结构优化存在正向"惯性"作用。在存在被解释变量滞后项的动态模型中，技术进步偏向仍然能够推动工业结构优化。

# 第四节　稳健性检验

在依次进行了静态面板模型与动态面板模型的回归分析后，本节进行稳健性检验。稳健性检验主要从两个方面进行：一是运用代理指标替换被解释变量和解释变量；二是更换估计方法，通过使用可行的广义最小二乘法估计，检验回归结果是否依然稳健。

## 一、稳健性检验 I：替换核心变量

（一）替换被解释变量

借鉴徐鹏杰等（2019）以行业总产值与固定资本总额之比作为新的指标衡量工业结构高度化（h – new），该指标更好地表现了行业资本化、技术化水平对产出的作用，是技术进步偏向对工业结构优化的现实体现。

表7–4报告了采用新的工业结构高度化指标之后，式（7.2）和式（7.4）的回归结果。本结果经过 F 检验和 Hausman 检验后，均适合使用固定效应回归，因此直接列出双向固定效应的模型回归结果进行分析。

表7-4 采用新的工业结构高度化指标后的回归结果

| 模型 | FE | FE |
|---|---|---|
| 变量 | (1) | (2) |
| | lnh - new | lnh - new |
| lnkl | 0.130 *** | |
| | (3.47) | |
| lnakal | -0.017 *** | |
| | (-4.87) | |
| lnm | 0.021 * | |
| | (1.75) | |
| lnk | | 0.121 *** |
| | | (4.53) |
| lnl | | 0.012 |
| | | (0.30) |
| lnak | | 0.097 *** |
| | | (2.48) |
| lnal | | 0.134 *** |
| | | (11.07) |
| lnrd | -0.086 *** | -0.047 *** |
| | (-4.58) | (-4.48) |
| lnhr | 0.074 *** | 0.059 ** |
| | (3.00) | (2.38) |
| lntrade | -0.012 | -0.030 *** |
| | (-1.14) | (-3.36) |
| lnscale | -0.271 *** | -0.221 *** |
| | (-7.93) | (-7.18) |
| lnsoe | -0.095 *** | -0.047 ** |
| | (-4.47) | (-2.36) |
| C | -1.177 *** | -1.870 *** |
| | (-8.70) | (-8.53) |
| 时间控制 | YES | YES |
| 个体控制 | YES | YES |
| F test | 82.28 *** | 80.74 *** |

| 模型 | FE | FE |
|---|---|---|
| 变量 | （1） | （2） |
| | lnh – new | lnh – new |
| Hausman test | 27. 44 *** | 44. 32 *** |
| $R^2$ | 0. 784 | 0. 834 |
| N | 608 | 608 |

注：*** 、** 、* 分别表示在1%、5%、10%的显著性水平上显著，括号内的数值为 t 值。

资料来源：作者整理。

从表 7 – 4 的回归结果看，除了回归系数变得稍小外，解释变量回归结果与基准模型是一致的。另外，研发投入的回归系数由原来的正值变为负值，可见当以行业总产值与固定资本总额之比衡量工业结构高度化时，研发投入因其与固定资本的正向关系而对工业结构高度化存在负向作用。2009 年，联合国、欧盟委员会、经济合作与发展组织等五大国际组织联合颁布《国民账户体系（2008）》，提出研发支出资本化。新的核算方法将能为企业创造经济利益的研发投入修订为"固定资本形成"，因此研发投入对新指标下的工业结构高度化产生负向作用。

（二）替换解释变量

采用新的技术进步偏向指标（lnakal – new、lnm – new、lnak – new、lnal – new）进行稳健性检验，测算方法与第六章稳健性检验 I 的思路相同，回归结果见表 7 – 5。

表 7 – 5　　　　　　采用新的技术进步偏向指标后的回归结果

| 模型 | FE | FE | FE | FE |
|---|---|---|---|---|
| 变量 | （1） | （2） | （3） | （4） |
| | lnr | lnh | lnr | lnh |
| lnkl | – 0. 122 *** | 0. 840 *** | | |
| | （ – 3. 72） | （8. 65） | | |
| lnakal – new | – 0. 005 | – 0. 099 * ** | | |
| | （ – 0. 45） | （ – 3. 72） | | |
| lnm – new | 0. 010 * | 0. 097 * ** | | |
| | （1. 82） | （3. 12） | | |

续表

| 模型 | FE | FE | FE | FE |
|---|---|---|---|---|
| 变量 | (1) | (2) | (3) | (4) |
| | lnr | lnh | lnr | lnh |
| lnk | | | -0.008 | 0.815 *** |
| | | | (-0.06) | (10.52) |
| lnl | | | 0.050 *** | 0.078 |
| | | | (3.99) | (0.75) |
| lnak - new | | | 0.007 ** | 0.015 *** |
| | | | (2.55) | (2.59) |
| lnal - new | | | 0.215 *** | 0.169 *** |
| | | | (3.51) | (4.69) |
| lnrd | 0.009 | 0.299 ** | 0.030 | 0.294 *** |
| | (0.49) | (5.09) | (0.85) | (6.29) |
| lnhr | -0.015 *** | 0.330 *** | -0.480 *** | 0.212 *** |
| | (-3.79) | (4.45) | (-5.13) | (3.84) |
| lntrade | 0.033 *** | 0.184 *** | 0.101 * | 0.194 *** |
| | (3.41) | (5.42) | (1.86) | (6.33) |
| lnscale | -0.162 ** | 0.430 *** | -0.513 * ** | 0.205 *** |
| | (-2.48) | (4.46) | (-4.47) | (3.15) |
| lnsoe | 0.163 ** | 0.451 *** | 0.034 | -0.138 *** |
| | (2.17) | (4.60) | (0.40) | (-2.80) |
| C | -0.588 *** | -4.118 *** | -0.835 *** | -8.201 *** |
| | (-5.13) | (-10.64) | (-4.35) | (-17.17) |
| 时间控制 | YES | YES | YES | YES |
| 个体控制 | YES | YES | YES | YES |
| F test | 4.39 *** | 113.12 *** | 4.65 *** | 42.21 *** |
| Hausman test | 35.35 *** | 32.94 *** | 35.86 *** | 113.56 *** |
| $R^2$ | 0.204 | 0.877 | 0.223 | 0.897 |
| N | 608 | 608 | 608 | 608 |

注：*** 、** 、* 分别表示在1%、5%、10%的显著性水平上显著，括号内的数值为 t 值。

资料来源：作者整理。

表7-5报告了采用新的技术进步偏向指标体系后基准模型的回归结果。

其中，第（1）列是对式（7.1）的回归结果，第（2）列是对式（7.2）的回归结果，第（3）列是对式（7.3）的回归结果，第（4）列是对式（7.4）的回归结果。本结果经过F检验和Hausman检验后，均适合使用固定效应回归，因此直接列出双向固定效应的模型回归结果进行分析。从回归结果看，新的技术进步偏向对工业结构合理化与高度化的回归结果与基准模型一致。

从表7-4和表7-5的回归结果可见，无论是采用新的工业结构高度化指标，还是采用新的技术进步偏向指标，均证明了模型和回归结果的稳健性。

## 二、稳健性检验Ⅱ：更换估计方法

表7-6报告了在采用新的估计方法后基准模型的回归结果。其中，第（1）列是式（7.1）的回归结果，第（2）列是式（7.2）的回归结果，第（3）列是式（7.3）的回归结果，第（4）列是式（7.4）的回归结果。

表7-6 采用可行的广义最小二乘法（FGLS）后的回归结果

| 模型 | FGLS | FGLS | FGLS | FGLS |
|---|---|---|---|---|
| 变量 | (1) | (2) | (3) | (4) |
| | lnr | lnh | lnr | lnh |
| *lnkl* | -0.057* | 0.043*** | | |
| | (-1.94) | (22.64) | | |
| *lnakal* | -0.039** | -0.059*** | | |
| | (-2.36) | (-8.22) | | |
| *lnm* | 0.048*** | 0.105*** | | |
| | (3.74) | (13.62) | | |
| *lnk* | | | -0.095* | 0.034*** |
| | | | (-1.92) | (26.98) |
| *lnl* | | | 0.097* | 0.056*** |
| | | | (1.92) | (2.61) |
| *lnak* | | | 0.023 | 0.263*** |
| | | | (1.04) | (30.50) |
| *lnal* | | | 0.026*** | 0.466*** |
| | | | (9.96) | (71.14) |

| 模型 | FGLS | FGLS | FGLS | FGLS |
|---|---|---|---|---|
| 变量 | (1) | (2) | (3) | (4) |
| | lnr | lnh | lnr | lnh |
| lnrd | 0.048 * | 0.043 *** | 0.008 *** | 0.008 |
| | (1.83) | (4.38) | (4.01) | (1.56) |
| lnhr | −0.058 * | 0.115 *** | −0.003 | 0.060 *** |
| | (−1.85) | (5.44) | (−0.09) | (5.93) |
| lntrade | 0.046 *** | 0.067 *** | 0.064 *** | 0.030 * * |
| | (3.42) | (6.02) | (3.03) | (5.57) |
| lnscale | −0.105 ** | 0.358 *** | −0.043 | 0.002 |
| | (−4.15) | (12.86) | (−1.53) | (0.13) |
| lnsoe | 0.095 *** | 0.301 *** | 0.046 ** | 0.053 *** |
| | (3.71) | (23.53) | (1.98) | (7.78) |
| C | −1.796 | −3.416 *** | −1.802 *** | −6.259 *** |
| | (−13.54) | (−28.26) | (−6.40) | (−54.11) |
| 时间控制 | YES | YES | YES | YES |
| 个体控制 | YES | YES | YES | YES |
| N | 608 | 608 | 608 | 608 |

注：***、**、*分别表示在1%、5%、10%的显著性水平上显著，括号内的数值为 z 值。

资料来源：作者整理。

从表 7 - 6 的回归结果来看，解释变量和控制变量对产业结构合理化与高度化的回归结果与基准模型基本一致。从作用系数来看，相较基准模型，资本与劳动技术效率对工业结构高度化的正向促进作用更大。这符合熊彼特"创造性破坏"的技术创新对要素配置和优质产出的长期积极作用，也进一步说明我国提出的"强化国家战略科技力量，提升企业技术创新能力"具有重要意义。

综合来看，两类稳健性检验均证实基准模型回归结果的稳健性。这说明资本偏向型技术进步对资本与劳动技术效率的不同作用，通过资本深化效应、生产率效应和技术研发作用，能够促进我国工业结构优化。

# 第五节 进一步研究：中介效应模型

## 一、模型设定与变量说明

中介效应模型基本思路为变量 $X$ 通过变量 $M$ 对 $Y$ 产生影响，$M$ 就是中介变量。前面实证研究表明，技术进步偏向通过资本深化效应和生产率效应推动了工业结构优化。本节运用中介效应模型检验两个影响路径的中介作用，$X$ 就是技术进步偏向作用下的资本技术效率与劳动技术效率，$Y$ 就是工业结构优化，中介变量 $M$ 是理论分析中提到的资本深化与全要素生产率。因为要素技术效率的生产率效应通过全要素生产率发挥间接作用（李小平和李小克，2018）。

设定两组中介效应模型考察资本深化、全要素生产率在技术进步偏向影响工业结构优化过程中的中介作用。

考察资本深化效应的中介效应模型如下：

$$\ln kl_{it} = a_0 + a_1 ak_{it} + a_2 al_{it} + cX_{it} + u_i + \varepsilon_{it} \tag{7.9}$$

$$\ln h_{it} = \alpha_0 + \alpha_1 \ln kl_{it} + \alpha_2 \ln ak_{it} + \alpha_3 \ln al_{it} + cX_{it} + u_i + \varepsilon_{it} \tag{7.10}$$

$$\ln r_{it} = \beta_0 + \beta_1 \ln kl_{it} + \beta_2 \ln ak_{it} + \beta_3 \ln al_{it} + cX_{it} + u_i + \varepsilon_{it} \tag{7.11}$$

考察生产率效应的中介效应模型如下：

$$\ln TFP_{it} = a_3 + a_4 ak_{it} + a_5 al_{it} + cX_{it} + u_i + \varepsilon_{it} \tag{7.12}$$

$$\ln h_{it} = \alpha_4 + \alpha_5 \ln TFP_{it} + \alpha_6 \ln ak_{it} + \alpha_7 \ln al_{it} + cX_{it} + u_i + \varepsilon_{it} \tag{7.13}$$

$$\ln r_{it} = \beta_4 + \beta_5 \ln TFP_{it} + \beta_6 \ln ak_{it} + \beta_7 \ln al_{it} + cX_{it} + u_i + \varepsilon_{it} \tag{7.14}$$

其中，$a$、$\alpha$、$\beta$、$c$ 均为变量系数，$X$ 为控制变量集，$u_i$ 为个体效应，$\varepsilon_{it}$ 为随机扰动项。由温忠麟和叶宝娟（2014）研究可知，若回归系数 $a_1$、$a_2$、$a_4$、$a_5$、$\alpha_1$、$\beta_1$、$\alpha_5$、$\beta_5$ 均显著，则中介效应显著。若同时 $\alpha_2$、$\alpha_3$、$\beta_2$、$\beta_3$、$\alpha_6$、$\alpha_7$、$\beta_6$、$\beta_7$ 不显著，则为完全中介效应，否则存在部分中介效应。除全要素生产率需要重新测算外，核心变量包括工业结构合理化（$r$）、工业结构高度化（$h$）、资本技术效率（$ak$）、劳动技术效率（$al$）和资本深化（$kl$），控制变量包括研发投入（$rd$）、人力资本水平（$hr$）、贸易开放度（$trade$）、所有制结构（$soe$）和平均行业规模（$scale$），均在前面已测算并说明。

## 二、全要素生产率测算及分析

（一）全要素生产率的数理推导

设定 CES 生产函数如下：

$$Y_t = \left[ (1 - \gamma)(A_{Lt}L_t)^{\frac{\sigma-1}{\sigma}} + \gamma(A_{Kt}K_t)^{\frac{\sigma-1}{\sigma}} \right]^{\frac{\sigma}{\sigma-1}}$$

根据 Kmenta（1967）和 Klump 等（2007）的做法，在等号两边取对数，并在 $\sigma = 1$ 处进行二阶泰勒式展开，可以得到近似式如下：

$$\ln Y_t = \gamma \ln(A_{Kt}K_t) + (1 - \gamma)\ln(A_{Lt}L_t) + \frac{1}{2}\frac{\sigma-1}{\sigma}\gamma(1-\gamma)\left(\ln\frac{A_{Kt}}{A_{Lt}} + \ln\frac{K_t}{L_t}\right)^2$$

对时间 $t$ 进行全微分，得出产出增长率。根据索洛余值法，去掉资本、劳动对经济增长的贡献后，全要素生产率（实为全要素生产率的增长率）为式（7.15）。

$$TFP = \underbrace{(1 - \gamma)\frac{\dot{A}_{Lt}}{A_{Lt}}}_{①} + \underbrace{\gamma\frac{\dot{A}_{Kt}}{A_{Kt}}}_{②} + \underbrace{\frac{\sigma-1}{\sigma}\gamma(1-\gamma)\left(\ln\frac{A_{Kt}}{A_{Lt}}\right)\left(\frac{\dot{A}_{Kt}}{A_{Kt}} - \frac{\dot{A}_{Lt}}{A_{Lt}}\right)}_{③}$$

$$+ \underbrace{\frac{\sigma-1}{\sigma}\gamma(1-\gamma)\left(\ln\frac{K_t}{L_t}\right)\left(\frac{\dot{K}_t}{K_t} - \frac{\dot{L}_t}{L_t}\right)}_{④}$$

$$+ \underbrace{\frac{\sigma-1}{\sigma}\gamma(1-\gamma)\left(\ln\frac{A_{Kt}}{A_{Lt}}\right)\left(\frac{\dot{K}_t}{K_t} - \frac{\dot{L}_t}{L_t}\right)}_{⑤}$$

$$+ \underbrace{\frac{\sigma-1}{\sigma}\gamma(1-\gamma)\left(\ln\frac{K_t}{L_t}\right)\left(\frac{\dot{A}_{Kt}}{A_{Kt}} - \frac{\dot{A}_{Lt}}{A_{Lt}}\right)}_{⑥} \qquad (7.15)$$

在式（7.15）中，借鉴雷钦礼和徐家春（2015）的做法，全要素生产率由六部分构成。其中，式①是劳动技术效率的增长效应，式②是资本技术效率的增长效应，式③是技术进步偏向效应，式④是要素偏向效应，式⑤和式⑥是技术进步偏向与要素偏向的交互效应。这六个部分从技术进步偏向视角展示了全要素生产率的动态分解结果。要考察要素技术效率通过全要素生产率对工业结构优化的中介效应，重点关注式①和式②对全要素生产率的作用。

（二）全要素生产率测算及分析

将行业层面技术进步偏向测算中得到的相关参数或指标代入式（7.15），得出 35 个行业的全要素生产率，见表 7－7。

表 7－7　　　　　　　　全要素生产率及各分解项均值

| 行业代码 | 劳动技术效率增长效应 | 资本技术效率增长效应 | 技术进步偏向效应 | 要素偏向效应 | 技术进步偏向与要素偏向交互效应 | 全要素生产率的增长率 |
|---|---|---|---|---|---|---|
| B06 | 0.114 | 0.002 | −0.202 | −0.178 | 0.112 | −0.151 |
| B07 | 0.047 | −0.003 | −0.013 | −0.006 | 0.008 | 0.032 |
| B08 | 0.035 | 0.046 | −0.006 | −0.004 | 0.002 | 0.074 |
| B09 | 0.073 | −0.012 | −0.045 | −0.036 | 0.053 | 0.038 |
| B10 | 0.049 | 0.027 | −0.155 | −0.090 | 0.135 | −0.035 |
| C13 | 0.019 | −0.075 | 0.003 | −0.002 | 0.007 | −0.047 |
| C14 | 0.008 | 0.123 | −0.003 | 0.001 | 0.001 | 0.130 |
| C15 | 0.032 | 0.043 | −0.015 | −0.007 | 0.026 | 0.079 |
| C16 | 0.007 | 0.066 | −0.005 | −0.009 | 0.005 | 0.063 |
| C17 | 0.029 | −0.015 | −0.064 | −0.033 | 0.089 | 0.007 |
| C18 | 0.050 | 0.022 | −0.001 | −0.000 | 0.001 | 0.071 |
| C19 | 0.020 | 0.070 | −0.001 | 0.000 | 0.000 | 0.090 |
| C20 | 0.019 | −0.010 | 0.000 | −0.000 | 0.002 | 0.010 |
| C21 | 0.031 | 0.021 | −0.056 | −0.029 | 0.045 | 0.012 |
| C22 | 0.024 | 0.022 | −0.087 | −0.044 | 0.090 | 0.004 |
| C23 | 0.035 | 0.044 | −0.047 | −0.038 | 0.049 | 0.044 |
| C24 | 0.102 | 0.045 | −0.068 | −0.087 | −0.002 | 0.128 |
| C25 | 0.100 | 0.115 | −0.001 | −0.001 | −0.002 | 0.212 |
| C26 | 0.015 | 0.112 | −0.001 | 0.002 | 0.001 | 0.128 |
| C27 | 0.039 | 0.027 | −0.013 | −0.010 | 0.030 | 0.073 |
| C28 | 0.062 | 0.062 | −0.070 | −0.007 | 0.078 | 0.126 |
| C29 | 0.041 | 0.024 | −0.081 | −0.053 | 0.067 | 0.000 |
| C30 | 0.046 | 0.025 | −0.337 | −0.178 | 0.278 | −0.165 |
| C31 | 0.124 | 0.227 | −0.015 | −0.007 | 0.036 | 0.364 |
| C32 | 0.038 | 0.044 | −0.000 | −0.000 | 0.000 | 0.082 |
| C33 | 0.035 | 0.028 | −0.096 | −0.067 | 0.065 | −0.034 |
| C34 | 0.055 | 0.028 | −0.225 | −0.168 | 0.150 | −0.161 |
| C35 | 0.091 | 0.020 | −0.328 | −0.235 | 0.207 | −0.244 |
| C36 | 0.043 | 0.045 | −0.000 | −0.000 | 0.000 | 0.088 |

| 行业代码 | 劳动技术效率增长效应 | 资本技术效率增长效应 | 技术进步偏向效应 | 要素偏向效应 | 技术进步偏向与要素偏向交互效应 | 全要素生产率的增长率 |
|---|---|---|---|---|---|---|
| C38 | 0.029 | 0.047 | −0.063 | −0.035 | 0.047 | 0.026 |
| C39 | 0.022 | 0.078 | −0.014 | −0.003 | 0.016 | 0.099 |
| C40 | 0.059 | 0.034 | −0.112 | −0.060 | 0.081 | 0.002 |
| D44 | 0.123 | 0.004 | −0.153 | −0.028 | 0.183 | 0.129 |
| D45 | 0.476 | −0.004 | −0.161 | −0.012 | 0.133 | 0.433 |
| D46 | 0.057 | 0.033 | −0.001 | −0.001 | 0.000 | 0.089 |

注：交互效应包括式⑤和式⑥，保留到小数点后三位。

资料来源：作者计算整理。

1. 全要素生产率分析。由表 7 - 7 可知，多数行业的全要素生产率保持正向增长，增长范围在 0.01 ~ 0.40。有 7 个行业全要素生产率出现负值，说明它们的全要素生产率增长率处于下降趋势，分别为 B06、B10、C13、C30、C33、C34 和 C35。从分项测算结果来看，全要素生产率下降的主要原因在于技术进步偏向效应和要素偏向效应对全要素生产率的负向作用。其中，降幅在 10% 以上的行业是 B06（煤炭开采与洗选业）、C30（非金属矿物制品业）、C34（通用设备制造业）和 C35（专用设备制造业）四个行业。2019 年，我国的煤炭消耗占能源消费总量的比重近 60%，煤炭等资源型行业面临环保约束、节能减排和安全生产等多重压力，在进行技术升级和结构转型的过程中，全要素生产率出现下降也是不可避免的（姚小剑等，2021）。作为资本和技术密集型产业，设备制造业面临自主研发技术不强、生产规模不均衡、产品结构不合理、国外市场需求下降等多方面压力，全要素生产率的下降带来投入产出效益下滑。在全球化背景下，当企业通过国外采购解决技术和设备问题时，经济发展过程中的"后发劣势"出现，工业行业存在的技术"卡脖子"等问题凸显。2015 年以来，国家发布《中国制造 2025》《装备制造业标准化和质量提升规划》等重要文件，通过"技术 + 人才"模式全面加快工业结构优化。

2. 要素技术效率分析。劳动技术效率对全要素生产率的增长效应普遍为正向作用，技术进步偏向提高了劳动技术效率，进而提高了全要素生产率。但资本技术效率对全要素生产率的增长效应存在异质性，一是多数行业为正向作用但较之劳动技术效率的增长效应贡献偏小，二是部分行业出现负向作用。原因可能在于，一方面技术进步偏向提高了劳动技术效率和资本技术效率，但资本技术效率小于劳动技术效率。另一方面近些年资本技术效率出现下降，对全要素生产率的增长产生阻碍作用。资本偏向性技术进步通过资本技术效率与劳动技术效率成为影响全要素生产率的主要力量。

## 三、技术进步偏向对工业结构优化的中介效应分析

表7-8报告了中介效应模型回归结果。第（1）、第（4）列是式（7.9）和式（7.12）的回归结果，表示资本技术效率和劳动技术效率对中介变量的影响，即对资本深化和全要素生产率的影响。第（2）、第（3）列是式（7.10）和式（7.11）的回归结果，表示控制了资本技术效率和劳动技术效率变量后，中介变量资本深化对工业结构合理化与高度化的影响；或者控制了资本深化变量后，资本和劳动技术效率对工业结构合理化与高度化的影响。第（5）、第（6）列是式（7.13）和式（7.14）的回归结果，表示控制了资本技术效率和劳动技术效率变量后，中介变量全要素生产率对工业结构合理化与高度化的影响；也表示控制了全要素生产率变量后，资本和劳动技术效率对工业结构合理化与高度化的影响。

表7-8　　　　　　　资本深化与全要素生产率的中介效应检验

| 变量 | 资本深化的中介效应 | | | 全要素生产率的中介效应 | | |
|---|---|---|---|---|---|---|
| | （1） | （2） | （3） | （4） | （5） | （6） |
| | lnkl | lnr | lnh | TFP | lnr | lnh |
| lnak | -0.052 ** | 0.083 ** | 0.344 *** | 0.001 | 0.080 ** | 0.415 *** |
| | （-2.34） | （2.30） | （13.49） | （0.55） | （1.99） | （14.53） |
| lnal | 0.091 *** | 0.036 * | 0.497 *** | 0.018 ** | 0.072 * | 0.604 *** |
| | （4.62） | （1.65） | （26.53） | （2.25） | （1.72） | （27.50） |
| lnkl | | 0.303 * | 0.456 *** | | | |
| | | （1.64） | （6.92） | | | |
| TFP | | | | | 0.316 ** | 0.108 ** |
| | | | | | （2.32） | （2.09） |
| lnrd | -0.063 *** | 0.148 | 0.006 | 0.010 ** | 0.043 | -0.075 * |
| | （-2.98） | （1.50） | （0.21） | （1.98） | （0.47） | （-1.92） |

| 变量 | 资本深化的中介效应 | | | 全要素生产率的中介效应 | | |
|---|---|---|---|---|---|---|
| | (1) | (2) | (3) | (4) | (5) | (6) |
| | lnkl | lnr | lnh | TFP | lnr | lnh |
| lnhr | 0.085 *** (3.06) | 0.062 (0.48) | 0.139 *** (3.39) | 0.086 *** (2.69) | 0.108 ** (1.99) | 0.077 (1.52) |
| lntrade | −0.083 *** (−7.43) | −0.123 ** (−2.30) | −0.014 * (−1.74) | 0.044 *** (2.87) | −0.035 (−0.67) | −0.068 *** (−3.30) |
| lnscale | 0.245 *** (6.73) | 0.097 *** (3.82) | −0.109 ** (−2.13) | −0.063 ** (−2.21) | 0.450 *** (4.61) | 0.219 *** (3.27) |
| lnsoe | 0.176 *** (7.72) | 0.031 ** (2.38) | 0.127 *** (3.96) | 0.019 (0.80) | 0.036 (0.45) | −0.241 *** (−5.77) |
| C | 2.051 *** (14.86) | −1.704 ** (−2.29) | −3.347 *** (−13.07) | −0.092 (−0.54) | −2.632 *** (−4.56) | −3.319 *** (−13.09) |
| 时间控制 | YES | YES | YES | YES | YES | YES |
| 个体控制 | YES | YES | YES | YES | YES | YES |
| $R^2$ | 0.869 | 0.333 | 0.876 | 0.234 | 0.880 | 0.245 |
| N | 608 | 608 | 608 | 608 | 608 | 608 |

注：***、**、*分别表示在1%、5%、10%的显著性水平上显著，括号内为 t 值。

资料来源：作者整理。

回归结果分析。从表7-8第（1）、第（2）、第（3）列的回归结果来看，资本技术效率对资本深化的回归系数为负值，劳动技术效率对资本深化的回归系数为正值。这说明随着我国工业行业资本与劳动技术效率的提高，劳动技术效率大于资本技术效率，资本深化水平总体加强。资本技术效率、劳动技术效率与资本深化对工业结构合理化与高度化的回归系数均为正值，这说明要素技术效率和资本深化共同促进了工业结构合理化与高度化。从表7-8第（4）、第（5）、第（6）列的回归结果来看，尽管个别系数不显著，但资本技术效率与劳动技术效率对全要素生产率的回归系数均为正值。这说明随着我国工业行业资本技术效率与劳动技术效率提高，全要素生产率提高。资本技术效率、劳动技术效率与全要素生产率对工业结构合理化与高度化的回归系数均为正值，这说明要素技术效率和全要素生产率共同促进了工业结构合理化与高度化。

综上所述，中介效应模型研究发现，一是由于式（7.10）、式（7.11）、式（7.13）和式（7.14）中资本技术效率与劳动技术效率的作用系数显著，因此两条作用路径中资本深化和全要素生产率属于部分中介效应。二是从作用系数来看，资本深化效应这一路径对工业结构优化的作用大于生产率效应路径对工业结构优化的作用，原因可能在于，技术进步偏向作用下资本与劳动技术效率的存在使全要素生产率的作用被减弱。三是中介效应模型再次证实技术进步偏向对资本与劳动技术效率的不同作用，通过资本深化效应和生产率效应推动了我国工业结构优化。

# 第六节　本章小结

本章基于 1998—2016 年中国工业行业面板数据，实证研究了技术进步偏向对工业结构优化的影响。建立基准模型即静态面板模型，进行回归分析后得出以下结论。通过资本深化效应，资本偏向性技术进步降低了资本与劳动的技术效率比，提高了边际产出比，推动了我国工业结构的合理化和高度化。通过生产率效应，技术进步偏向提高了劳动技术效率和资本技术效率，推动了我国工业结构合理化与高度化。研发投入的加大有利于工业结构合理化与高度化。基准模型的回归结果符合理论假说，技术进步偏向对资本与劳动技术效率的不同作用，通过资本深化效应、生产率效应和技术研发的作用，加快了我国工业结构优化。

通过建立动态面板数据模型考察技术进步偏向对工业结构优化的影响时发现，技术进步偏向对工业结构优化存在正向"惯性"作用，具有动态效应。动态模型表明，解释变量对工业结构优化的回归结果与基准模型一致。通过替换工业结构高度化指标、技术进步偏向指标，更换估计方法，稳健性检验证明了模型设定和回归结果的稳健性。通过建立中介效应模型考察资本深化和全要素生产率对工业结构优化的中介作用时发现，一是资本深化效应和生产率效应属于部分中介效应，要素技术效率带来资本深化和全要素生产率提高，有利于工业结构优化。二是资本深化效应对工业结构优化的作用大于生产率效应，原因可能在于，技术进步偏向作用下资本与劳动技术效率的存在使全要素生产率的作用被减弱。

无论采用何种计量模型和回归方法，本章的实证研究表明，技术进步偏向对资本技术效率与劳动技术效率的不同作用，通过生产率效应和资本深化效应两条路径促进了我国工业结构优化。

# 第八章 结论、政策建议与研究展望

## 第一节 主要结论

本书研究了技术进步偏向对中国产业结构变迁与优化的影响。在已有研究基础上，首先定义并建立了技术进步偏向的指标体系，用以判断和体现技术进步对要素的偏向作用。其次基于我国地区、三次产业、工业行业三个层面数据估计要素替代弹性，测算技术进步偏向，分析技术进步偏向和产业结构的地区差异、产业差异和行业差异。再次构建理论模型，从资本技术效率和劳动技术效率视角考察技术进步偏向对产业结构变迁的影响机制，通过理论分析提出技术进步偏向影响产业结构变迁与优化的作用路径。最后实证研究技术进步偏向对我国产业结构变迁、产业结构优化及工业结构优化的影响路径和作用方向。理论研究和实证研究证实，影响路径在定量研究上是显著、积极且稳健的。

### 一、理论研究结论

作为全书的理论支撑，理论研究主要包括两部分，一是基于 CES 生产函数建立技术进步偏向指标体系；二是基于双层 CES 生产函数构建理论模型。主要结论如下：

1. 通过数理推导构建技术进步偏向指标体系。基于 CES 生产函数，推导出技术进步偏向的指标体系，包括：①技术进步偏向指数，用以判断技术进步的要素偏向性；②资本技术效率、劳动技术效率、要素技术效率比、要素边际产出比，用以衡量技术进步偏向作用。资本技术效率和劳动技术效率直接体现了技术进步对要素的偏向作用。同时为了准确估计技术进步偏向的关键参数——替代弹性，推导出标准化供给面系统方程，并采用非线性似不相关法

201

（NLSUR）估计要素替代弹性。资本技术效率与劳动技术效率既可用于测度技术进步偏向作用，也是本书理论研究和实证研究的核心变量。

2. 构建理论模型从资本技术效率与劳动技术效率视角考察并厘清技术进步偏向对产业结构变迁的影响机制。通过构建双层 CES 生产函数的产业结构变迁模型发现，基于不同的要素替代弹性，技术进步偏向通过对资本技术效率与劳动技术效率的不同作用，改变要素流动方向，影响部门内和部门间的要素配置和产出（比），进而影响产业结构变迁。基于理论模型的研究结论，得出技术进步偏向影响产业结构变迁与优化的作用路径：技术进步偏向改变资本技术效率与劳动技术效率，通过资源再配置效应、产出效应、资本深化效应和恩格尔效应四条路径影响产业结构变迁。技术进步偏向改变资本技术效率与劳动技术效率，通过生产率效应、资本深化效应和恩格尔效应三条路径影响产业结构优化。

## 二、实证研究结论

本书实证研究主要包括两部分，一是技术进步偏向的指标测算及事实分析。二是理论假说的实证检验，依次通过静态面板模型、动态面板模型、空间计量模型和中介效应模型等进行回归分析。主要结论如下：

1. 测算发现我国总体呈现资本偏向性技术进步。在地区层面上，多数地区的要素替代弹性小于1，劳动与资本存在互补关系，呈现资本偏向性技术进步。只有内蒙古自治区、吉林省和四川省三个地区的替代弹性大于1，属于劳动偏向性技术进步。在三次产业层面上，多数产业的要素替代弹性小于1，资本与劳动存在互补关系，呈现资本偏向性技术进步。有 12 个产业呈现劳动偏向性技术进步，主要分布在我国内蒙古自治区、吉林省、江苏省、浙江省、江西省、海南省、四川省、贵州省和甘肃省。内蒙古自治区无论从地区还是从三次产业层面上均表现为劳动偏向性技术进步。在工业行业层面上，除了 C19（皮革、毛皮、羽毛及其制品和制鞋业）、C26（化学原料和化学制品制造业）和 C36（交通运输设备制造业）表现为劳动偏向性技术进步外，其他行业的要素替代弹性均小于1，劳动与资本存在互补关系，表现为资本偏向性技术进步。随着我国资本偏向性技术进步作用减弱，部分地区、产业和行业出现劳动偏向性技术进步。

2. 测算发现我国资本偏向性技术进步使劳动技术效率大于资本技术效率。在地区层面上，各地区的劳动技术效率大于资本技术效率，劳动技术效率呈增长趋势，资本技术效率呈下降趋势。在三次产业层面上，各地区第一产业的劳动技术效率低于资本技术效率，劳动技术效率处于上升趋势，资本技术效率下降。第二、第三产业的劳动技术效率大于资本技术效率。第二产业劳动技术效率和资本技术效率基本都处于下降趋势，少数产业的劳动技术效率出现增长趋势。第三产业的资本技术效率是下降的，劳动技术效率多数上升。在工业行业层面上，多数工业行业的劳动技术效率大于资本技术效率，劳动技术效率基本呈上升趋势，资本技术效率则是波动式上升。2012 年以后，部分行业的资本技术效率转为下降。随着地区、产业和行业的资本深化，资本与劳动技术效率比基本是下降的，过快的资本深化是资本技术效率出现下降的重要原因。

3. 比较发现我国产业结构变迁与优化存在区域差异、行业差异。从发展趋势来看，多数地区的产出结构和就业结构向着"三二一"模式变迁但速度缓慢，且就业结构变迁滞后于产出结构变迁，尤其是中西部地区。无论是产业结构合理化水平还是产业结构高度化水平，东部地区均最高，西部地区均最低；技术密集型行业都处于较高水平，劳动密集型行业都处于较低水平。我国多数地区产业结构合理化与高度化的进程不一致，制造业的合理化和高度化水平相较其他工业行业高。

4. 实证发现技术进步偏向促进了中国产业结构变迁。基于 1998—2017 年地区三次产业层面的实证研究发现，资本偏向性技术进步和资本深化使得劳动技术效率提高，资本技术效率降低，最终通过要素技术效率的资源再配置效应、产出效应、资本深化效应和恩格尔效应四条路径推动我国产业结构向着"三二一"模式变迁，三次产业的资本劳动比沿着"一二三"产业方向逐步深化，产出沿着"一二三"产业方向依序增加，产业间产出比相应提高。通过建立动态面板模型分析发现，技术进步偏向对产业结构变迁的影响存在正向滞后效应，使产业结构变迁的推进有了持续性。通过区域异质性研究发现，相比中西部地区我国东部地区产业的资本技术效率与劳动技术效率较高，对产业结构变迁的促进作用较大。从资本技术效率与劳动技术效率对产业结构变迁的作用系数来看，东部地区产业的资本技术效率作用更大，中西部地区产业的劳动技术效率作用更大。

5. 实证发现技术进步偏向加快了中国产业结构优化。基于 1998—2017 年地区层面的实证研究发现，资本偏向性技术进步和资本深化提高了劳动技术效率，降低了资本技术效率，最终通过要素技术效率的生产率效应、资本深化效应和恩格尔效应三条路径推动了我国产业结构的合理化与高度化。通过建立动态面板模型分析发现，技术进步偏向对产业结构优化存在正向滞后效应，可以持续推进产业结构合理化与高度化。在考察区域异质性时发现，资本与劳动技术效率对产业结构合理化与高度化的作用在我国东部较发达地区更大，在中西部欠发达地区作用较小，这说明越是发达地区技术进步偏向对要素技术效率的作用越强。通过空间杜宾模型考察空间溢出效应时发现，技术进步偏向不仅有利于本地区的产业结构优化，还存在显著的空间溢出效应。技术进步偏向对"相邻"地区的产业结构合理化存在正向溢出效应，对"相邻"地区的产业结构高度化存在负向溢出效应。

6. 实证发现技术进步偏向加快了中国工业结构优化进程。基于 1998—2016 年工业行业层面的实证研究发现，资本偏向性技术进步提高了行业的劳动技术效率和资本技术效率，最终通过要素技术效率的资本深化效应和生产率效应推动了工业结构的合理化与高度化。通过建立动态面板模型分析发现，技术进步偏向对工业结构合理化与高度化具有持续的正向滞后效应。从技术进步偏向作用下的全要素生产率测算结果来看，多数行业的全要素生产率保持正向增长，增长幅度在 0.01～0.40。有 7 个行业全要素生产率出现负值，说明它们的全要素生产率增长率处于下降趋势。技术进步偏向提高了劳动技术效率，提高了全要素生产率。资本技术效率对全要素生产率的贡献比劳动技术效率小，且部分行业资本技术效率的下降对全要素生产率产生负向作用。通过建立中介效应模型分析发现，一是资本深化和全要素生产率属于部分中介效应，资本与劳动技术效率带来资本深化和全要素生产率提高，它们共同促进工业结构合理化与高度化。二是资本深化效应对工业结构优化的作用大于生产率效应，原因可能在于，技术进步偏向作用下资本技术效率与劳动技术效率的存在使全要素生产率的作用被减弱。

# 第二节　对策与建议

现代经济增长是以技术进步为基础、以产业结构转型和升级为核心的成长模式（李静和楠玉，2019）。中国多数地区、产业、行业呈现资本偏向性技术进步，技术进步偏向通过改变要素技术效率、要素配置，影响产出规模和供给结构，影响消费水平和需求结构，进而推动产业结构变迁与优化。

## 一、加快技术进步，推动产业结构变迁

研究发现，技术进步偏向加快了我国"三二一"产业结构进程，而且对第二、第三产业要素配置和产出的促进作用更大。要形成"一产稳、二产强、三产大"的现代产业结构，就要依靠技术进步，而且技术进步的空间溢出效应有利于相邻地区的产业结构合理化。在"科技兴国"战略指引下，强化国家战略科技力量，提升企业技术创新能力，成为我国高质量发展的新引擎、新动能。

（一）发挥政府的主导作用

政府的政策引导和资金支持对技术进步与创新起着支撑作用。一方面，要继续加大对基础研究和核心技术研发的支持力度，加快建设国家实验室，发展社会研发机构，加强关键核心技术攻关。同时进行体制机制改革，为科技成果的研发与转化创造有利的政策环境。另一方面，通过税收优惠、税前扣除和财政补贴等措施激励企业增加研发投入和技术创新，促进"产学研"深度融合。

（二）发挥企业的主体作用

企业是创新驱动发展和产业结构优化的"主力军"，企业的创新能力直接关系到产业结构优化的水平和速度。产业是企业的集合，企业的技术创新，既能提升其核心竞争力，也能促进定向要素的技术进步偏向。通过技术创新改善微观企业的投入产出比，有利于加快产业结构变迁。我国多年来的发展经验表明，市场换不来核心技术、关键技术。中国要坚持并加快"自主可控"技术的研发和创新，建立健全专利技术保护制度，保障企业的经济效益和创新动力，通过示范效应使企业敢于技术创新、乐于技术创新。

（三）加快先进工业与现代服务业发展

工业既要淘汰落后产能，鼓励企业兼并重组，又要培育发展战略性新兴产业，依托信息技术和要素质量提升我国工业技术创新水平，加快工业结构优化。服务业被称为经济发展的"稳定器"和"助推器"，要推动制造业和服务业的融合化、现代化发展，应将生产性服务业作为发展重点。生产性服务业因

其专业性强、技术水平高、产业关联广，对促进就业和加快我国产业结构优化具有重要作用。

## 二、提高劳动技术效率和资本技术效率，加快产业结构优化

研究表明，技术进步偏向通过要素技术效率的生产率效应和资本深化效应推动我国产业结构和工业结构优化。鉴于全球经济形势的严峻性，发挥技术进步偏向对要素技术效率和全要素生产率的增强作用，对促进我国产业结构优化具有重要意义。

（一）引导资本流动，提高资本技术效率

尽管我国属于资本偏向性技术进步，但持续的资本深化使资本技术效率下降。因此要提高资本技术效率，就要适度进行资本深化，引导资本流向资本密集型行业或者资本稀缺地区。通过地方政府的政策引导和营商环境改善，促进资本在东部、中部、西部地区间有效流动，减少东部地区过度投资，改善中西部地区资本劳动配置，提高资本技术效率和资本边际产出。

（二）提升劳动技能水平，提高劳动技术效率

尽管我国资本偏向性技术进步提高了劳动技术效率，但技术进步偏向与要素禀赋的不匹配会出现劳动效率损失（李小平和李小克，2018）。要继续大幅提高劳动技术效率，一方面通过要素市场化将资本与技能劳动相匹配，形成"资本—技能互补"优势，共同提升资本和劳动技术效率。另一方面部分地区和行业可以通过使用劳动偏向性技术进步或技能偏向性技术进步，提高劳动技术效率和劳动边际产出，解决企业"招工难"问题。借鉴发达国家经验，引导我国东部地区优先形成资本偏向性技术进步和技能偏向性技术进步共存的发展模式，可以大幅提高资本与劳动的技术效率，加快产业结构优化。

## 三、增加人力资本积累，加快产业结构优化

研究表明，技能劳动和人力资本积累可通过提高要素技术效率和改善供给结构促进产业结构优化。国家综合国力的竞争归根结底是"人才的竞争、劳动者素质的竞争"。随着资本偏向性技术进步的作用减弱，如何通过人力资本积累引导并形成劳动偏向性技术进步或技能偏向性技术进步，在中国数量型人口红利衰退、质量型人口红利尚未形成的当下，显得尤为重要。要通过多种渠

道、多种方式加快人力资本积累，这样技术进步偏向与要素匹配带来的资源再配置效应和生产率效应，对产业结构优化的作用才能做到持续化。

（一）提高劳动技能水平，提升人才质量

在《国家中长期人才发展规划纲要（2010—2020年)》《教育部关于深化本科教育教学改革全面提高人才培养质量的意见》等文件中明确提出我国的人才培养要重点扩大应用型、复合型、技能型人才培养规模。截至2020年12月，我国技能劳动者超过2亿人，高技能人才超过5000万人，技能劳动者占就业总量的26%，高技能人才占技能人才总量的28%，距离发达国家仍有很大差距。要继续通过系统教育、职业培训和"干中学"等途径，提高劳动素质和劳动技能水平，通过优化劳动供给结构和技能结构适应技术进步偏向对技能劳动的需求，改善要素效率与产出质量，加快产业结构优化。

（二）多渠道促进高校毕业生就业

作为高素质人才的生力军，高校毕业生只有就业（创业）才能发挥人力资本作用。为了促进高校毕业生就业创业，政府通过各种就业形式拓宽就业渠道，通过各类激励措施增加就业岗位，目的就是保障高校毕业生"好就业、就好业"。中国每年近千万的高校毕业生，为经济发展提供了丰富的人力资本储备。这种"知识＋人才"的高效模式，有利于实现通过技术创新驱动经济高质量发展的目标。

## 四、充分发挥技术进步偏向对要素的增强作用，加快要素市场化改革

研究表明，不同地区、不同行业的要素技术效率存在差异。要素技术效率差异除了与技术进步偏向的作用有关外，还受到要素数量、要素质量、地区市场环境、制度环境等因素影响。要素错配不仅影响要素价格和要素效率，更影响产出质量和结构优化速度。2020年，《中共中央　国务院关于构建更加完善的要素市场化配置体制机制的意见》发布，这是关于要素市场化配置的综合性指导文件。

（一）破除要素流动的机制体制障碍

提高要素质量和配置效率，凸显市场在要素配置中的基础性作用。通过户籍制度和社会保障制度改革，畅通劳动力的社会性流动渠道。通过资本市场的

配套改革与监管治理，改善金融服务供给，提升金融服务效率。通过科技成果的所有权与收益权改革，促进技术与资本的深度融合和综合效益。

（二）激发市场主体的活力

大、中、小企业作为技术进步的推动者、就业机会的提供者，在产业结构变迁与优化中发挥着重要作用。健全企业家市场，发挥企业家精神，做技术进步与创新发展的组织者与引领者。加快推进稳定、高效的劳动力市场化配置，由市场供求决定要素价格和要素流动，降低劳动力在地区和产业间的流动成本，既能够促进产业结构优化，又能够缩小我国收入差距。

## 五、扩大内需，从需求侧引导供给侧的产业结构优化

研究表明，恩格尔系数下降、收入效应和消费升级同样促进产业结构变迁与优化。2020 年，中国审时度势地提出"以国内大循环为主体、国内国际双循环"的新发展格局，内需成为经济增长和结构调整的主要拉动力。完善收入分配制度，缩小城乡收入差距，提高我国居民消费水平，成为拉动内需的内在要求。

（一）提高收入，增加消费

扩大内需首要的就是增加收入。一方面要继续多渠道保障居民实际收入增长。增加城镇居民的劳动报酬和资产性收入，保障居民收入增长与经济增长的同步化。增加农民的经营性收入与工资性收入，因为二者占到农民总收入的80%。另一方面要提高居民消费率。增加就业，完善医疗、养老等社会保障制度，改变消费观念，规范线上消费，提高居民消费能力。

（二）降低恩格尔系数，促进消费升级

根据国家统计局数据，中国城镇居民和农村居民的恩格尔系数分别从1978 年的57.5%、67.7%降到2019 年的29.2%、32.7%。我国恩格尔系数大幅下降，居民生存型消费占到总消费的1/3 左右，享受型、发展型消费成为主流。为满足供给对需求和消费的适应性与引导性，产业要加快先进技术和适用技术研发，用技术助力产出，体现技术效率与技术进步对产出的增值作用。

## 六、技术进步偏向有助于区域协调发展

研究发现，基于要素配置和市场化水平不同，我国的资本偏向性技术进步

和要素技术效率存在地区差异和行业差异。相较欠发达地区，技术进步与技能劳动的结合大幅提高了发达地区的资本技术效率和劳动技术效率，发达地区应该对我国产业结构优化和高质量发展起到引领作用。

（一）借助产业转移将东部地区的技术和资本向中西部地区引导

研究发现，资本偏向性技术进步促进资本深化，对处于工业化初期的产业结构具有显著促进作用。东部地区要依靠丰富的资本和较高的劳动力素质，积极进行技术研发与创新，发展高端制造业和现代服务业。同时依照产业梯度转移，将劳动密集型和部分资本密集型产业向处于工业化初、中期的中西部地区转移，中西部地区要基于本地区要素禀赋与区位优势建设和完善相关产业发展。

（二）中西部地区基于比较优势合理引进

发达地区可以借助较高的劳动力素质发挥技术进步偏向对产业结构优化的引导作用（王林辉等，2012）。发达地区进行技术和产业转移时，欠发达地区一方面要基于本地区要素禀赋或资源优势对技术或资本合理利用；另一方面要为产业和技术的有效"扩散"创造条件，包括市场化、法治化的营商环境，方便、快捷的交通运输等。基于要素的趋利性和消费的"棘轮效应"，为了吸引技术与人才，欠发达地区可以选择经济发展较好、资源条件较丰富的城市作为增长极，然后依靠增长极对周边地区的"扩散效应"，带动产业发展，这体现了不平衡增长理论的实践性。近些年，贵州省的贵阳市、河南省的郑州市借助西部大开发、中部崛起、脱贫攻坚等政策契机加快发展，贵阳市成为中国的"大数据中心"，郑州市成为中欧陆上贸易的"集散地"。

# 第三节　研究展望

本书研究技术进步偏向对中国产业结构变迁与优化的影响。一是充实了理论研究维度，不仅建立了技术进步偏向的指标体系，还构建了双层 CES 生产函数的产业结构变迁模型，研究技术进步偏向对产业结构变迁与优化的影响机制。二是拓展了经验研究维度，首先从地区、产业、行业三个层面测算了技术进步偏向；其次运用固定效应估计、广义矩估计、空间效应估计和中介效应估计等方法实证研究技术进步偏向对中国产业结构变迁与优化的影响。由于本书结构、数据获取、个人能力等方面的局限，仍有一些不足和遗憾有待接下来或深入研究，或另辟蹊径。

## 一、研究视角可以进一步拓宽

本书中，技术进步偏向主要考察的是要素间（资本与劳动）的技术进步偏向。而要素内（技能劳动和非技能劳动）的技术进步偏向没有展开研究。（劳动）技能偏向性技术进步是技术进步偏向研究中的一个重要视角，下一步可以继续研究技能偏向性技术进步对产业结构的影响。

## 二、理论研究可以进一步提升

本书将部门生产函数拓展为嵌入技术进步偏向的 CES 生产函数，在产品市场与要素市场的最优化研究框架下，通过构建理论模型推演技术进步偏向作用下的要素技术效率对产业结构变迁的影响机制。Ngai 和 Pissarides（2007）认为，CES 位似偏好效用函数只有与产出弹性相同的部门生产函数结合，才能用来研究产业结构变迁。本书理论模型只考察供给侧视角的技术进步偏向对产业结构变迁的影响。如果尝试将产出与要素投入、生产与家庭消费统一进行最优化问题研究，如宏观经济理论中的戴蒙德世代交叠模型那样，可能使理论研究更扎实、结论更严谨。

## 三、实证方法可以进一步优化

在进行实证分析时，基于研究目的和典型事实，本书运用双向固定效应回归（FE）、动态面板模型的广义矩估计（SYS - GMM）、可行的广义最小二乘法（FGLS）、非线性似不相关估计（NLSUR）、空间效应估计和中介效应估计等计量方法，但仍有可能因为实证方法的局限而没有发现变量内部存在的变化规律。比如，若在实证研究中采用门槛回归模型，可能捕捉到某一核心变量发生的"突变"，并据此判断模型和结论的"异质性"变化。今后可以尝试更有效、更多样的计量方法为经济研究服务，深入研究技术进步偏向对产业结构优化与经济高质量发展的作用机制。

# 参 考 文 献

［1］罗斯托编．从起飞进入持续增长的经济学［M］．贺力平等，译．成都：四川人民出版社，2000.

［2］白继山，温涛．中国省际工业技术进步偏向的生产率影响效应研究［J］．西南大学学报（社会科学版），2021（2）.

［3］蔡昉．防止产业结构"逆库兹涅茨化"［J］．财经界，2015（4）.

［4］蔡晓陈，赖娅莉．二元经济结构与技术进步偏向［J］．财经科学，2020（7）.

［5］车松．实物资本、资本体现式技术进步与经济增长的关系研究［J］．财经理论研究，2013（2）.

［6］陈登科，陈诗一．资本劳动相对价格、替代弹性与劳动收入份额［J］．世界经济，2018（12）.

［7］陈欢，王燕．国际贸易与中国技术进步方向——基于制造业行业的经验研究［J］．经济评论，2015（3）.

［8］陈娟．全要素生产率对中国经济增长方式的实证研究［J］．数理统计与管理，2009（2）.

［9］陈汝影，余东华．资本深化、有偏技术进步与制造业全要素生产率［J］．现代经济探讨，2020（6）.

［10］陈体标．技术增长率的部门差异和经济增长率的"驼峰形"变化［J］．经济研究，2008（11）.

［11］陈体标．经济结构变化和经济增长［J］．经济学（季刊），2007（4）.

［12］陈晓玲，连玉君．资本—劳动替代弹性与地区经济增长——德拉格兰德维尔假说的检验［J］．经济学（季刊），2013（1）.

[13] 陈勇，柏喆．技术进步偏向、产业结构与中国劳动收入份额变动 [J]．上海经济研究，2020（6）．

[14] 戴天仕，徐现祥．中国的技术进步方向 [J]．世界经济，2010（11）．

[15] 丁黎黎，杨颖，郑慧，等．中国省际绿色技术进步偏向异质性及影响因素研究——基于一种新的 Malmquist – Luenberger 多维分解指数 [J]．中国人口·资源与环境，2020（9）．

[16] 董敏杰，梁泳梅．1978—2010 年的中国经济增长来源：一个非参数分解框架 [J]．经济研究，2013（5）．

[17] 董直庆，安佰珊，张朝辉．劳动收入占比下降源于技术进步偏向性吗？[J]．吉林大学社会科学学报，2013（4）．

[18] 董直庆，蔡啸．技术进步技能偏向性与技能溢价：一个理论模型和经验解释 [J]．求是学刊，2013（4）．

[19] 董直庆，陈锐．技术进步偏向性变动对全要素生产率增长的影响 [J]．管理学报，2014（8）．

[20] 董直庆，焦翠红，王林辉．技术进步偏向性跨国传递效应：模型演绎与经验证据 [J]．中国工业经济，2016（10）．

[21] 董直庆，王芳玲，高庆昆．技能溢价源于技术进步偏向性吗？[J]．统计研究，2013（6）．

[22] 董直庆，王林辉．资本体现式技术进步与经济增长周期波动关联效应 [J]．求是学刊，2011（2）．

[23] 董直庆，赵景，康红叶．有偏技术进步、技术来源及其经济增长效应 [J]．东南大学学报（哲学社会科学版），2017（1）．

[24] 段瑞君．技术进步、技术效率与产业结构升级——基于中国 285 个城市的空间计量检验 [J]．研究与发展管理，2018（6）．

[25] 冯春晓．我国对外直接投资与产业结构优化的实证研究——以制造业为例 [J]．国际贸易问题，2009（8）．

[26] 付明辉，祁春节．要素禀赋、技术进步偏向与农业全要素生产率增长——基于 28 个国家的比较分析 [J]．中国农村经济，2016（12）．

[27] 傅元海，叶祥松，王展祥．制造业结构变迁与经济增长效率提高

［J］．经济研究，2016（8）．

　　［28］盖骁敏，李爱．要素技术效率与产业结构优化的空间效应研究——基于技术进步偏向的视角［J］．财经论丛，2021（1）．

　　［29］干春晖，郑若谷，余典范．中国产业结构变迁对经济增长和波动的影响［J］．经济研究，2011（5）．

　　［30］郭凯明，杭静，颜色．中国改革开放以来产业结构转型的影响因素［J］．经济研究，2017（3）．

　　［31］郭凯明，杭静，颜色．资本深化、结构转型与技能溢价［J］．经济研究，2020（9）．

　　［32］郭凯明，罗敏．有偏技术进步、产业结构转型与工资收入差距［J］．中国工业经济，2021（3）．

　　［33］韩英，马立平．京津冀产业结构变迁中的全要素生产率研究［J］．数量经济技术经济研究，2019（6）．

　　［34］郝枫，盛卫燕．中国要素替代弹性估计［J］．统计研究，2014（7）．

　　［35］何德旭，姚战琪．中国产业结构调整的效应、优化升级目标和政策措施［J］．中国工业经济，2008（5）．

　　［36］贺京同，何蕾．要素配置、生产率与经济增长——基于全行业视角的实证研究［J］．产业经济研究，2016（3）．

　　［37］侯玮迪，丁建勋，仪姗．资本体现式技术进步率的变动趋势与我国增长悖论［J］．商业经济研究，2018（20）．

　　［38］胡绍波，魏建国，郭晨．产业间技术和收入的差异性变化对产业结构变迁的影响［J］．经济评论，2019（3）．

　　［39］黄红梅，石柱鲜．技术进步偏向、周期波动分解与产业结构分析［J］．财贸研究，2014（1）．

　　［40］黄亮雄，安苑，刘淑琳．中国的产业结构调整：基于三个维度的测算［J］．中国工业经济，2013（10）．

　　［41］黄茂兴，李军军．技术选择、产业结构升级与经济增长［J］．经济研究，2009（7）．

　　［42］黄群慧．改革开放40年中国的产业发展与工业化进程［J］．中国

工业经济，2018（9）.

[43] 黄先海，刘毅群. 设备投资、体现型技术进步与生产率增长：跨国经验分析 [J]. 世界经济，2008（4）.

[44] 黄先海，杨君，肖明月. 资本深化、技术进步与资本回报率：基于美国的经验分析 [J]. 世界经济，2012（9）.

[45] 江小涓. 疫情时代下的数字经济 [J]. 清华金融评论，2020（6）.

[46] 靖学青. 产业结构高级化与经济增长——对长三角地区的实证分析 [J]. 南通大学学报（社会科学版），2005（3）.

[47] 孔宪丽，米美玲，高铁梅. 技术进步适宜性与创新驱动工业结构调整——基于技术进步偏向性视角的实证研究 [J]. 中国工业经济，2015（11）.

[48] 西蒙·库兹涅茨. 各国的经济增长 [M]. 常勋等，译. 北京：商务印书馆，1985.

[49] 雷钦礼. 偏向性技术进步的测算与分析 [J]. 统计研究，2013（4）.

[50] 雷钦礼，王阳. 中国技能溢价、要素替代与效率水平变化的估计与分析 [J]. 统计研究，2017（10）.

[51] 雷钦礼，徐家春. 技术进步偏向、要素配置偏向与我国 TFP 的增长 [J]. 统计研究，2015（8）.

[52] 李爱，盖骁敏. 技术进步偏向对产业结构优化的作用机制与实证检验——基于要素技术效率视角 [J]. 暨南学报（哲学社会科学版），2021（3）.

[53] 李慧，平芳芳. 装备制造业产业结构升级程度测量 [J]. 中国科技论坛，2017（2）.

[54] 李磊，刘常青，徐长生. 劳动力技能提升对中国制造业升级的影响：结构升级还是创新升级？[J]. 经济科学，2019（4）.

[55] 李小平，李小克. 偏向性技术进步与中国工业全要素生产率增长 [J]. 经济研究，2018（10）.

[56] 李小平，卢现祥，朱钟棣. 国际贸易、技术进步和中国工业行业的生产率增长 [J]. 经济学（季刊），2008（2）.

［57］李政，杨思莹．创新强度、产业结构升级与城乡收入差距——基于2007—2013 年省际面板数据的空间杜宾模型分析［J］．社会科学研究，2016（2）．

［58］林毅夫．发展战略、自生能力和经济收敛［J］．经济学（季刊），2002（1）．

［59］刘东皇，王志华，葛莹玉．劳动力成本、消费成长与产业结构升级［J］．当代经济管理，2017（2）．

［60］刘国晖，张如庆，陈清萍．有偏技术进步抑制中国劳动就业了吗?［J］．经济问题，2016（9）．

［61］刘伟，张辉，黄泽华．中国产业结构高度与工业化进程和地区差异的考察［J］．经济学动态，2008（11）．

［62］刘志彪，凌永辉．结构转换、全要素生产率与高质量发展［J］．管理世界，2020（7）．

［63］刘志勇，李海峥，胡永远，等．人力资本结构高级化与经济增长——兼论东中西部地区差距的形成和缩小［J］．经济研究，2018（3）．

［64］陆雪琴，文雁兵．偏向性技术进步、技能结构与溢价逆转——基于中国省级面板数据的经验研究［J］．中国工业经济，2013（10）．

［65］陆雪琴，章上峰．技术进步偏向定义及其测度［J］．数量经济技术经济研究，2013（8）．

［66］马草原，程茂勇，侯晓辉．城市劳动力跨部门流动的制约因素与机制分析——理论解释与经验证据［J］．经济研究，2020（1）．

［67］马红旗．"资本—技能互补"对我国技能溢价的影响［J］．上海财经大学学报，2016（2）．

［68］马红旗．中国资本—技能互补性研究［D］．重庆：重庆大学，2013.

［69］潘文卿，吴天颖．中国技术进步偏向性的省际扩散效应：1996—2015［J］．系统工程理论与实践，2018（2）．

［70］潘文卿，吴天颖，胡晓．中国技术进步方向的空间扩散效应［J］．中国工业经济，2017（4）．

［71］皮建才．经济发展中的全要素生产率悖论［J］．中南财经政法大学

学报，2008（6）．

[72] 钱水土，李正茂．金融结构、技术进步与产业结构升级——基于跨国数据的经验验证 [J]．经济理论与经济管理，2018（12）．

[73] 任碧云，贾贺敬．基于内涵重构的中国制造业产业升级测度及因子分析 [J]．经济问题探索，2019（4）．

[74] 单豪杰．中国资本存量 K 的再估算：1952—2006 年 [J]．数量经济技术经济研究，2008（10）．

[75] 申广军．"资本—技能互补"假说：理论、验证及其应用 [J]．经济学（季刊），2016（4）．

[76] 沈春苗．垂直专业化分工对技能偏向性技术进步的影响——基于我国制造业细分行业的实证研究 [J]．国际贸易问题，2016（2）．

[77] 史丹，张成．中国制造业产业结构的系统性优化——从产出结构优化和要素结构配套视角的分析 [J]．经济研究，2017（10）．

[78] 宋冬林，王林辉，董直庆．技能偏向性技术进步存在吗？——来自中国的经验证据 [J]．经济研究，2010（5）．

[79] 宋建，郑江淮．资本深化、资源配置效率与全要素生产率：来自小企业的发现 [J]．经济理论与经济管理，2020（3）．

[80] 宋江华．中国工业技术进步偏向分析 [J]．科学学研究，1990（1）．

[81] 宋丽萍，杨大威．开放经济下中国产业结构特征与技能偏向性技术进步 [J]．世界经济研究，2016（5）．

[82] 苏杭，郑磊，牟逸飞．要素禀赋与中国制造业产业升级——基于WIOD 和中国工业企业数据库的分析 [J]．管理世界，2017（4）．

[83] 孙学涛．技术进步对城市经济结构转型影响研究：动力、结构与效应 [J]．现代财经（天津财经大学学报），2021（4）．

[84] 孙学涛，王振华，张广胜．技术进步偏向对产业结构的影响及其溢出效应 [J]．山西财经大学学报，2017（11）．

[85] 涂正革，陈立．技术进步的方向与经济高质量发展——基于全要素生产率和产业结构升级的视角 [J]．中国地质大学学报（社会科学版），2019（3）．

［86］涂正革．环境、资源与工业增长的协调性［J］．经济研究，2008（2）．

［87］王班班，齐绍洲．有偏技术进步、要素替代与中国工业能源强度［J］．经济研究，2014（2）．

［88］汪克亮，杨力，杨宝臣，等．考虑技术进步偏向性的全要素生产率分解及其演变——来自1992—2009年中国省际面板数据的经验依据［J］．软科学，2014（3）．

［89］王晶．中国劳动力成本上升对产业结构升级影响研究［D］．辽宁：辽宁大学，2017．

［90］王俊，胡雍．中国制造业技能偏向技术进步的测度与分析［J］．数量经济技术经济研究，2015（1）．

［91］王林辉，蔡啸，高庆昆．中国技术进步技能偏向性水平：1979—2010［J］．经济学动态，2014（4）．

［92］王林辉，董直庆．资本体现式技术进步、技术合意结构和我国生产率增长来源［J］．数量经济技术经济研究，2012（5）．

［93］王林辉，韩丽娜．技术进步偏向性及其要素收入分配效应［J］．求是学刊，2012（1）．

［94］王林辉，袁礼．有偏型技术进步、产业结构变迁和中国要素收入分配格局［J］．经济研究，2018（11）．

［95］王林辉，赵景．技术进步偏向性及其收入分配效应：来自地区面板数据的分位数回归［J］．求是学刊，2015（4）．

［96］王青，张广柱．城乡居民消费升级对产业结构转型升级的影响比较——基于SDA分析技术［J］．商业经济研究，2017（20）．

［97］王瑞瑜，王森．老龄化、人工智能与产业结构调整［J］．财经科学，2020（1）．

［98］王士香，董直庆．资本体现式技术进步视角下的资本质量提升［J］．东北师大学报（哲学社会科学版），2015（3）．

［99］王亚楠，向晶，钟甫宁．劳动力回流、老龄化与"刘易斯转折点"［J］．农业经济问题，2020（12）．

［100］王永进，盛丹．要素积累、偏向型技术进步与劳动收入占比［J］．

世界经济文汇，2010（4）.

　　[101] 吴华英，刘霞辉，苏志庆. 偏向性技术进步驱动下的结构变迁与生产率提高［J］. 上海经济研究，2021（3）.

　　[102] 武云亮，周思贤，张廷海. 技术进步偏向性对中国产业结构升级的影响研究［J］. 齐齐哈尔大学学报（自然科学版），2020（4）.

　　[103] 肖兴志，李少林. 环境规制对产业升级路径的动态影响研究［J］. 经济理论与经济管理，2013（6）.

　　[104] 项松林，田容至. 偏向性技术进步与动态比较优势：理论与中国行业经验［J］. 经济评论，2020（5）.

　　[105] 谢婷婷，李玉梅，潘宇. 外商直接投资、技术进步与产业结构升级——基于中国省域空间计量分析［J］. 工业技术经济，2018（8）.

　　[106] 熊映梧，吴国华. 论产业结构优化的适度经济增长［J］. 经济研究，1990（3）.

　　[107] 徐朝阳. 工业化与后工业化："倒U形"产业结构变迁［J］. 世界经济，2010（12）.

　　[108] 徐鹏杰，马中东，王金河. 金融去杠杆、污染防治与中国制造业转型升级［J］. 经济体制改革，2019（6）.

　　[109] 徐伟呈，李欣鹏. "互联网＋"背景下中国产业结构转型升级研究——基于互联网技术进步对二三产业生产率贡献的视角［J］. 宏观质量研究，2018（3）.

　　[110] 徐伟呈，赵昕. 互联网技术进步对山东省产业结构转型升级的影响研究［J］. 中国海洋大学学报（社会科学版），2018（5）.

　　[111] 徐晔，杨飞. 产业结构演变与经济增长的波动——基于省际动态面板数据模型的实证研究［J］. 江西师范大学学报（自然科学版），2016（5）.

　　[112] 薛继亮. 从供给侧判断"刘易斯拐点"：到来还是延迟［J］. 中央财经大学学报，2016（9）.

　　[113] 颜色，郭凯明，段雪琴. 老龄化、消费结构与服务业发展［J］. 金融研究，2021（2）.

　　[114] 颜色，郭凯明，杭静. 需求结构变迁、产业结构转型和生产率提

高 [J]. 经济研究, 2018 (12).

[115] 杨飞. 市场化、技能偏向性技术进步与技能溢价 [J]. 世界经济, 2017 (2).

[116] 杨天宇, 刘贺贺. 产业结构变迁与中印两国的劳动生产率增长差异 [J]. 世界经济, 2012 (5).

[117] 杨校美, 谭人友. 资本深化对中国制造业劳动生产率的影响: 市场选择与政府行为 [J]. 南方经济, 2017 (7).

[118] 杨翔, 李小平, 钟春平. 中国工业偏向性技术进步的演变趋势及影响因素研究 [J]. 数量经济技术经济研究, 2019 (4).

[119] 阳立高, 龚世豪, 韩峰. 劳动力供给变化对制造业结构优化的影响研究 [J]. 财经研究, 2017 (2).

[120] 姚小剑, 夏丹丹, 张英琳. 环境规制对陕西省能源开发产业绿色全要素生产率影响研究 [J]. 中国矿业, 2021 (5).

[121] 姚毓春, 袁礼, 王林辉. 中国工业部门要素收入分配格局——基于技术进步偏向性视角的分析 [J]. 中国工业经济, 2014 (8).

[122] 姚战琪, 夏杰长. 中国 OFDI 对不同类型国家产业结构优化的影响研究 [J]. 社会科学辑刊, 2021 (3).

[123] 易信, 刘凤良. 金融发展、技术创新与产业结构转型——多部门内生增长理论分析框架 [J]. 管理世界, 2015 (10).

[124] 于斌斌. 产业结构调整与生产率提升的经济增长效应——基于中国城市动态空间面板模型的分析 [J]. 中国工业经济, 2015 (12).

[125] 余东华, 张维国. 要素市场扭曲、资本深化与制造业转型升级 [J]. 当代经济科学, 2018 (2).

[126] 余东华, 张鑫宇, 孙婷. 资本深化、有偏技术进步与全要素生产率增长 [J]. 世界经济, 2019 (8).

[127] 余永定. 改革开放历史进程下的中国经济循环 [J]. 金融市场研究, 2020 (9).

[128] 余泳泽, 杨晓章, 张少辉. 中国经济由高速增长向高质量发展的时空转换特征研究 [J]. 数量经济技术经济研究, 2019 (6).

[129] 喻美辞. 资本品进口、资本技能互补与中国的相对工资差距[J].

商业经济与管理，2013（3）.

　　［130］云鹤，吴江平. 中国产业结构优化的集约增长效应分析：1978—2006［J］. 浙江理工大学学报，2008（5）.

　　［131］张建华，盛长文. 产业结构变迁及其经济效应研究进展［J］. 经济学动态，2020（10）.

　　［132］张军. 资本形成、工业化与经济增长：中国的转轨特征［J］. 经济研究，2002（6）.

　　［133］张培刚，张建华，罗勇，等. 新型工业化道路的工业结构优化升级研究［J］. 华中科技大学学报（社会科学版），2007（2）.

　　［134］张涛，陈磊，陈体标. 产业进入壁垒、劳动力转移及结构变化［J］. 世界经济文汇，2013（4）.

　　［135］张月玲，叶阿忠. 中国的技术进步方向与技术选择——基于要素替代弹性分析的经验研究［J］. 产业经济研究，2014（1）.

　　［136］张云辉，赵佳慧. 绿色信贷、技术进步与产业结构优化——基于PVAR模型的实证分析［J］. 金融与经济，2019（4）.

　　［137］赵旭杰，郭庆旺. 产业结构变动与经济周期波动——基于劳动力市场视角的分析与检验［J］. 管理世界，2018（3）.

　　［138］赵志耘，杨朝峰. 中国全要素生产率的测算与解释：1979—2009年［J］. 财经问题研究，2011（9）.

　　［139］郑若谷，干春晖，余典范. 转型期中国经济增长的产业结构和制度效应——基于一个随机前沿模型的研究［J］. 中国工业经济，2010（2）.

　　［140］钟世川. 要素替代弹性、技术进步偏向与我国工业行业经济增长［J］. 当代经济科学，2014（1）.

　　［141］钟世川. 中国全要素生产率增长的地区差异及阶段划分——基于偏向型技术进步对1978—2013年的测算和分解［J］. 西部论坛，2015（2）.

　　［142］钟世川. 中国制造业要素市场扭曲程度的测算及其分解——基于技术进步偏向和资本深化的视角［J］. 经济经纬，2017（1）.

　　［143］钟世川，蒋青嬗. 中国工业技术进步偏向差异性测算及分解［J］. 统计与决策，2019（12）.

　　［144］支宇鹏，黄立群，陈乔. 自由贸易试验区建设与地区产业结构转

型升级——基于中国286个城市面板数据的实证分析［J］．南方经济，2021（4）．

［145］周昌林，魏建良．产业结构水平测度模型与实证分析——以上海、深圳、宁波为例［J］．上海经济研究，2007（6）．

［146］周茂，陆毅，杜艳，等．开发区设立与地区制造业升级［J］．中国工业经济，2018（3）．

［147］朱轶，曾春琼．中国工业的资本深化与技术进步偏向是否互为关联——基于省际面板数据的实证检验［J］．现代财经（天津财经大学学报），2016（9）．

［148］Acemoglu，D and Linn，J．Market Size in Innovation：Theory and Evidence from the Pharmaceutical Industry［J］．The Quarterly Journal of Economics，2004，119（8）．

［149］Acemoglu，D．Patterns of Skill Premia［J］．Review of Economic Studies，2003，70（2）．

［150］Acemoglu，D．，Akcigit，U．，Bloom，N．and Kerr，W．R．Innovation，Reallocation and Growth［J］．Social Ence Electronic Publishing，Working Paper，2013．

［151］Acemoglu，D．，Aghion，P．and Hemous，B．D．The Environment and Directed Technical Change［J］．American Economic Review，2012，102（1）．

［152］Acemoglu，D．and Verdier，T．The choice between market failures and corruption［J］．American Economic Review，2000，90（1）．

［153］Acemoglu，D．Directed Technical Change［J］．Review of Economic Studies，2002a，69（4）．

［154］Acemoglu，D．Why Do New Technologies Complement Skills？Directed Technical Change and Wage Inequality［J］．Quarterly Journal of Economics，1998，113（4）．

［155］Acemoglu，D．，Gancia，G．A．and Zilibotti，F．Offshoring and Directed Technical Change［J］．American Economic Journal，2015，7（3）．

［156］Acemoglu，D．and Guerrieri，V．Capital Deepening and Non－Balanced Economic Growth［J］．Journal of Political Economy，2008，116（3）．

[157] Acemoglu, D. and Zilibotti, F. Productivity Differences [J]. Quarterly Journal of Economics, 2001, 116 (2).

[158] Acemoglu, D. Introduction to economic growth [J]. Journal of Economic Theory, 2012, 147 (2).

[159] Acemoglu, D. Labor – and Capital – Augmenting Technical Change [J]. Journal of the European Economic Association, 2003, 1 (1).

[160] Acemoglu, D., Gancia, G. and Zilibotti, F. Off – shoring and Directed Technical Change [J]. American Economic Journal: Macroeconomics, 2015, 7 (3).

[161] Acemoglu, D. Technical Change, Inequality, and the Labor Market [J]. Journal of Economic Literature, 2002, 40 (1).

[162] Acemoglu, D. and Autor, D. Skills, Tasks and Technologies: Implications for Employment and Earnings [M]. in Handbook of Labor Economics, Volume 4, 2011.

[163] Acemoglu, D. and Ventura, J. The World Income Distribution [J]. Quarterly Journal of Economics, 2002, 107 (2).

[164] Akamatsu, K. Waga Kuni Yomo Kogyohin No Susei [J]. Shogyo Keizai Ronso, 1935 (13).

[165] Alvarez – Cuadrado, F., Long, N. V. and Poschke, M. Capital – Labor Substitution, Structural Change and Growth [J]. Theoretical Economics, 2017, 12 (10).

[166] Alvarez – Cuadrado, F., Long, N. V. and Poschke, M. Capital – Labor Substitution, Structural Change and the Labor Income Share [J]. Journal of Economic Dynamics & Control, 2018 (87).

[167] Antonelli, C. and Quatraro, F. The effects of biased technical change on total factor productivity: empirical evidence from a sample of OECD countries [J]. Journal of Technology Transfer, 2010, 35 (4).

[168] Arrow, K. J. The Economic Implications of Learning by Doing [J]. Review of Economic Studies, 1962, 29 (3).

[169] Autor, D. H., Krueger, A. B. and Katz, L. F. Computing Inequali-

ty: Have Computers Changed the Labor Market? [J] . Quarterly Journal of Economics, 1998, 113 (4) .

[170] Alvarez – Cuadrado, F. and Poschke, M. Structural Change Out of Agriculture: Labor Push versus Labor Pull [J] . American Economic Journal Macroeconomics, 2011, 3 (3) .

[171] Autor, D. H. , Levy, F. and Murnane, R. J. The Skill Content of Recent Technical Change: An Empirical Exploration [J] . Quarterly Journal of Economics, 2003, 118 (11) .

[172] Baumol, W. J. Macroeconomics of Unbalanced Growth: The Anatomy of the Urban Crises [J] . American Economic Review, 1967, 57 (3) .

[173] Bogliacino, F. and Lucchese, M. Endogenous Skill Biased Technical Change: Testing for Demand Pull Effect [J] . Industrial & Corporate Change, 2016, 25 (2) .

[174] Boppart, T. Structural Change and the Kaldor Facts in a Growth Model with Relative Price Effects and Non – Gorman Preferences [J] . Econometrica, 2014, 82 (6) .

[175] Bratti, M. and Matteucci, N. Is There Skill – Biased Technical Change in Italian Manufacturing? Evidence from Firm – Level Data [C] . Employment Prospects in the Knowledge Economy Project, Working Paper, 2004.

[176] Burstein, A and Vogel, J. International Trade, Technology, and the Skill Premium [J] . Journal of Political Ecomony, 2017, 125 (5) .

[177] Cai, W. Structural Change Accounting with Labor Market Distortions [J] . Journal of Economic Dynamics and Control, 2015, 57 (5) .

[178] Chenery, H. and Syrquin, M. Patterns of Development: 1950—1970 [M] . London: Oxford University Press, 1975.

[179] Clark, C. The Conditions of Economic Progress [M] . London: MacMillan Company, 1940.

[180] Costinot, A. On the Origins of Comparative Advantage [J] . Journal of International Economics, 2009, 77 (2) .

[181] Corrado, C. A. , Sichel, D. E. and Hulten, C. R. Measuring Capital

and Technology: An Expanded Framework ［M］. Chicago: University of Chicago Press, 2005.

［182］Cummins, J. G. and Violante, G. L. Investment – Specific Technical Change in the US (1947 – 2000): Measurement and Macroeconomic Consequences ［J］. Review of Economic Dynamics, 2002, 5 (2).

［183］David, P. A. and Klundert, T. V. D. Biased Efficiency Growth and Capital – Labor Substitution in the U. S. , 1899—1960 ［J］. American Economic Review, 1965, 55 (3).

［184］De La Grandville, O. In Quest of the Slutsky Diamond ［J］. American Economic Review, 1989, 79 (3).

［185］Dennis, B. N. and Iscan, T. B. Productivity Growth and Agricultural Out – migration in the United States ［J］. Structural Change and Economic Dynamics, 2007, 18 (1).

［186］Duarte, M. and Restuccia, D. The Role of the Structural Transformation in Aggregate Productivity ［J］. Quarterly Journal of Economics, 2010, 125 (1).

［187］Fagerberg, J. Technical Progress, Structural Change and Productivity Growth: A Comparative Study ［J］. Structural Change and Economic Dynamics, 2000, 11 (4).

［188］Fallon, P. R. and Layard, P. R. G. Capital – Skill Complementarity, Income Distribution, and Output Accounting ［J］. Journal of Political Economy, 1975, 83 (2).

［189］Fajnzylber, P. , Fernandes, A. M. International Economic Activities and Skilled Demand: Evidence from Brazil and China ［J］. Applied Economics, 2009, 41 (5).

［190］Färe, R. , Grifell – Tatjé, E. , Grosskopf, S. and Lovell, C. A. K. Based Technical Change and the Malmquist Productivity Index ［J］. Microeconomics, 1997, 99 (1).

［191］Färe, R. and Grosskopf, S. Intertemporal Production Frontiers: With Dynamic DEA ［J］. Journal of the Operational Research Society, 1997, 48 (6).

［192］Faruqee, H. and Muhleisen, M. Population Aging in Japan: Demographic Shock and Fiscal Sustainability ［J］. Japan and the World Economy, 2002, 15 (2).

［193］Feenstra, R. C. and Hanson, G. H. The Impact of Outsourcing and High – Technology Capital on Wages: Estimates for the United States, 1979—1990 ［J］. Quarterly Journal of Economics, 1999, 114 (3).

［194］Flug, K. and Hercowitz, Z. Equipment Investment and the Relative Demand for Skilled Labor: International Evidence ［J］. Review of Economic Dynamics, 2000, 3 (3).

［195］Foellmi, R. and Zweimüller, J. Structural change, Engel's consumption cycles and Kaldor's facts of economic growth ［J］. Journal of Monetary Economics, 2008, 55 (7).

［196］Foley, D. K. and Michael, T. R. the Production Function and Productivity ［J］. Journal of Economic Perspectives, 2001, 15 (3).

［197］Garcia – Santana, M. , Pijoan – Mas, J. and Villacorta, L. Investment Demand and Structural Change ［J］. CEPR Discussion Papers, 2016.

［198］Gancia, G. and Zilibotti, F. Technical Change and the Wealth of Nations ［C］. 2009 Meeting Papers from Society for Economic Dynamics.

［199］Griliches, Z. Capital – Skill Complementarity ［J］. Review of Economics & Statistics, 1969, 51 (4).

［200］Goldin, C. and Katz, L. The Origins of Technology—Skill Complementarity ［J］. Quarterly Journal of Economics, 1998, 113 (3).

［201］Gollin, D. Getting Income Shares Right ［J］. Journal of Political Economy, 2002, 110 (2).

［202］Goos, M. , Manning, A. and Salomons, A. Job polarization in Europe ［J］. American Economic Review, 2009, 99 (2).

［203］Greenwood, J. , Hercowitz, Z. and Krusell, P. Long – Run Implications of Investment – Specific Technical Change ［J］. American Economic Review, 1997, 87 (3).

［204］Greenwood, J. , Hercowitz, Z. and Krusell, P. The Role of Investment –

Specific Technical Change in the Business Cycle [J]. European Economic Review, 2000, 44 (1).

[205] Hayami, Y. and Ruttan, V. W. Agricultural Development: An International Perspective [M]. Baltimore: Johns Hopkins University Press, 2nd Edition, 1985.

[206] Herrendorf, B., Herrington, C. and Valentinyi, A. Sectoral Technology and Structural Transformation [J]. American Economic Journal: Macroeconomics, 2015, 7 (4).

[207] Herrendorf, B. and Valentinyi, A. Endogenous Sector – biased Technological Change and Industrial Policy [J]. CEPR Discussion Paper, 2015.

[208] Herrendorf, B. and Schoellman, T. Wages, Human Capital, and Barriers to Structural Transformation [J]. American Economic Journal: Macroeconomics 2018, 10 (2).

[209] Herrendorf, B., Rogerson, R. and Valentinyi, A. Structural Change in Investment and Consumption—A Unified Analysis [J]. Review of Economic Studies, 2020 (3).

[210] Herrendorf, B., Rogerson, R. and Valentinyi, A. Growth and Structural Transformation [J]. Handbook of Economic Growth, 2014 (2).

[211] Hicks, J. The Theory of Wages [M]. London: Macmillan, 1932. 2nded, 1963.

[212] Hughes, T. P. and Habakkuk, H. J. American and British Technology in the Nineteenth Century: The Search for Labour – Saving Inventions [M]. Cambridge: Cambridge University Press, 1962.

[213] Hulten, C. Growth Accounting when Technical Change is Embodied in Capital [J]. American Economic Review, 1992, 82 (4).

[214] Kennedy, C. Induced Bias in Innovation and the Theory of Distribution [J]. Economic Journal, 1964, 74 (295).

[215] Kiley, M. T. The Supply of Skilled Labor and Skill – Biased Technical Progress [J]. Economic Journal, 1999, 109 (10).

[216] Klump, R. and Saam, M. Calibration of normalized CES production

functions in dynamic models [J]. Economics Letters, 2008, 99 (2).

[217] Klump, R., McAdam, P. and Willman, A. Factor Substitution and Factor – Augmenting Technical Progress in the United States: A Normalized Supply – side System Approach [J]. Review of Economics and Statistics, 2007, 89 (1).

[218] Kmenta, J. On Estimation of the CES Production Function [J]. International Economic Review, 1967, 8 (2).

[219] Kongsamut, P., Rebelo, S. and Xie, D. Beyond balanced growth [J]. Review of Economic Studies, 2001, 68 (4).

[220] Krusell, P., Ohanian, L., Ríos – Rull, J. V., and Violante, G. L. Capital – skill Complementarity and Inequality: A Macroeconomic Analysis [J]. Econometrica, 2000, 68 (5).

[221] Kumar, S. and Russell, R. R. Technical Change, Technical Catch – up, and Capital Deepening: Relative Contributions to Growth and Convergence [J]. American Economic Review, 2002, 92 (3).

[222] Kuznets, S. National Income and Its Composition, 1919 – 1938 [M]. New York: National Bureau of Economic Research, Vol. 2, 1941.

[223] León – Ledesma, M. A., Mcadam, P. and Willman, A. Identifying the Elasticity of Substitution with Biased Technical Change [J]. American Economic Review, 2010, 100 (4).

[224] Lewis, W. A. Economic Development with Unlimited Supplies of Labor [J]. Manchester School, 1954, 22 (2).

[225] Mallick, D. The Role of the Elasticity of Substitution in Economic Growth: A Cross – Country Investigation [J]. Labour Economics, 2012, 19 (5).

[226] Mcquaid, R. W. Production Functions and the Disaggregation of Labor Inputs in Manufacturing Plants [J]. Journal of Regional Science, 1986, 26 (3).

[227] Mizobuchi, H. Multiple Directions for Measuring Biased Technical Change [J]. CEPA Working Paper, 2015.

[228] Ngai, L. R. and Pissarides, C. A. Structural Change in a Multisector

Model of Growth [J]. American Economic Review, 2007, 97 (1).

[229] Peneder, M. Industrial Structure and Aggregate Growth [J]. Structural Change & Economic Dynamics, 2003, 14 (4).

[230] Perez – Laborda, A. and Perez – Sebastian, F. Capital – Skill Complementarity and Biased Technical Change across Sectors and Countries [J]. Social Science Electronic Publishing, 2018, 66 (1).

[231] Phelps, E. M. and Phelps, E. S. A Model of Induced Invention, Growth and Distribution [J]. Economic Journal, 1966, 304 (76).

[232] Ray, S. C. and Desli, E. Productivity Growth, Technical Progress, and Efficiency Change in Industrialized Countries: Comment [J]. American Economic Review, 1997, 87 (5).

[233] Romer, P. M. Increasing Returns and Long – Run Growth [J]. Journal of Political Economy, 1986, 94 (5).

[234] Rogerson, R. Structural Transformation and the Deterioration of European Labor Market Outcomes [J]. Journal of Political Economy, 2008, 116 (2).

[235] Samuelson, P. A. A Theory of Induced Innovation A – long Kennedy – Weinscher Lines [J]. Review of Economics and Statistics, 1965, 47 (4).

[236] Sato, R. and Morita, T. Quantity or Quality: The Impact of Labour – Saving Innovation on US and Japanese Growth Rates, 1960 – 2004 [J]. Japanese Economic Review, 2009, 60 (4).

[237] Serranol, L. and Timmer, M. P. Is Technical Change Directed by the Supply of Skills? The Case of South Korea [J]. Economics Letters, 2002, 76 (2).

[238] Sheng – gen, Fan., Kanbur, R., Shang – Jin, Wei. and Xiao – bo, Zhang. The Economics of China: Successes and Challenges [J]. NBER Working Paper, 2013.

[239] Solow, R. M. A Contribution to the Theory of Economic Growth [J]. Quarterly Journal of Economics, 1956, 70 (1).

[240] Solow, R. M. Technical Change and the Aggregate Production Function [J]. Review of Economics and Statistics, 1957, 39 (3).

［241］Song, Z. , Storesletten, K. and Zilibotti, F. Growing Like China ［J］ . American Economic Review, 2011, 101 （1）.

［242］Sposi, M. Evolving Comparative Advantage, Sectoral Linkages, and Structural Change ［J］ . Globalization and Monetary Policy Institute, Working Paper, 2015.

［243］Sung – chul, Lee. Politics, Industry Structure and Trade Agreements ［D］ . London: The University of Western Ontario, 2001.

［244］Swiecki, T. Determinants of structural change ［J］ . Review of Economic Dynamics, 2017, 24 （3）.

［245］Syrquin, M. and Chenery, H. Three Decades of Industrialization ［J］ . World Bank Economic Reviews, 1989, 3 （2）.

［246］Takayama, A. On Biased Technical Progress ［J］ . American Economic Review, 1974, 64 （4）.

［247］Timmer, M. P. and Szirmai, A. Productivity Growth in Asian Manufacturing: The Structural Bonus Hypothesis Examined ［J］ . Structural Change and Economic Dynamics, 2000, 11 （4）.

［248］Uy, T. , Kei – Mu, Y. and Jing, Z. Structural Change in an Open Economy ［J］ . Journal of Monetary Economics, 2013, 60 （6）.

［249］Yasar, M. and Paul, C. J. M. Capital – skill complementarity, productivity and wages: Evidence from plant – level data for a developing country ［J］ . Labour Economics, 2008, 15 （1）.

［250］Young, A. T. Labor's Share Fluctuations, Biased Technical Change, and the Business Cycle ［J］ . Review of Economic Dynamics, 2004, 7 （4）.

［251］Yuhn, K. Economic Growth, Technical Change Biases and the Elasticity of Substitution: A Test of the De La Grandville Hypothesis ［J］ . Review of Economics and Statistics, 1991, 73 （2）.